ARLEQUIN
SERVITEUR DE DEUX MAÎTRES

IL SERVITORE DI DUE PADRONI

CARLO GOLDONI

ARLEQUIN SERVITEUR DE DEUX MAÎTRES

IL SERVITORE DI DUE PADRONI

Introduction, bibliographie,
chronologie et texte français
de
VALERIA TASCA

GF Flammarion

Goldoni jusqu'en 1745

En 1784, lorsque Carlo Goldoni se mit à dicter ses *Mémoires,* il vivait à Paris, sans grandes ressources malgré une pension du roi. Depuis vingt ans, il n'écrivait plus pour les Italiens de Paris. En 1771, au Théâtre-Français, *Le Bourru bienfaisant* avait remporté un grand succès ; *L'Avare fastueux,* écrit l'année suivante, ne fut donné qu'en 1776 à Fontainebleau. Il n'avait pourtant rompu ni avec les théâtres de Venise, où il envoya et fit représenter des comédies jusqu'en 1767, ni avec l'édition de son œuvre. Il continua la révision des derniers tomes publiés par Pasquali, jusqu'en 1778 ; en 1788, un autre éditeur vénitien, Zatta, entreprit une nouvelle édition qui ne fut achevée qu'en 1795, après sa mort.

Les *Mémoires* comblent la vacance entre les deux éditions et sont en quelque sorte la dernière création théâtrale de Goldoni. Ce n'est pas qu'il se trompe ou qu'il fabule plus qu'il ne conviendrait dans une autobiographie. Mais il organise en récit les événements de sa vie exactement comme il a organisé en comédies les faits et gestes des gens qu'il a vus vivre. C'est le Monde qui lui fournit la matière, écrit-il en 1750 à propos de son œuvre dramatique ; c'est le Théâtre qui lui impose la perspective, les couleurs, les lumières. Sa vie, au fil des *Mémoires,* prend peu à peu la forme d'un destin, jalonné de signes prémonitoires, de tentations, de coups du sort et de rencontres providentielles : voilà pour la perspective dramatique. La matière vécue, c'est son travail pour et avec des acteurs, depuis la brochure qu'il leur lit jusqu'aux répétitions qu'il dirige. Les *Mémoires* mettent en scène une figure originale d'écrivain homme de théâtre.

L'enfance de Goldoni n'a rien d'exceptionnel pour l'époque, surtout à Venise. Un mythique grand-père amateur de divertissements (mort en réalité avant la naissance de Carlo), un castelet, une petite comédie écrite à huit ou neuf ans, un père médecin à Pérouse qui organise des spectacles de salon pour occuper les vacances de son fils, des études faites du bout des dents mais un grand appétit de lectures « d'une philosophie bien plus utile et plus agréable » que le thomisme des Dominicains de Rimini[1]. En 1721 première incartade, une sorte de prologue. Non content de fréquenter les coulisses du théâtre et les parties de campagne des comédiens, Goldoni, apprenant qu'ils partent pour Chioggia en bateau, échappe à la vigilance de son hôte, fourre « deux chemises et un bonnet de nuit » dans ses poches et s'embarque avec eux. Le mauvais temps fit durer le voyage quatre jours. « On jouait, on riait, on badinait, on se faisait des niches. » Ces anecdotes, que le vieil homme qualifie de « misères » mais qu'il raconte pour notre plaisir avec un plaisir manifeste, évoquent la légende de Molière et le *Wilhelm Meister* de Goethe : c'est bien le destin d'un personnage qui se dessine.

A Chiogga, Giulio Goldoni va jouer le rôle qui est traditionnellement dévolu au Père : Carlo sera médecin. En attendant qu'il soit admis au célèbre Collège Ghislieri de Pavie, il accompagne son père au cours de ses visites, l'assiste dans les tâches les plus triviales mais doit se retirer de la chambre si la malade est jeune et jolie. Dégoût pour la médecine, mésaventure galante due à l'effervescence de la jeunesse, fin de la saison théâtrale : le séjour de Chioggia perd tout attrait. Lui qui était « naturellement gai mais sujet depuis [l'] enfance à des vapeurs hypocondriaques ou mélancoliques, qui répan-

1. Les passages entre guillemets sont empruntés aux *Mémoires*, éd. Mondadori, t. I.

daient du noir dans [son] esprit », le voilà pris « d'un accès violent de cette maladie léthargique », dont sa mère s'alarme. Puisqu'il s'agit d'assurer un état à leur fils aîné, elle trouve le droit et le métier d'avocat plus sûrs que la médecine. Puisque le Père exige que le jeune homme ait une occupation sérieuse en attendant son entrée au Collège, elle l'accompagnera à Venise où un oncle avocat se chargera de ses premiers apprentissages !

Carlo Goldoni semble accepter docilement la carrière que lui assignent ses parents. A Pavie tout semble bien se passer. La règle du Collège autorise les étudiants à sortir pour aller suivre les cours de l'Université. Passé le coin de la première rue, ils fréquentent « les maisons les plus agréables » et pratiquent « les armes, la danse, la musique et le dessin », sans parler des jeux de hasard pourtant interdits. Deux ans se passent sans anicroches, de 1723 à 1725. Alors qu'il est prêt à soutenir sa thèse, il veut faire des visites, trouve plusieurs portes fermées, sous prétexte de maladie ou de villégiature, et aperçoit pourtant par une fenêtre la silhouette de la jeune fille de la maison. Les écoliers de Pavie, mal vus des bourgeois, le persuadent de se venger : il trousse contre les demoiselles de la ville une satire que ses méchants conseillers répandent dans les cercles et les cafés. Exclusion du Collège, obligation de quitter la ville.

Voici Goldoni revenu à ce qu'il appelle dans ses comédies « une vie de fils de famille », sans fortune à gérer ni profession à exercer. La tutelle paternelle est, semble-t-il, assez indulgente. Quand Giulio est appelé comme médecin dans le Frioul, Carlo l'accompagne. A Udine, pendant plusieurs mois, il écoute quelques heures par jour les leçons d'un jurisconsulte de renom, met en sonnets les sermons du Carême et se fait berner par une servante. A Gorizia, chez le comte que soigne son père, il prend part aux divertissements de la villégiature et monte une pièce pour marionnettes. Après ces longues vacances, il reprend en 1727 ses études de droit à Modène, qu'il interrompt bientôt à cause d'un nouvel accès de « vapeurs mélancoliques ».

Comme après Rimini, sa famille le réaccoutume aux

exigences professionnelles par la pratique jur. ique. De 1728 à 1730 il est adjoint au coadjuteur du Chancelier de Chioggia puis coadjuteur à Feltre. Il s'applique au travail et semble entrevoir sans déplaisir un avenir de Chancelier, moins éloigné de ses goûts qu'on ne pourrait penser. La procédure criminelle est l'occasion de « connaître ou tâcher de deviner le caractère et l'esprit de l'homme qu'on doit examiner ». Mieux encore, à Feltre, on lui propose d'organiser des représentations dans la salle de spectacle du Palais du gouverneur. Le voilà récrivant en tragédies deux opéras de Métastase et recrutant les acteurs. Il compose même, selon l'usage du temps, deux intermèdes. Ce sont ses débuts d'auteur comique, débuts discrets, encore mondains mais déjà liés à la pratique de la scène.

En janvier 1731 la mort brutale de son père lui donne de nouvelles responsabilités. Il rentre à Venise avec sa mère en octobre, achève ses études et, après avoir soutenu son doctorat à Pavie, reçoit le titre d'Avocat vénitien. Mais il a moins de causes à plaider que de loisirs et consacre à écrire le temps que lui laisse la galanterie. Nouvelle péripétie : à la suite d'une imprudente promesse de mariage, il choisit de quitter sa ville, sa mère, son état. Et c'est encore une fois, pendant près de deux ans, de janvier 1733 à l'été 1734, un « parcours tortueux ». Au sens propre, il va de Venise à Milan sans jamais séjourner longtemps dans chaque ville, même à Milan où il est secrétaire du Résident de Venise ; la guerre de Succession de Pologne lui fait rebrousser chemin, par Crème, Parme et Vérone, jusqu'à Venise. Au sens figuré, il va de la tragédie lyrique aux intermèdes comiques ou, comme il dit, du cothurne au brodequin.

Ce vagabondage est marqué par trois rencontres décisives. A Milan, il fréquente les spectacles d'un charlatan, Buonafede Vitali dit l'Anonyme, qui a une compagnie de théâtre à sa solde, jouant des farces sur la place et des comédies improvisées dans une salle. L'un des acteurs, Gaetano Casali, qui jouait les Amoureux, initie Goldoni au monde des comédiens et à ses lois. Il le retrouve à Vérone, attaché à la troupe du *capocomico* (chef de troupe) Giuseppe Imer qui regagnait le théâtre San Samuele pour l'automne. Imer le prend en sympathie, s'intéresse à ses compositions dramatiques, l'emmène avec lui, et le présente au comte Michele Grimani, propriétaire de plusieurs théâtres. Goldoni a fait ainsi connaissance avec l'ensemble de l'institution théâtrale.

S'ouvre alors une période d'une dizaine d'années de stabilité, d'octobre 1734 à juin 1743, où vont mûrir ses choix. « L'esprit ambulatoire » de son père l'aurait-il quitté ? Ou bien sa collaboration avec la Compagnie Imer au Théâtre San Samuele lui offre-t-elle d'assez fréquentes occasions de voyager ? Les théâtres de Venise ne donnent en effet que deux saisons, celle d'automne, d'octobre à la mi-décembre, et celle de Carnaval, du 26 décembre, jour de la Saint-Etienne, au mercredi des Cendres (de là vient l'usage de dater les pièces de Goldoni en fonction de l'année théâtrale, à cheval sur deux années civiles). Au printemps et en été, les troupes partent en tournée : Goldoni accompagne celle du San Samuele. C'est ainsi qu'il fait à Gênes la connaissance de Nicoletta Connio, fille d'un notaire avec lequel Imer était en relation, et qu'il l'épouse à la fin de la tournée (25 août 1736). Goldoni affirme sa vocation d'homme de théâtre en acceptant la direction du Théâtre lyrique de San Giovanni Crisostomo (1737-1741), sans perdre la respectabilité que lui valent son mariage et son titre d'avocat, puisqu'il reçoit la charge de Consul à Venise pour la République de Gênes. Plus important encore est son cheminement d'auteur dramatique. Ecrivant à la fois pour le San Samuele, dont le répertoire couvre tous les genres à la mode, et pour un théâtre d'opéra, il passe du remaniement des sujets traditionnels à la composition de pièces nouvelles, des grands genres dramatiques ou lyriques aux intermèdes comiques. Il considère ces derniers « comme de la graine qu'[il semait dans son] champ pour y recueillir un jour des fruits mûrs et agréables ». Les prémices de la récolte, ce sont les comédies qu'il destine aux nouveaux comédiens engagés par Imer en 1737, singulièrement le Pantalon Francesco

Golinetti (ou Colinetti), « médiocre avec son masque mais supérieur pour jouer les Vénitiens à visage découvert ». Ce sont encore des comédies à canevas mais Goldoni en rédige le rôle principal et franchit ainsi le premier pas vers ce qu'il appelle sa réforme du théâtre. Pour le nouveau Truffaldin, Antonio Sacchi, il agence deux canevas à incidents accumulés (trente-deux infortunes pour un seul Arlequin et cent quatre événements en une seule nuit!), dont le succès doit presque tout, reconnaît-il, à la *bravura* de l'acteur. En 1742-1743 enfin, pour Anna Baccherini nouvellement entrée dans la troupe, il ose deux innovations, qu'il ne peut pas imposer dans l'immédiat : le rôle principal est destiné à la soubrette et la comédie est entièrement rédigée.

Nouveau coup de théâtre : de graves difficultés financières interrompent son ascension d'auteur comique. La charge de consul comporte plus de dépenses que de revenus, les imprudences de son frère Giampaolo, démissionnaire de l'armée et sans ressources, alourdissent les dettes de la famille. Goldoni prend le parti d'aller à Modène réclamer l'arriéré de ses rentes et à Gênes, le traitement de sa charge. Il quitte Venise avec sa femme, fin mai ou début juin 1743, mais les campagnes italiennes de la guerre de Succession d'Autriche les obligent à suivre un itinéraire capricieux. Au cours d'une équipée mouvementée à travers la Romagne devenue champ de bataille, Goldoni réussit à gagner quelque argent au théâtre ; mais il apprend qu'il doit renoncer à se faire restituer ses rentes sur le duché de Modène et que la République de Gênes lui a trouvé un remplaçant qui ne demande pas de salaire. Changement de cap : il traverse la péninsule pour « voir la Toscane » et se « familiariser avec les Florentins et les Siennois qui sont les textes vivants de la bonne langue italienne ».

Goldoni arrive à Pise fin 1744 ou début 1745. Il y fait des connaissances qui deviennent des appuis et des amitiés. On lui ouvre l'accès au Barreau de Pise, on l'intronise à l'Académie des Arcades : il jouit enfin de la situation d'avocat lettré qui lui rapporte « à la fois beaucoup d'honneur, beaucoup de plaisir et un profit raisonnable ».

Quand le diable s'en mêle, ou le Serviteur de deux maîtres

Voilà Goldoni installé, travaillant jour et nuit à ses procès, et cela va durer, à sa grande surprise, « trois ans consécutifs ». Cette continuité n'est qu'une apparence. Une médiocre troupe de passage réveille en lui la démangeaison d'être représenté ; il lui donne les *Cent quatre accidents arrivés dans la même nuit,* et c'est un échec mortifiant qui lui fait redoubler d'ardeur dans son travail juridique. La seconde tentation vient par une lettre de Venise. Le Truffaldin Antonio Sacchi, revenant d'un séjour de trois ans en Russie, lui demande une comédie et lui en propose le sujet.

« Quelle tentation pour moi ! Sacchi était un Acteur excellent, la Comédie avait été ma passion ; je sentis renaître dans mon individu l'ancien goût, le même feu, le même enthousiasme ; c'était le Valet de deux Maîtres le sujet qu'on me proposait ; je voyais quel parti j'aurais pu tirer de l'argument de la pièce, et de l'Acteur principal qui devait la jouer ; je mourais d'envie de m'essayer encore... Je ne savais comment faire... Les procès, les clients venaient en foule... Mais mon pauvre Sacchi... Mais le Valet de deux Maîtres... Allons encore pour cette fois... Mais non... Mais oui... Enfin, j'écris, je réponds, je m'engage.

« Je travaillais le jour pour le Barreau, et la nuit pour la Comédie ; j'achève la Pièce, je l'envoie à Venise : personne ne le sait ; il n'y avait que ma femme qui était dans le secret ; aussi a-t-elle souffert autant que moi : hélas ! je passais les nuits. »

La pièce fut jouée aussitôt à Milan, avec un grand succès. Sacchi lui en demande une autre, où il y eût du sentiment, et pour n'y plus penser, Goldoni l'écrit aussitôt : c'est le canevas de *L'Enfant d'Arlequin perdu et retrouvé,* l'un de ceux qui ont fait plus tard la notoriété de Goldoni en France.

La même année, semble-t-il, le diable se réincarne dans un comédien, le Pantalon Cesare Darbes, venu à Pise demander à Goldoni une comédie pour ses camarades de la troupe dirigée par Girolamo Medebach. La pièce est écrite en trois semaines : c'est *Tonin Bellagrazia,* dont le rôle titre est destiné à être joué sans masque par Darbes. Goldoni l'apporte lui-même à Livourne, fait la connaissance de Medebach et découvre enfin sa *Donna di Garbo* de 1742 (La Femme accomplie), cette comédie et ce rôle auxquels il tenait tant, fort bien jouée par Teodora, la femme du *capocomico.* Le destin qui court en filigrane sous l'assiduité au travail de l'Avocat vénitien va enfin se révéler : il signe en septembre 1747 un engagement avec Medebach. Six mois plus tard il quitte Pise, renonce à sa profession d'avocat, revient à Venise et commence à écrire en exclusivité pour le Théâtre Sant'Angelo. En mars 1749 il signe un contrat de quatre ans pour huit comédies et deux autres compositions dramatiques par an, sans compter l'obligation « d'arranger des sujets anciens et autres choses analogues, selon le gré et le besoin de monsieur Medebach, ainsi que d'assister aux répétitions et aux concertations des susdits ouvrages et comédies », moyennant quatre cent cinquante ducats. Poète attitré de la troupe, Goldoni ne reste libre d'écrire et de faire jouer ailleurs que des œuvres destinées aux scènes lyriques.

Il manque à Goldoni deux expériences à faire pour compléter sa carrière d'homme de théâtre par une carrière d'écrivain : celle des joutes polémiques et celle de l'édition. Les rivalités commencent dès le début de la saison du Carnaval 1748-49 : le succès de *La Vedova scaltra* (La Veuve rusée) déchaîne la jalousie de l'Abbé Pietro Chiari. Une sorte de « guerre des théâtres » s'engage à l'automne entre le Sant'Angelo et le San Samuele, au point que le Tribunal des Inquisiteurs interdit la représentation d'un plagiat de Chiari, *La Scuola delle vedove* (L'Ecole des veuves) et de *La*

Vedova scaltra de Goldoni. L'année théâtrale 1749-50 se déroule au milieu de ces tensions et, malgré de réels succès, s'achève par l'échec de *L'Erede fortunata* (L'Heureuse Héritière), le départ de Darbes au service au roi de Pologne et la désertion du public qui ne renouvelle pas les abonnements aux loges. C'est alors le pari bien connu de donner pour l'année suivante non pas huit mais seize comédies, à commencer par *Le Teatro comico* (Le Théâtre comique) qui, en termes pragmatiques et mesurés, congédie les comédies à canevas.

L'édition des comédies commence à l'automne 1750 auprès de Giuseppe Bettinelli. Elle repose sur une situation équivoque, fréquente à l'époque. Pour Goldoni, elle est sa première affirmation en tant qu'auteur, d'où la longue Préface, les corrections discrètes qu'il apporte au texte des brochures, la *Lettre à l'imprimeur* en tête de chaque pièce et la Dédicace à d'éventuels protecteurs. Pour l'éditeur, c'est une opération comme les autres, plus près du commerce que de la culture selon l'usage de l'édition théâtrale à l'époque, et il n'y accorde pas plus de soin qu'il ne faut. Le *capocomico* Medebach, lui, soutient l'entreprise par un prêt à l'éditeur et en attend des profits. Trois volumes de quatre comédies chacun sont ainsi publiés jusqu'en 1752. Mais les relations avec Medebach se détériorent, Goldoni ne renouvelle pas son contrat avec le Théâtre Sant'Angelo et s'engage pour l'année théâtrale 1753-54 avec le Théâtre San Luca, qui appartient au patricien Francesco Vendramin. Le nouveau contrat lui ménage, à côté de son activité au théâtre, une plus grande autonomie d'écrivain. Bien que Bettinelli continue à publier les textes dont Medebach détient ou s'approprie les droits de librairie, Goldoni confie à un imprimeur florentin, Paperini, le projet d'une édition offerte en souscription et qui doit comprendre en cinq ans dix volumes, soit cinquante comédies, dont les douze déjà parues à Venise. L'ordre est modifié, et le *Teatro Comico* y figure comme pièce inaugurale : les brochures destinées aux spectacles sont devenues des livres à part entière. Toutefois Goldoni ne renonce pas au statut singulier d'une œuvre qui reste organiquement liée à la représentation. Auteur oui, mais non pas *letterato,* homme de lettres.

Le Serviteur « perdu et retrouvé »

L'histoire de la composition de la pièce renvoie à des pratiques théâtrales encore en usage aux XVIIIe siècle dans les troupes de comédie. C'est Antonio Sacchi (1708-1788), on l'a vu, qui sollicita Goldoni et lui proposa un sujet tiré du répertoire *dell'arte.* Malheureusement, il n'en reste aucune rédaction sous forme de scénario, c'est-à-dire avec l'indication des actes et des scènes. La référence la plus ancienne que nous ayons est le résumé de la pièce jouée au Théâtre Italien le 31 juillet 1718 et publiée dans le *Nouveau Mercure.* Le canevas ou la pièce rédigée en tout ou partie était de Pierre des Ours de Mandajors (1669-1747), l'un des fournisseurs de Luigi Riccoboni[2]. Est-ce ce texte, en français ou en italien, dont a disposé Goldoni ? c'est probable, sans plus. Est-ce un texte plus ancien ? rien ne permet de l'affirmer. Ce qui est sûr, c'est que l'histoire et le titre faisaient partie du bagage des troupes, le *baule* qui contenait sujets, canevas plus ou moins développés, scènes rédigées, tirades, sonnets, etc. — comme la « malle » aux accessoires contient couronnes, perruques, épées, portraits, lettres, etc. Goldoni céda non

---

2. Ce *capocomico* (1674-1753) eut avant Goldoni le projet de « réformer » le théâtre. Appelé à Paris en 1716 par le Régent sur proposition du duc de Parme, il dirigea la troupe des Italiens de Paris jusqu'en 1729. Il jouait le premier Amoureux sous le nom de Lelio. Les comédiens se mirent rapidement au français, les femmes surtout, Silvia et Flaminia (Gianetta Rosa Benozzi et Elena Balletti, femme de Riccoboni). Après avoir demandé à des lettrés gravitant dans le monde du théâtre de rédiger ou de composer des scénarios exploitant des situations de bilinguisme, Lelio put bientôt faire jouer un répertoire en français, comme *Arlequin poli par l'Amour* (1720). Voir p. 289 l'argument du *Valet de deux maîtres,* publié par Riccoboni dans *Le Nouveau Théâtre Italien* en 1729 (le texte est cité d'après l'édition de 1733).

seulement aux instances d'un comédien exceptionnel, mais à son propre « génie inné » pour la comédie qui lui « faisait violence »[3]. Les difficultés du sujet ont assurément stimulé le goût qu'il avait pour le pari : il y a du Truffaldin en lui, intellectuellement parlant, et « pour l'invention, la présence d'esprit, les intrigues » (III, 10), le poète comique peut défier le meilleur avocat du Palais ! Confiant dans le talent des improvisateurs, il ne rédigea que quelques scènes par acte. Il retrouvait là une sorte d'activité de routine, puisque travaillant depuis 1734 avec des compagnies, il fournissait à la demande des acteurs des scènes et des tirades pour leurs « génériques », ces recueils tout prêts qui nourrissaient l'improvisation *dell'arte,* singulièrement les rôles sérieux *(parti serie),* non masqués. La pièce, dans l'interprétation de Sacchi, obtint un grand succès ; l'*Avis au lecteur* mentionne des interprétations postérieures qui ne valaient pas celle de Sacchi, dont on sait peu de chose. Goldoni semble s'en être désintéressé.

C'est qu'il travaillait depuis 1738 à une réforme dont le fondement était le texte écrit par le poète comique, seul rempart contre les redites de l'improvisation ou les plaisanteries douteuses, seul garant de l'équilibre dramatique et de la cohérence stylistique de la pièce. Sa première comédie entièrement rédigée, *La Donna di Garbo,* ne put être jouée à la saison prévue (1742-43). Il faut attendre la rencontre avec Medebach pour qu'il compose, à côté des arrangements de sujets traditionnels, des comédies écrites, à commencer par les *Deux Jumeaux Vénitiens,* destinés à Cesare Darbes dès l'automne 1747, avant même l'engagement proprement dit. L'année des « seize comédies » s'ouvre, à l'automne 1750, par ce manifeste, cette « poétique en action » qu'est le *Théâtre Comique*[4]. On y voit un chef de troupe rassembler ses comédiens pour répéter une « pièce nouvelle », que le poète de la troupe considère comme

3. Dédicace des *Deux Jumeaux vénitiens,* éd. Mondadori, t. II, p. 149.
4. Les citations sont empruntées à l'édition de l'Imprimerie nationale.

une « petite farce » et n'a pas incluse dans le pari des
seize. C'est faute d'un troisième couple pour les « rôles
sérieux » que la troupe ne peut jouer une « comédie
nouvelle », selon le « goût rénové », une « comédie de
caractère ». La première Amoureuse, gagnée aux comédies écrites, se récrie à l'idée de revenir aux « comédies
de l'art » et menace de quitter la troupe. Pour cette fois,
elle accepte encore de jouer « à l'ancienne », car elle
trouve la petite farce « bien agencée » et « le jeu des
sentiments bien conduit ». Au second Amoureux qui
demande s'il faut « supprimer complètement les comédies improvisées » et, dans les comédies de caractère,
supprimer les masques, le *capocomico* répond que
l'improvisation est le privilège et la gloire des acteurs
italiens, et que les masques plaisent au public. La
réforme ne peut se faire ni contre celui-ci, ni contre
ceux-là. Il n'empêche que les seize comédies promises
sont « toutes originales, toutes de caractère, toutes
écrites » (I, 2). *Le Serviteur* semble décidément perdu,
comme l'enfant d'Arlequin.

Et voilà qu'on le « retrouve », lui aussi, au tome III de
l'édition Paperini (1753), celle que Goldoni a voulue
pour témoigner de sa réforme, celle qu'il a surveillée en
qualité d'auteur. L'*Avis au Lecteur* a quelques accents
de plaidoyer : c'est la première fois qu'il publie, en la
rédigeant entièrement il est vrai, une pièce qui appartient au genre des « comédies des histrions ». Or
« comédie des histrions » est une des plus anciennes
dénominations des comédies improvisées ou sur canevas
(on disait *all'improvviso* ou *a soggetto*), pour lesquelles
nous avons désormais adopté la formule de la première
actrice dans le *Teatro Comico, commedie dell'arte* (sans
doute faut-il aussi en adopter la traduction littérale,
comédies de l'art). Il la présente comme *commedia
giocosa*. A la traduction convenue de « comédie
bouffe » je préfère la glose de Goldoni : c'est « parce
que le jeu de Truffaldin en constitue l'essentiel ». Pour
rendre hommage à l'acteur, le canevas est devenu
comédie écrite. Goldoni en donne une version avec
quelques retouches dans l'édition de son théâtre qu'il a

entrepris de faire publier juste avant son départ pour
Paris, chez Pasquali, à Venise. Ce sont dix-sept volumes,
qui servent de texte de référence pour les soixante-huit
pièces qu'ils contiennent, conformes aux dernières corrections de l'auteur Goldoni. *Le Serviteur de deux
maîtres* figure au tome V, paru en 1763.

« *Une construction entièrement nouvelle sur des fonda-
tions anciennes* »

La formule définit le projet des *Deux Jumeaux
vénitiens*. Elle désigne le mécanisme de l'intrigue, fondé
sur la similitude des jumeaux, dont on peut retrouver les
antécédents en remontant au moins jusqu'au théâtre
latin. Elle vaut aussi pour *Le Serviteur,* fondé sur une
combinatoire du même genre, mais qui n'a pas, lui, de
généalogie connue. Au reste, la question des « ori-
gines », peut-être fascinante, est inextricable. Au XVIIIe
siècle, il y a beau temps que la *commedia dell'arte* s'est
approprié l'héritage des conteurs et des dramaturges qui
l'ont précédée ou qui lui sont contemporains. Si nous
voulions faire le tri de l'originel et de l'emprunté, nous
serions comme Truffaldin devant les malles de ses deux
maîtres : nous risquerions d'attribuer en propre aux
comédiens improvisateurs ce qui appartient à d'autres
formes de culture [5].

L'une des données du fonds ancien, c'est la liste des
personnages. Elle correspond à une compagnie *dell'arte*
d'importance moyenne, douze ou treize comédiens, ici
neuf personnages nommés et quatre désignés par leur
profession. Seuls quelques rôles avaient une certaine
marge de choix pour leur nom mais les acteurs portaient
le même pour toute leur carrière. Antonio Sacchi étant
Truffaldin à la scène, Goldoni a gardé ce nom, fréquent
dans les troupes vénitiennes, mais il a intitulé la pièce *Le*

5. Pour la *commedia dell'arte,* outre les ouvrages indiqués dans la
bibliographie, voir Dario Fo, *Le Gai Savoir de l'acteur,* éd. de
L'Arche, 1990 ; Première journée, p. 19-28.

Serviteur de deux maîtres, et les acteurs se sont toujours autorisés à préférer celui d'Arlequin, devenu ailleurs plus familier. La répartition même des personnages constituait un dispositif de jeu : deux Vieux (Pantalon et le Docteur), deux couples d'Amoureux, une soubrette (Sméraldine) et deux Zanni, un sot et un rusé (Truffaldin et Brighella). On pouvait nuancer chaque type, faire varier les rapports de force à l'intérieur d'un groupe et multiplier les conflits d'un groupe à l'autre pour obtenir des intrigues différentes et d'une complexité croissante. Goldoni met ce dispositif en place dès la première scène du *Serviteur*. Il montre deux familles qui viennent de s'unir par le mariage de leurs enfants et de régler harmonieusement leur association. Mais à l'arrivée de Truffaldin, il n'y a plus ni règles ni harmonie. Angoisses et soupçons chez les Amoureux, mépris de caste et vanité blessée entre Pantalon et le Docteur, avidité, du moins dans la version de 1753, éveillée chez l'honnête Brighella par Béatrice qui achète son silence, bientôt désespoirs, jalousies, quiproquos, passes d'armes... Chaque fois que la confusion pourrait se dissiper, Truffaldin la redouble et c'est encore lui qui retarde à la dernière scène le dénouement tant annoncé. Goldoni a joué avec *maestria* le jeu de la comédie d'intrigue. Son coup de maître, c'est d'avoir donné à « l'extravagance » (l'un des derniers mots de la pièce, un mot clé) ce qu'il appelle dans l'*Avis au lecteur* une « conduite raisonnable », un agencement si précis, si bien rythmé que « les esprits scrupuleux » s'y laissent prendre. Il recourt à toutes les ficelles du genre non seulement sans vergogne, mais en les désignant pour telles : il réinvente la *commedia dell'arte*, et il le dit.

Goldoni profite, pour déployer l'action, des conventions déjà assouplies du lieu scénique. La « rue avec une auberge », qui est le décor simplifié de la comédie depuis le XVIe siècle[6], alterne avec un décor d'intérieur, un lieu fermé « avec portes ». Pour le décor extérieur,

6. Sebastiano Serlio (1475-1554), architecte, peintre et théoricien, a décrit dans *Le Second Livre de l'architecture* la disposition des scènes de théâtre selon les genres. La scène comique représente la

les premiers textes *dell'arte* conservés mentionnent souvent une ou plusieurs portes et une ou plusieurs fenêtres praticables. Dans le *Serviteur,* on ne trouve la mention d'un dispositif de ce genre qu'à la fin du deuxième acte, quand Florindo aperçoit Béatrice de dos, rossant Truffaldin. Pour le décor d'intérieur, les didascalies du Serviteur indiquent *camera* (chambre) dans la maison de Pantalon et *sala* (salle) dans l'auberge, mais ailleurs on trouve indifféremment les deux termes. De plus, *camera* ne désigne pas nécessairement une « chambre à coucher » : Brighella fait servir les voyageurs dans leur *camera,* qui est sans doute un appartement. Chez Pantalon, *camera* désigne tantôt une pièce commune, où on célèbre les fiançailles, tantôt une autre pièce de la maison, plus retirée. J'ai traduit à chaque fois littéralement, pour respecter la convention théâtrale qui ne précise pas la destination de la « chambre » et pour ne pas prendre parti sur un décor éventuel. Goldoni nuance encore l'opposition entre le lieu ouvert et le lieu clos en recourant à un espace qu'on peut appeler intermédiaire, une « cour intérieure *(cortile)* chez Pantalon », espace privé mais accessible directement aux visiteurs (II, 1-9).

Avec les toiles peintes du décor, la malle aux accessoires contient les objets qui complètent les costumes ou servent de support au jeu et à l'action ; les scénarios en donnent la liste après celle des personnages (*robbe per la comedia* (sic), objets pour la comédie). On fera sans peine cette liste pour le *Serviteur,* à commencer par les lettres. Goldoni les utilise en dehors même de tout réalisme, comme des signes de théâtralité. Quand Clarice tremble à la pensée que Federigo puisse n'être pas mort, Pantalon lui répond : « Vous n'avez pas lu vous-même les lettres ? ». « Les » lettres, sans détermination, celles qu'il a reçues, ou mieux l'objet-messager, qui intervient nécessairement à un moment où à un autre du récit dramatique et que les spectateurs attendent.

perspective d'un carrefour avec « maisons d'avocats, de marchands, de parasites, de l'entremetteuse, auberge » (Vito Pandolfi, *Histoire du théâtre,* t. I, Marabout Université, p. 337).

Les canevas traditionnels croisent deux types d'histoires : une tromperie à rebondissements et un roman d'amour. Dans certains scénarios de Flaminio Scala[7] on trouve de longues séquences, sinon des actes entiers, construits comme une farce autonome où le plaisir de berner un Vieillard sévère ou un Capitaine grotesque n'a qu'un lien ténu avec les projets amoureux des jeunes gens. *Le Serviteur*, lui, est une ronde où, comme le furet, la ruse court de scène en scène. Pantalon craint que Truffaldin ne soit un fourbe et il doute de l'identité de Federigo ; Brighella flaire la tromperie *(inganno)* et la contrebande *(contrabbando)*, ce dont il s'accommoderait, sauf si Pantalon venait à être berné *(burlare)* ; Sméraldine ne peut croire que le joli brunet soit un menteur ; Truffaldin, pour se tirer des embrouilles *(imbroglio)* où il s'est fourré, trouve des expédients (il raccommode la situation, comme on rapetasse les souliers, *taconar* en dialecte) puis, se prenant au jeu, échafaude des histoires *(negozi)* et se félicite des « belles inventions » grâce auxquelles il a dénoué le méli-mélo *(zavagio,* en vénitien, mélange) provoqué par son double imaginaire Pasquale. C'est toute une dramaturgie qui s'écrit au fil des mots, à mesure que l'action est représentée.

Les Amoureux ne sont pas moins nécessaires à la *commedia dell'arte* que les trompeurs et les dupes. Mais leurs aventures suivent, sinon l'évolution des mœurs qu'il serait imprudent d'inférer à partir des canevas, du moins l'évolution du goût romanesque. Dans le plus ancien résumé que nous ayons d'une comédie à l'impromptu (1568)[8], le gentilhomme amoureux entretient une fille galante mais doit momentanément la

7. Flaminio Scala (1547-1624), acteur et *capocomico*, publia en 1611 un recueil intitulé *Il Teatro delle favole rappresentative*, contenant 50 scénarios dont 40 comédies. Il ne prétendait pas se poser en homme de lettres mais désirait protéger son invention dramatique contre les malfaçons. (Rééd. par Ferruccio Marotti en 1976, Milan, Ed. « Il Polifilo ».)

8. Voir le texte du récit de Massimo Trojano dans Constant Mic, *La Commedia dell'arte*, p. 225-229.

quitter pour rejoindre sa famille. En son absence la belle
Camilla plume un riche Espagnol sans rien lui accorder
sinon des espérances, berne et fait bastonner ce vieux
radin de Pantalon et accueille à bras ouverts le vigoureux
Zanne pourtant sans le sou. A son retour le fils de
famille annonce qu'il doit changer de vie et console
Camilla en lui donnant Zanne pour mari. Avec le
Théâtre de Flaminio Scala, les aventures amoureuses se
nouent entre gens du même monde mais n'en sont pas
plus chastes pour autant, avant ou après le mariage.
Elles sont traversées d'obstacles de toute sorte, et non
par la seule volonté des parents : rivalités, jalousies,
frères trop attachés à leur sœur, enlèvements, rixes
nocturnes, arrestations. On assiste même au sinistre
cortège qui conduit à la potence, corde au cou, un
Amoureux banni à la suite d'une rixe avec le frère de sa
bien-aimée, revenu prématurément dans la ville où elle
habite et condamné à mort[9]. Dans cet univers de cape et
d'épée les jeunes filles partent hardiment à la recherche
de leurs fiancés, mais à la faveur d'un déguisement. Elles
prennent des habits d'homme ou des oripeaux de
Bohémiennes qui leur permettent d'aller et venir ;
parfois, femmes réputées trop libres ou trop jolis garçons, elles frôlent des aventures interdites. Est-ce vraiment le seul souci des bienséances (puisqu'une jeune
fille bien née ne s'en va pas seule par les routes) qui
inspire le travesti ou plutôt, ou surtout le goût de
l'ambiguïté ?

   Goldoni ne refuse pas ce matériau d'un autre siècle,
même si les variantes de la première à la seconde édition
trahissent une certaine gêne. Que s'est-il passé, une nuit,
à Turin, quelle bagarre ou quel guet-apens, pour qu'un

---

   9. Scénario XVIII, *Li tragici successi* (Les événements tragiques),
donné pour une comédie. C'est une histoire qui remonte aux
Nouvelles de Bandello (1554) et dont il serait plus évocateur de dire
qu'il s'agit des amours de Roméo et Juliette (Voir Shakespeare,
Gallimard, Bibliothèque de la Pléiade, t. II, p. LXXII-LXXIV).
Mais le micro-récit que j'ai isolé correspond exactement à la situation
de Florindo.

jeune homme de bonne famille ait été tué sans qu'on puisse savoir par qui ? Pourquoi, si Béatrice croit Florindo innocent, a-t-elle besoin d'argent pour le tirer des griffes de la justice ? Peu importent ces obscurités, ces longueurs. Les sentiments amoureux ont leurs *topoi,* leur expression codifiée, récits pathétiques, tirades passionnées, chants alternés qui mettent en valeur le souffle et le timbre des comédiens : pourquoi Goldoni les en aurait-il privés ? Le traducteur même a la tentation du beau langage classique, avec la musique de sa syntaxe, de ses passés simples et presque de ses alexandrins. J'avoue y avoir cédé çà et là, pour donner un contrepoint lyrique à un dialogue qui coupe généralement au plus court.

La voix des Amoureux n'est pas seulement un bel instrument. Elle donne à entendre la pulsion du désir qui s'exprimait avec tant de naturel dans les textes de la Renaissance et qui, même en sourdine, bat souverainement au théâtre. Béatrice n'est pas une ingénue mais une « première Amoureuse », et les torrents de la passion l'entraînent de Turin à Venise sur les traces de son amant. Ce terme de la langue classique a, paraît-il, un sens trop précis aujourd'hui ; je le trouve pourtant irremplaçable, avec sa connotation tragique, et je l'ai hasardé une ou deux fois, sans vouloir affirmer ce qui n'est sans doute même pas suggéré. Mais Clarice, l'obéissante Clarice ? Elle aurait épousé Federigo mais elle avait donné son cœur à Silvio, semble-t-il, avant d'en recevoir la permission (I, 1 et 18). Confortée par l'accord de son père, elle cherche l'occasion de se retirer dans sa « chambre » avec Silvio (I, 1), d'échapper au regard des témoins. La porte de la « salle chez Pantalon », qui ouvre sur un hors scène multiple communiquant aussi bien avec l'espace public de la ville qu'avec les « chambres » de la vie privée, est le lieu par où le danger se glisse : l'inconnu qui frappe à la porte et vient troubler du dehors la réunion de famille, mais aussi, en sens inverse, l'appel du désir. Goldoni a gardé la thématique de la « chambre » où les amants *dell'arte* se faisaient surprendre pour forcer la main aux pères récalcitrants à leur mariage. « Je veux tout essayer », dit Pantalon en aparté (I, 19) quand il laisse Federigo et Clarice seuls ensemble. Dans la version de 1753, Pantalon, pour se débarrasser du Docteur, insiste même complaisamment sur ce tête-à-tête qui crée une situation irréversible. La frémissante Clarice sait bien qu'elle peut donner sa main à Béatrice en signe de bonne amitié, mais que s'il s'agissait d'un homme, le geste vaudrait engagement : Béatrice lui promet alors des « preuves évidentes de la vérité ». Même la rhétorique, en effet, s'incarne dans des corps. Le premier acte tombe sur la plainte de Clarice, dont voici la traduction littérale : « dans cette vie, le plus souvent, ou bien on souffre *(si pena)*, ou bien on espère *(si spera)*, et rarement on est heureux *(si gode)* ». Ce dernier verbe a en italien un emploi très large, correspondant aux différentes façons de « jouir de la vie ». Mais quand les amants de Flaminio Scala réussissent à refermer une porte sur eux, c'est pour *godersi insieme*, pour trouver ensemble une jouissance qu'il n'est pas besoin de spécifier. Le plaisir est l'un des harmoniques du *godere* : je l'ai privilégié dans la clausule finale du premier acte. Clarice à sa façon est aussi gourmande que Pantalon, qui n'a pas renoncé à prendre du bon temps (II, 14) ; à sa façon aussi, elle a la même impatience que Truffaldin et Sméraldine.

Toutes ces nuances esquissent des caractères, ce qui arrivait d'ailleurs parfois dans la *commedia* traditionnelle. Ce n'est pas tant que l'auteur ou le *capocomico* imprimât sa marque à tel ou tel personnage ; c'est plutôt que les comédiens improvisateurs habitaient de leurs émotions les schémas du répertoire. Goldoni était particulièrement attentif à utiliser au mieux les possibilités des acteurs, et notamment leur habileté à représenter des êtres doubles ou contradictoires. Béatrice est sans doute « un drôle de petit caractère », comme dit Brighella, elle revendique sa liberté et refuse qu'on « joue les tuteurs » avec elle (I, 5). Mais le travesti, dont la vogue au XVIIIe siècle indique un goût certain de la part du public, est aussi un plaisir pour l'actrice, l'occasion de maîtriser deux registres de voix, de gestes et d'énergie.

Selon sa virtuosité, elle met entre le féminin et le masculin une distance caricaturale ou une ambiguïté ironique. C'est une incertitude comparable, malgré le cloisonnement des emplois, qui fait l'intérêt du rôle de Truffaldin. Goldoni se défend de le donner pour un caractère, à moins, dit-il, que l'alternance de la ruse et de la balourdise n'en ébauche un. Là encore, on retrouve le *topos* du Zanne, venu de sa montagne, stupide parce qu'il ignore les règles du jeu en vigueur à la ville, mais prompt comme un animal sauvage à assurer sa survie par la feinte ou le larcin. La dualité intéresse assez Goldoni pour qu'il y revienne dans les *Deux Jumeaux vénitiens,* dont le thème « sent le rance » mais qu'il a choisi parce qu'il connaissait « l'extraordinaire habileté de Cesare Darbes, cet acteur de talent, pour jouer les personnages contraires de l'homme d'esprit et du benêt ». Un fourbe ou un fou, se demande Pantalon en entendant Truffaldin ; un peu de l'un et un peu de l'autre, répond le Docteur. « Il ne sait même pas parler », dit Brighella : c'est la marque d'origine, le trait particulier du Zanne qui parle bergamasque et qui, au demeurant, parle peu. Mais la marque de l'acteur Antonio Sacchi [10], c'est qu'il parle, et d'abondance ; il enchaîne en souplesse répliques et apartés, il invente des

---

10. *Mémoires*, I, ch. XLI, p. 190-191.

« Cet Acteur, connu sur la scène Italienne sous le nom de Trouffaldin (*sic*), ajoutait aux grâces naturelles de son jeu, une étude suivie sur l'art de la Comédie et sur les différents Théâtres de l'Europe.

Antonio Sacchi avait l'imagination vive et brillante ; il jouait les Comédies de l'art, mais les autres Arlequins ne faisaient que se répéter, et Sacchi, attaché toujours au fond de la scène, donnait, par ses saillies nouvelles et par des reparties inattendues, un air de fraîcheur à la Pièce, et ce n'était que Sacchi que l'on allait voir en foule.

Ses traits comiques, ses plaisanteries n'étaient pas tirés du langage du peuple, ni de celui des Comédiens. Il avait mis à contribution les Auteurs Comiques, les Poètes, les Orateurs ; on reconnaissait dans ses impromptus des pensées de Sénèque, de Cicéron, de Montagne (*sic*) ; mais il avait l'art d'approprier les maximes de ces grands hommes à la simplicité du balourd ; et la même proposition, qui était admirée dans l'Auteur sérieux, faisait rire sortant de la bouche de cet Acteur excellent. »

images pour accompagner sa gestuelle, comme celle de
« l'horloge de ses tripes », il sait replacer en situation,
même s'il les estropie astucieusement, les mots savants
ou les tournures galantes qu'il a pu glaner. Bien plus,
Truffaldin est poète, comme Goldoni, il faut bien le
dire. Non parce que dans la version de 1753 il achève la
pièce sur un sonnet improvisé, mais parce qu'il noue et
dénoue l'intrigue en supprimant ou en suscitant des personnages : son premier patron qui tarde à venir et dont il
nie l'existence, le valet Pasquale coupable de toutes les
sottises, le maître au portrait, trépassé, mis en bière et
réexpédié dans sa patrie, et pour finir le maître au livre
de comptes, tombé dans le canal. Il s'attribue la « *bravura* », le talent qui a rendu possible « l'exploit » de
faire durer le jeu jusqu'à ce qu'il décide d'y mettre fin.

Le « monde du théâtre » qui sous-tend ainsi l'œuvre
de Goldoni [11] est une réalité que reconnaissent d'emblée
les gens de théâtre et que pressentent les spectateurs
attentifs. L'expérience personnelle de l'auteur, ou du
moins ce qui peut en passer dans une pièce presque
traditionnelle, se devine aussi à certains mouvements qui
courent à la surface du texte. On l'a noté à propos de
Truffaldin et de ses fiers accents de dramaturge. Pantalon, lui, tout obsédé qu'il est de ses comptes et de ses
contrats, a pour une certaine auberge du Rialto une
nostalgie qui convient presque mieux à Goldoni en exil
volontaire à Pise qu'à un vieux jouisseur comme Pantalon. Quant à la réalité vénitienne du milieu du XVIIIe
siècle, on y est renvoyé par des indices dont il n'est pas
toujours facile de préciser ce qu'ils dénotent. Il y a, bien
sûr, le transport fluvial. Truffaldin est arrivé avec son
maître par « *la barca del corrier* » (*Serviteur*, I, 6), la
« barque courrière » (*Mém.* I, XLV) dont le seul
équivalent français est l'ancien « coche d'eau ». Entre
Turin, Gênes et Venise les relations commerciales et
bancaires étaient importantes, et ce n'est pas un hasard

11. Voir à ce sujet dans *La Serva amorosa*, trad. Ginette Herry,
éd. Dramaturgie, 1987, l'introduction « Goldoni 1987 ou Le théâtre
et le monde du théâtre ».

si l'homme de confiance de Béatrice lui envoie une lettre par cet itinéraire en triangle. Le négociant Pantalon vend des miroirs et des bougies, dont la production s'était maintenue plus prospère que celle des étoffes. Il a un caissier (I, 4) et des commis (III, 3), il signe des lettres de change d'une valeur considérable (II, 11), ce qui ne l'empêche pas d'apporter lui-même à Federigo, au bout du bras comme aurait fait le Vieillard avaricieux des canevas, la bourse de cent ducats... scéniquement nécessaire à une méprise de Truffaldin (I, 16). Tout au long de la pièce, les négociants-banquiers comptent et recomptent, en toute confiance car on est entre honnêtes gens, mais avec obstination. Si Béatrice n'a pas emporté d'argent liquide, c'est pour ne pas perdre au change, dit-elle. Comme l'excuse permet de ménager le gag de la bourse, on croit être dans la pure théâtralité. Or l'histoire économique de Venise confirme que la monnaie de la Dominante (Venise et les îles) était surévaluée en Terre-Ferme, c'est-à-dire dans les villes comme Vérone et Padoue que Béatrice a dû traverser[12]. Les spécialistes sont malheureusement moins précis sur la valeur de la monnaie. La monnaie de compte, utilisée dans les transactions officielles, est le ducat d'argent qui vaut 6 lires vénitiennes et 4 sous; mais dans les transactions entre particuliers, on se fonde sur la valeur « de la place », qui est de 8 lires. Béatrice manipule de grosses sommes : c'est une femme d'affaires qui vient apurer les comptes entre deux maisons de commerce, une amoureuse prodigue qui, dans la version de 1753 offre à Brighella, pour acheter son silence, 10 doublons, soit 370 lires s'il s'agit bien de doublons-or. Le rapport entre cette fortune et les petits sous des portefaix et de Truffaldin est difficile à apprécier, d'autant que les éditions de Goldoni, même universitaires, n'indiquent pas toujours selon quel critère elles établissent les équivalences. Le « philippe » et le « paolo » sont des pièces d'argent, émises respectivement par Philippe II d'Espagne et par le Pape Paul III. Ils valent, selon

---

12. Jean Georgelin, *Venise au siècle des Lumières,* Mouton, 1978.

l'édition Garzanti, respectivement 5 lires et 20 sous ; mais selon l'édition Einaudi, les 10 paoli que gagne Truffaldin avec Béatrice seraient l'équivalent du philippe qu'il demande à Florindo. Le balourd ignorant la valeur de l'argent ne se serait donc pas trompé de beaucoup. Mais si on compte 20 sous pour une lire, il se tromperait du simple au double et demanderait deux fois moins. Qu'est-ce qui serait théâtralement le plus intéressant, je n'ose pas en décider. Si on se réfère aux salaires, restés stables au XVIIIᵉ siècle, Jean Georgelin donne de 1 à 2 lires par jour pour un manœuvre et de 3 à 4 pour un ouvrier qualifié. Le salaire d'un philippe met Truffaldin au niveau d'un ouvrier qualifié ; avec 10 paoli à 20 sous, il se situerait au-dessus. Autre repère, les portefaix : le premier n'a pas fixé de prix, il réclame son dû cinq sous par cinq sous, mais à la troisième fois il reçoit un coup de pied et s'en dit content ; l'autre a demandé 30 sous, soit 1 lire et demie, presque le tiers du salaire mensuel de Truffaldin sur la base d'un philippe par mois [13]. Le commentateur voudrait savoir, mais le spectateur ? Il s'y perd, comme Truffaldin. C'est une façon comme une autre, ou meilleure qu'une autre, de percevoir la « réalité » vénitienne de l'époque, et même la réalité tout court.

Avec Goldoni, la *commedia dell'arte* est en effet devenue ou redevenue apte à montrer non pas l'exotique mais l'essentiel, l'émotion amoureuse ou le cri de la faim et de la servitude. De son comique aussi on peut dire qu'il est essentiel. C'est d'abord le jeu primordial avec la peur, la peur que le jeu rate ou qu'il cesse. Et si Brighella était vraiment honnête, si le bouillant Silvio écoutait Truffaldin demandant auquel de ses deux maîtres il veut parler, si Florindo s'informait plus posément sur Pasquale, si le désespoir faisait se trahir Clarice, si..., si... A chaque instant le risque est là, le précipice va engloutir les simulateurs. Mais non, ils l'esquivent, et l'histoire continue. Les sauts périlleux, les

---

13. Voir dans l'édition de la *Locandiera* procurée par Gérard Luciani (Folio bilingue, 1991) un procédé d'évaluation intéressant, mais qu'on ne peut malheureusement appliquer au *Serviteur*.

cabrioles, les jongleries donnent un plaisir du même ordre : on craint la chute ou bien on regrette que la figure soit terminée, pour un peu on crierait « Ah ! » ou « Encore ! ». L'acrobate ne tombe pas, le clown rebondit une fois de plus. L'autre jeu est plus abstrait mais non moins primordial : c'est le jeu du dédoublement et du redoublement. On a deux personnages où il n'en faut qu'un, on n'en a qu'un où il en faut deux. Deux Rasponi, frère et sœur, deux prétendants pour Clarice, deux maîtres pour Truffaldin. Mais un seul valet pour servir à table, et qui va manger pour quatre, et qui se fait rosser deux fois. Quand Truffaldin croit avoir simplifié ces formules arithmétiques, trouvé un maître et une maîtresse et du coup rétabli un compte juste de fiancés, voilà qu'il est lui-même encombré de son double et Sméraldine privée de mari. Pour revenir à Truffaldin et à ses pauvres sous, oserai-je écrire, parodiant Clarice, qu'en ce monde on connaît ou bien le manque ou bien l'excès, mais rarement la justice ?

De quelques représentations

La richesse d'une intrigue en apparence insignifiante a suscité chez les gens de théâtre des vocations et des fidélités. Les représentations marquantes sont attachées à des noms d'acteurs, de metteurs en scène, d'une façon générale d'hommes de théâtre. Au XVIIIe siècle en France, le canevas a fait briller successivement les deux Arlequins du Théâtre Italien, Tommaso Vicentini dit Thomassin (mort en 1739) et Carlo Bertinazzi dit Carlin (débuts en 1742). Goethe le jugea digne du théâtre de Weimar et le succès de la pièce fut constant au XIXe siècle en Allemagne.

Pour la première moitié du XXe siècle, le spectacle qui a fait date est celui de Max Reinhardt, dans la version de 1924 à Vienne, au Theater in der Josefstadt, avec une musique de scène empruntée à Mozart. En 1928, à New York, on a souligné la fantaisie de la stylisation, les costumes simplifiés de l'arlequinade (Arlequin et

Sméraldine portaient les mêmes losanges), la liberté des bouffonneries. En Italie, à propos de la représentation de 1932, le grand critique et historien du théâtre Silvio D'Amico commente : « Cela n'a pas grand-chose à voir avec Goldoni, mais le spectacle est merveilleux. » Plus réservés ou même hostiles, certains jugements révèlent combien la critique a pu être déconcertée, par l'interprétation sûrement, par la pièce sans doute. A propos d'une représentation donnée à Varsovie en 1927, l'un parle d'une « farce carnavalesque qui n'est en rien plausible » et l'autre d'un « excès de fidélité historique dans la mise en scène ». Le second a vu, semble-t-il, une reconstitution pédante de la *commedia dell'arte* dans ce que le premier jugeait être une distorsion vulgaire du genre. On retrouve bien là les pièges que la pièce tend aux interprètes, celui d'une archéologie sans âme et celui d'une gestualité devenue une fin en soi. Le « spectacle merveilleux » admiré par Silvio D'Amico n'y tombait évidemment pas, grâce au metteur en scène et à ses comédiens. Helene Thimmig, Sméraldine, jouait aussi bien la soubrette que les héroïnes tragiques ; son frère Hermann Thimmig, Arlequin, incarnait les clowns poétiques de Shakespeare. Il faut que l'émotion et le rêve nourrissent les masques de l'intérieur [14].

Pour la deuxième moitié du xxᵉ siècle, le spectacle de référence est celui de Giorgio Strehler, dans ses éditions successives, de 1947 à 1991 [15]. La brochure éditée par le Piccolo Teatro en 1982 en dénombre cinq ; depuis cette date on en a vu au moins deux autres représentations à Paris, en 1989 au Théâtre de l'Europe et en 1991 au Palais Garnier. Strehler a fait à chaque fois varier l'angle par lequel il abordait une œuvre du répertoire italien. En

14. Sur Max Reinhardt, voir l'article dans *L'Enciclopedia del Teatro* ; Heinrich Braulich, *Max Reinhardt. Theater zwischen Traum und Wirklichkeit*, Berlin, 1969 ; J. L. Styan, *Max Reinhardt*, Cambridge University Press, 1982.

15. Odette Aslan, « L'Arlequin Serviteur de deux maîtres au piccolo », in *Le Masque du rite au théâtre*, p. 173-178, CNRS, 1985 ; Catherine Douël Dell'Agnola, « Cinq versions d'Arlequin », in *Voies de la Création théâtrale*, vol. XVI, *Giorgio Strehler*, CNRS, 1989.

1947, ce fut une première approche encore artisanale. Les acteurs devaient se battre avec des masques inconfortables en papier mâché et Marcello Moretti, qu'on pouvait croire un Arlequin-né, a souvent dit au prix de quels efforts et de quelles angoisses il l'est peu à peu devenu. La réflexion historique commence en 1951-1952, avec les masques de cuir redécouverts par Amleto Sartori, des acteurs « en costumes » et une scénographie évoquant un théâtre de Cour ; elle continue en 1956-1957 et ressuscite l'estrade de bois dressée sur une place par une compagnie ambulante ; en 1963, quand Ferruccio Soleri eut succédé à Moretti (mort en 1961), on voyait les deux roulottes des comédiens. Pour le spectacle créé à l'Odéon en 1977, l'espace scénique, inscrit dans la scène du théâtre, était limité au fond par une toile peinte et devant par une rangée de quinquets, mais ouvert sur les côtés, laissant voir un hors scène, les coulisses d'où les comédiens assistent au spectacle quand ils n'y participent pas. Strehler a montré ainsi, par ce qu'il appelle « un contrechant » au jeu proprement dit, l'ancrage du spectacle dans la vie du théâtre et fait apparaître une dimension importante de l'œuvre de Goldoni. Les représentations de 1988 avaient, de son propre aveu, « leur charge de tristesse et de reconnaissance de la vie qui passe », à cause des acteurs disparus ou vieillis. Les trois spectacles de 1991 étaient un travail d'école, au meilleur sens du mot. Strehler a enchéri sur le jeu des multiples, en redoublant tous les personnages autour de l'unique Ferruccio Soleri : un kaléidoscope à donner aux spectateurs les délices du vertige.

En janvier 1992, Jean-Louis Thamin a créé, au Centre Dramatique national de Bordeaux-Aquitaine qu'il dirige, un *Arlequin Serviteur de deux maîtres,* dont il avait présenté une première édition à Paris, en 1968, avec la Compagnie de la Contrescarpe. Encore une fidélité, encore un itinéraire ; J.-L. Thamin parle d'un « repentir », au sens où l'entendent les peintres. Le nouveau spectacle, qui a l'unité esthétique d'une vraie création, associe les contraires : l'historicité des costumes et des masques avec une musique de scène et des bruitages résolument contemporains ; des acrobaties réglées comme une chorégraphie et un duel entre Béatrice et Silvio qui est à la fois une parodie et un divertissement dansé ; Arlequin, lui, avec son brillant costume à losanges, a des moments de sauvagerie. Les acteurs sont jeunes et rendent présents, plausibles, et même vrais, avec juste la distance ironique qu'il faut, des personnages qu'ils décapent de leurs clichés. L'accueil du public et de la critique me permet de penser que je ne cède pas à la partialité d'un spectateur privilégié, impliqué dans la fête théâtrale.

Valeria TASCA.

NOTE SUR LE TITRE DE LA PIÈCE

Le valet balourd de la comédie improvisée portait des noms différents selon l'interprète. A Paris, le canevas a été joué par les Comédiens Italiens sous le titre d'*Arlequin valet de deux maîtres*, de 1718 à 1772. Depuis novembre 1947, Giorgio Strehler a consacré le titre d'*Arlecchino servitore di due padroni*, que les éditions Rizzoli ont adopté en 1979 tout en conservant le nom de Truffaldin dans le texte.

NOTE DU TRADUCTEUR

Le Serviteur est un texte plurilingue : les Amoureux, Sméraldine et le Docteur s'expriment en italien, Pantalon et Brighella en vénitien, Truffaldin en bergamasque. Pour le traducteur français, c'est une impasse. Certes, les niveaux de langue sont différents. Mais, d'une part, le vénitien de Pantalon n'est pas de l'italien fautif ; d'autre part, la reconstruction à l'écrit d'une pseudo-langue parlée, et mal parlée, risque toujours de tomber dans la pure et simple vulgarité. J'ai essayé de travailler sur la syntaxe et sur le rythme, tant pour différencier Pantalon des Amoureux que pour le rapprocher de Truffaldin (le vénitien et le bergamasque, surtout comme langues de théâtre, sont apparentés), tout en laissant au Zanne sa singularité. Il y a eu des choix douloureux et sans doute discutables. Pour la prononciation d'abord : j'ai évité au maximum de noter les élisions et la suppression familière de la négation, laissant aux praticiens la responsabilité d'en introduire quelques-unes éventuellement. Pour certains mots ensuite. En italien comme en vénitien, il n'y a qu'un terme pour dire maître, avec deux prononciations : *padrone* et *padron* ou *paron*. La forme vénitienne est si caractéristique de la phonologie de la langue, Goldoni emploie le mot si souvent comme vocatif dans les pièces dites dialectales que j'ai voulu le faire dire, presque systématiquement, par Truffaldin comme par Pantalon, alors que les autres disent « maître ». Ce choix introduit dans certains dialogues une nuance qui n'existe pas dans le texte : on dirait que Truffaldin traduit dans son langage à lui un

mot qu'il connaît mais dont il n'use pas. Mais comme on
perd en général toutes les modulations entre l'italien et
le vénitien, il m'a semblé possible d'en marquer une de
cette façon. « Presque systématiquement » : j'avoue
céder parfois en traduisant aux suggestions de l'oreille.
Je suis plus embarrassée pour justifier le parti que j'ai
pris avec les *sior, siora* du vénitien, face aux *signor,
signora* de l'italien. Comme l'usage actuel est de traduire
les noms des personnages goldoniens quand ils ont été
utilisés dans les pièces des Italiens de Paris, on aboutit à
des formules bilingues (Sior Pantalon, Siora Béatrice).
Au théâtre, pour qu'elles s'entendent comme du vénitien et non comme du charabia, il faut que le metteur en
scène et les comédiens soient d'accord pour respecter
une prononciation claire, bien accentuée. Mais j'avoue
que ce n'est pas pour épargner les comédiens que je
n'accepte que du bout des dents cet usage de traduction
désormais assez généralement répandu : c'est que les
« touches de couleur locale », quand elles se voient trop
et trop souvent dans un texte, me paraissent encom-
brantes. J'ai adopté une cote mal taillée : quand un
personnage ne parle pas italien, j'ai gardé *sior* et *siora*
devant les noms, comme marques du vocatif ; dans tous
les autres cas, et notamment quand on parle d'un absent,
j'ai préféré Monsieur, Madame. Mettons que j'entends
« Sior Federigo » comme un tout qui ne trouble pas
inutilement le texte français, pas plus que Federigo tout
seul, mais que « sior patron » ou « sior mon maître »
sonnent... comme une greffe qui n'a pas pris. Je reste au
bout du compte perplexe sur la validité de mon choix.

En revanche, j'assume sans réticences ce qui me
semble la seule fidélité possible au texte de Goldoni : le
refus de l'enjoliver, de huiler la syntaxe là où elle est
abrupte, d'expliquer les formules qui peuvent sembler
trop elliptiques à la lecture. C'est un texte né d'un projet
scénique et destiné à la scène, même si je le crois lisible
pour un public allant tant soit peu au théâtre. J'ai
indiqué en note, au fur et à mesure, certaines traductions littérales ou, au contraire, certaines formules qu'on
peut juger meilleures pour la représentation. Mais

donner à lire Goldoni, on ne le dira jamais assez, c'est
donner à lire du théâtre. Je tiens à remercier ici Jean-
Louis Thamin pour tout ce que je lui dois. C'est lui qui
m'a demandé une nouvelle traduction de la pièce ; il a
suivi mon travail avec une attention amicale et j'ai
bénéficié de son expérience non seulement pour établir
le texte de cette édition, mais pour mieux comprendre
l'écriture de Goldoni.

V. T.

DEDICA

ALL'ILLUSTRISSIMO SIG. DOTTORE
RANIERI BERNARDINO
FABRI
NOBILE PISANO

Se il bene che Voi mi avete fatto, Illustrissimo Signore, dovesse essere da me ricompensato, non basterebbono tutti i giorni della mia vita, impiegati in vostro servigio. Buon per me, che il vostro animo generoso soddisfa a se medesimo nel beneficare, e ricusa ogni ombra di ricompensa; ma quantunque Voi siate generoso a tal segno, non basterebbe tutta la vostra virtù a liberarmi dalla taccia d'ingrato, quando io almeno de' benefizi vostri non serbassi nell' animo la ricordanza, e di questa non procurassi darvene alcuna riprova. Ecco l'occasione di farlo. Troverete in dieci Volumi delle mie Commedie cinquanta nomi di Personaggi illustri, che mi hanno della protezione loro onorato. Fra questi era ben giusto ch'io collocassi il vostro, non solo per quel fregio che le Opere mie da cotal nome riporteranno, ma eziandio per quella dimostrazione di ossequio, con cui a' miei Padroni alcuna operetta mia ho intrapreso di dedicare.

Questa, che ha per titolo Il Servitore di due Padroni, *a Voi offerisco, perché avendola scritta in Pisa, mi ricorda que' felicissimi giorni, ch'io vissi, vostra mercè, tanto*

DEDICACE

A L'ILLUSTRISSIME DOCTEUR
RANIERI BERNARDINO
FABRI,
GENTILHOMME DE PISE[1]

Si je devais, Seigneur Illustrissime, Vous rendre tout le bien que vous m'avez fait, il ne suffirait pas que je consacre à votre service tous les jours de ma vie. Heureusement pour moi, votre âme généreuse trouve sa propre satisfaction à faire le bien, et refuse jusqu'à l'ombre d'un dédommagement; mais si grande que soit Votre générosité, toute votre vertu ne suffirait pas à me laver du reproche d'ingratitude si je ne conservais pas à tout le moins le souvenir de vos bienfaits, et si je ne m'efforçais pas de vous en donner quelque nouvelle preuve. Voici l'occasion de le faire. Vous trouverez dans les dix volumes de mon Théâtre cinquante noms de Personnages illustres qui m'ont honoré de leur protection[2]. Parmi ceux-là il était bien juste que je fisse figurer le vôtre, non seulement pour le lustre que mes Œuvres retireront d'un tel nom, mais encore en témoignage du respect qui m'a fait dédier à mes Protecteurs certaines de mes modestes œuvres.

C'est à Vous que j'offre celle-ci, intitulée Le Serviteur de deux Maîtres, *car l'ayant écrite à Pise, elle me rappelle les jours bienheureux que j'eus, grâce à vous, tant de*

---

1. Rainieri Bernardino Fabri (1675-1767) accueillit et protégea Goldoni pendant son séjour à Pise (été 1744-Pâques 1748). « Il était Chancelier de la Juridiction de l'Ordre de Saint-Étienne, et il présidait sous le titre pastoral de Gardien à l'assemblée des Arcades. » (*Mémoires*, I, XLIX, p. 219).

2. Goldoni écrivit cette *Dédicace* sous forme de « lettre privée » en 1753 et l'imprima la même année au tome III de l'édition Paperini. Voir à ce propos l'*introduction* et le dernier paragraphe de l'*Avis au Lecteur*.

piacevolmente in cotesta Città, benefica ed amorosa. Non mi scorderò mai, né mai avrò rossore di dirlo, essere costì giunto nell'anno 1745, malcontento della Fortuna, dopo averla tracciata in vano per qualche tempo in varie parti, e con tante belle lusinghe, dileguatesi in fumo. Ho ancora presente quel giorno, in cui per la prima fiata ebbi l'onor di conoscervi, e fu quel festivo giorno, onorevole a Voi e alla Patria vostra, in cui la Colonia degli Arcadi, Colonia Alfea *nominata, Voi dall'oblio faceste risorgere, animando i valorosi Concittadini alle frequenti adunanze d'Arcadia, e le nobili Pastorelle a renderle col dolce canto delle loro Muse più grate, onde Arno scorre più glorioso che mai, e a Voi, che Vicecustode perpetuo siete della Colonia, rendesi il dovuto onore.*

Quel giorno fu in cui, ammirando Voi facondo Oratore ed erudito Poeta, io pure del genio mio per le Muse ebbi occasione di ragionarvi, e l'amor grande, che avete Voi per le Lettere, vi rese benevolo ad uno che le ama, poco ancor conoscendole, e della vostra amicizia e della protezione vostra onorar mi voleste.

Svelate a Voi le mie vicende, le mie disavventure, non tardaste ad offerirmi la mano per sollevarmi, ed animandomi a esercitare in Pisa la Professione Legale, che con varietà di stile io aveva nella Patria mia esercitata, Voi mi trovaste gli appoggi, somministrati mi avete gli aiuti, e con l'ombra vostra, e coi vostri consigli, non andò guari che in Pisa fama io aveva acquistata, e giunsi ad essere (per alcuni di poco spirito) oggetto di gelosia e d'invidia. Quanti col vostro esempio preso aveano ad amarmi!

plaisir à vivre dans cette Ville aimable et généreuse. Je n'oublierai jamais, et jamais je ne rougirai de dire que j'y arrivai en 1745, mécontent de la Fortune, après l'avoir poursuivie en vain assez longtemps et en divers lieux, et avoir perdu tant de belles belles illusions, évanouies en fumée. J'ai encore présent à l'esprit le jour où pour la première fois j'eus l'honneur de faire votre connaissance : ce fut en ce jour de fête, qui vous honore Vous et votre Patrie, où Vous fîtes renaître de l'oubli la Colonie des Arcades, appelée Colonia Alfea, encourageant vos éminents Concitoyens à assister fréquemment aux assemblées d'Arcadie, et les nobles Pastourelles à les agrémenter du doux chant de leurs Muses les plus plaisantes ; depuis lors les flots de l'Arno coulent plus glorieux que jamais, et c'est à Vous qu'on en rend gloire, Vous qui êtes le Vice-Gardien perpétuel de la Colonie[3].

Ce fut ce jour-là qu'admirant en Vous un Orateur éloquent et un Poète érudit, j'eus moi aussi l'occasion de vous parler de mon inclination pour les Muses ; et le grand amour que Vous avez pour les Lettres vous rendit bienveillant envers un homme qui les aime sans les connaître encore vraiment ; et vous voulûtes m'honorer de votre amitié et de votre protection.

Quand je Vous eus appris les malheurs de ma vie, vous ne tardâtes pas à me tendre la main pour me venir en aide, et tout en m'encourageant à exercer à Pise la Profession d'homme de Loi, que j'avais exercée sous diverses formes dans ma Patrie, Vous me trouvâtes des appuis, vous me procurâtes des aides ; dans votre ombre, grâce à vos conseils, je ne tardai guère à acquérir de la réputation à Pise, et en vins même à susciter la jalousie et l'envie de quelques personnes de peu d'esprit. Mais combien de gens, à votre exemple, s'étaient mis à m'aimer !

---

3. L'Académie des Arcades était une société littéraire fondée à Rome en 1690, pour remettre à l'honneur l'étude et la pratique de la poésie, en restaurant l'idéal classique. Elle essaimait dans toute l'Italie en « colonies » dont les membres étaient intronisés sous un nom à l'antique ; celui que nous appellerions secrétaire portait le titre de « Gardien ».

Infinito è il numero delle grazie, che da' Pisani, senza merito, ho ricevute. Il nome Arcade di Polisseno Fegeio, *che pongo in fronte alle Opere mie, in cotesta Colonia l'ho conseguito, ed emmi caro per questo, e non lo lascerò in abbandono giammai.*

Che dolci veglie, che amabili conversazioni goder mi faceste nel vostro studio! Pisa abbonda di peregrini talenti, e tutti della vostra società sono vaghi, ed io, in grazia vostra, ebbi agio di conoscerli e di erudirmi; e Voi medesimo, pel corso di que' tre anni che costì dimorai, foste a me un libro aperto, in cui io leggeva le più belle massime, le più eccellenti istruzioni, che vagliono a formar l'uomo.

Felici i vostri Figliuoli, che da Voi hanno l'esempio, l'educazione, il consiglio! Ma felicissimo Voi ancora, che prole avete della vostra virtù seguace, che rende onore a se stessa e al Genitore bennato.

Non ho veduto chi meglio di Voi sappia dividere il tempo, e così ben lo misuri, per darne giusta porzione a tutto, senza eccedere e senza mancare. Voi attentissimo alla vostra cospicua Cancelleria del Consiglio de' XII Cavalieri di Santo Stefano; Voi indefesso nel vostro studio, accuratissimo nel dilettevole esercizio delle adunanze d'Arcadia; pronto ad ogni richiesta di poetiche composizioni; piissimo frequentatore delle sagre Funzioni, delle società Cristiane; amante dell'onesta conversazione, vivace, lepido, e nella età vostra invidiabile alla gioventù, sapete unir così bene la Religione e l'Uomo, che nulla vi manca per essere un modello di perfezione.

Dio volesse, che con un tal modello dinanzi agli occhi io avessi continuato a batter quella strada, per cui mi aveva la tenerezza vostra e la vostra saviezza incamminato. Questi sei anni, che ho malmenati pel Teatro, felice me s'io gli avessi nella Civile e nella Criminale Avvocatura impiegati! Qual Demonio, peggiore assaissimo del Meridiano, mi ha strascinato a cotal penoso esercizio?

Innombrables sont les bienfaits que j'ai reçus des Pisans, sans les avoir mérités. Le nom arcadien de Polisseno Fegeio, que je mets en tête de mes œuvres, c'est dans cette Colonie que je l'ai reçu, c'est pour cela qu'il m'est cher, et que jamais je ne l'abandonnerai.

Que de douces veilles, que de charmantes conversations vous me fîtes goûter dans votre cabinet! Pise est fertile en talents remarquables, tous ceux qui fréquentent votre maison sont aimables, et j'eus, grâce à vous, le loisir de faire leur connaissance et de m'instruire; et Vous-même, au long des trois années que je demeurai là, fûtes pour moi un livre ouvert, où je lisais les plus belles maximes, les meilleures leçons qui puissent former un homme.

Heureux vos Fils, qui reçoivent de Vous l'exemple, l'éducation, les conseils! Mais votre bonheur n'est pas moindre, Vous qui avez une descendance qui, prête à suivre les traces de votre vertu, fait honneur à elle-m et à un Père noblement né.

Je n'ai vu personne qui sût mieux répartir et mesurer son temps, de façon à donner sa juste part à toute chose, sans manque ni excès. Vous qui prêtez la plus grande attention à votre importante Chancellerie du Conseil des XII Chevaliers de Santo Stefano; vous dont le zèle pour l'étude ne se relâche pas, qui pratiquez assidûment l'aimable exercice des réunions d'Arcadie; qui êtes prêt à satisfaire tous ceux qui vous demandent des compositions poétiques; qui fréquentez très pieusement les saints Offices et les assemblées chrétiennes; vous qui aimez l'honnête conversation, qui avez de l'esprit et de la subtilité, qui à votre âge rendez envieux les jeunes gens, vous savez si bien unir la Religion et l'Homme, que rien ne vous manque pour être un exemple de perfection.

Si seulement Dieu avait voulu qu'avec un tel exemple sous les yeux j'eusse poursuivi sur la route où m'avaient engagé votre affection et votre sagesse! Les six années que je viens de si mal utiliser pour le Théâtre, j'eusse été trop heureux de les employer à plaider au civil et au criminel! Quel Démon, pire encore que le Démon de midi, m'a jeté dans une occupation si pénible?

Oh, almeno le prime Commedie mie fossero cotanto sciocche riuscite, che passata me ne fosse la voglia, e la vanità dell'applauso giunta non fosse ad inebriarmi a segno di preferirla all'utile, al comodo, alla tranquillità.

Ecco il bellissimo frutto delle mie penose fatiche. Leggete, Signor mio umanissimo, i miei Manifesti, le mie Lettere, le mie Prefazioni, e raccoglierete da tutto ciò una piccola parte de' miei travagli. Che peggio poteva io aspettarmi, se in luogo di procurar la riforma dei Teatri, avessi la corruzione loro prodotta? Ma peggio di tutto quel che apparisce, peggio assai si minaccia ad un Uomo, innamorato della propria Nazione, che si è creduto in debito di sagrificarsi per l'onor suo. Vi sono delle anime scellerate, che non avendo talento per deprimere, qualunque sieno, le Opere mie, cercano disonorar il mio nome, e mettere la persona mia in ridicolo con imposture, menzogne, romanzi, favole ed altre simili invenzioni d'ingegno, degne del loro animo, del loro spirito e del perverso loro costume.

Se per salvezza dell'onor mio sarò forzato a smentire i calunniatori col render conto della mia condotta, chiamerò in testimonio gli Amici miei, quelli che fuori della Patria mia conosciuto mi avranno, e Voi, rispettabile per la nascita, pel carattere, per la ingenuità conosciuta, Voi chiamerò per autenticare la mia onestà in quel triennio che sotto gli occhi vostri costì ho vissuto.

L'allontanamento della mia Patria ha dato motivo di favoleggiare di me; non mi è lecito esporre al pubblico ciò che vi sovverrete avervi io confidato, per giustificare qual impegno d'onore abbiami allora costretto ad alterare l'economia della mia Famiglia, cambiare il sistema della mia Casa, e finalmente prendere il partito di cambiar Cielo,

Oh ! si du moins mes premières Comédies avaient eu si peu d'intérêt que l'envie m'en fût passée, et que la vanité des applaudissements ne m'eût point enivré au point de la préférer à l'utilité, au confort, à la tranquillité !

Voici le fruit le plus beau de mes pénibles travaux. Lisez, mon Seigneur très humain, mes Manifestes, mes Lettres, mes Préfaces, et vous en déduirez une faible partie de mes tourments. Qu'aurait-il pu m'arriver de pire, si au lieu de travailler à la réforme des Théâtres, j'avais amené leur corruption ? Mais il y a plus grave encore que tout ce qu'on y découvre, c'est la menace qui pèse sur un Homme attaché à sa Nation, qui a cru devoir se sacrifier à son honneur. Il y a des âmes scélérates qui, n'ayant pas assez de talent pour rabaisser mes Œuvres (quel que soit leur mérite), cherchent à déshonorer mon nom et à ridiculiser ma personne par des impostures, des mensonges, des romans, des fables et autres artifices dignes de leur âme, de leur esprit et de leurs mœurs perverties [4].

Si pour sauver mon honneur je suis forcé de démentir les calomniateurs en rendant compte de ma conduite, j'en appellerai au témoignage de mes Amis, ceux qui m'ont connu hors de ma Patrie, et c'est à Vous, vous dont la nature, le caractère, et l'intégrité bien connue forcent le respect, que j'en appellerai comme garant de mon honnêteté pendant les trois ans où j'ai vécu sous vos yeux.

Mon absence loin de ma Patrie a donné l'occasion d'inventer des fables sur mon compte ; il ne m'est pas permis d'exposer au public ce dont je vous ai fait confidence, il vous en souviendra, pour justifier l'engagement d'honneur qui m'avait alors contraint à compromettre l'économie de ma Famille, à modifier l'équilibre de ma Maison, et finalement à me résoudre à changer de Climat

---

4. Il s'agit des conflits avec Girolamo Medebach et des polémiques déclenchées contre Goldoni par l'abbé Pietro Chiari (1711-1785), un polygraphe à toutes mains. Non content de dénigrer Goldoni au nom des règles et des modèles classiques, il se prétendait le seul réformateur du théâtre et plagiait sans vergogne sur rival sur la scène du Théâtre San Samuele. En 1753, Medebach l'engagea comme poète de sa troupe pour remplacer Goldoni et le chargea même de réviser les derniers volumes de l'édition Bettinelli.

per migliorare fortuna. Non posso io gloriarmi di essere sì cautamente vissuto, che la vita mia elogi meritar possa; i miei difetti, le mie debolezze, le passioni mie mal corrette, sono da me medesimo rimproverate, e sentirei volentieri anche in oggi, che delle passate follie un Uomo saggio mi riprendesse; ma che perfida gente, d'enormi vizi ripiena, gente, di cui farebbe orrore il rammentarne i costumi, gente avvezza a vivere di menzogna, di maldicenza, d'inganno, intraprenda a parlar di me, e di screditarmi procuri, cosa dolorosissima mi riuscirebbe, se non mi confortasse la sicurezza, che svelando i nomi loro soltanto, caderebbono sopra di essi le ingiurie e le maldicenze.

Deh, amorosissimo Signor mio, perdonatemi questo sfogo, che mal s'innesta, a dir vero, in una officiosa Epistola dedicatoria; ma poiché Voi mi amate, e avvezzo siete ad ascoltare le mie disavventure ed a compatirle, meco l'antica bontà usando, le nuove querele mie di buon animo compatirete. Né pensaste giammai, che per avere di ciò ragionato più con Voi che con altri, fossero gl'inimici, di cui mi lagno, in Toscana; no, certamente; non posso anzi bastantemente lodare e grazie rendere ai Toscani, per le infinite finezze che costà in Pisa, in Firenze e in Livorno a me largamente sono state con eccesso di benignità compartite. I miei persecutori sono... Ah, permettetemi che io mel taccia, perché arrossisco nel dirlo.

Felicissimi giorni ho io menati in Pisa! Vero è pur troppo, che il bene non si conosce, se non si perde. Deh, se cotesto soggiorno amabile ho io incautamente perduto, smarrito almeno non abbia il tesoro del vostro amore, della grazia vostra, della vostra amabilissima protezione. A questa vivamente mi raccomando, e pregandovi dal Signore per Voi, e pel bene della Patria vostra, lunghi e felici anni di vita, rispettosamente mi dico
  Di V. S. Illustriss.

                              Umiliss. Divotiss. e Obbligatiss. Serv.
                                        CARLO GOLDONI

pour rétablir ma fortune. Je ne peux me vanter d'avoir mené ma vie avec une prudence digne d'éloges; mes défauts, mes faiblesses, mes passions mal réglées, je me les reproche moi-même, et j'acceptrais, aujourd'hui encore, qu'un Homme sage me reprochât mes folies passées; mais que des gens perfides, pleins de vices monstrueux, dont on ne saurait décrire les mœurs sans un sentiment d'horreur, des gens accoutumés à vivre de mensonge, de médisance et de tromperie, se mettent à parler de moi pour me discréditer, ce me serait une grande souffrance, si je ne trouvais un réconfort dans la certitude qu'il suffirait de révéler leurs noms pour que les injures et les médisances retombent sur eux.

Hélas, mon Seigneur très aimant, pardonnez-moi cette effusion, qui se greffe mal, en vérité, sur une Epître dédicatoire privée; mais puisque Vous m'aimez, que vous avez l'habitude d'écouter le récit de mes malheurs et d'y compatir, vous retrouverez pour moi votre ancienne bonté et compatirez de grand cœur à mes nouvelles plaintes. N'allez pas penser que, si j'ai parlé de tout cela avec Vous plus qu'avec personne d'autre, c'est que les ennemis dont je me lamente sont en Toscane; non, assurément; bien au contraire, je ne pourrais ni louer ni remercier suffisamment les Toscans pour les innombrables gentillesses qu'ils m'ont, par excès de bienveillance, prodiguées à Pise, à Florence et à Livourne. Mes persécuteurs sont... Ah, permettez que je me taise, car je rougis de le dire.

Bienheureux les jours que j'ai vécus à Pise! Il est malheureusement vrai qu'on ne connaît son bonheur qu'après l'avoir perdu. Hélas, si j'ai par imprudence perdu ce séjour aimable, puissé-je du moins n'avoir pas épuisé le trésor de votre affection, de votre bonne grâce, de votre si aimable protection. C'est à elle que je me recommande vivement, et implorant le Seigneur qu'il vous accorde, pour Vous et pour le bien de votre Patrie, de longues et heureuses années de vie, je me dis très respectueusement

De Votre Seigneurie Illustrissime

le très humble, très dévoué et très obligé serviteur

Carlo GOLDONI.

L'AUTORE A CHI LEGGE

Troverai, Lettor carissimo, la presente Commedia diversa moltissimo dall'altre mie, che lette averai finora. Ella non è di carattere, se non se carattere considerare si voglia quello del *Truffaldino,* che un Servidore sciocco ed astuto nel medesimo tempo ci rappresenta : siocco cioè in quelle cose le quali impensatamente e senza studio egli opera, ma accortissimo allora quando l'interesse e la malizia l'addestrano, che è il vero carattere del Villano.

Ella può chiamarsi piuttosto Commedia giocosa, perché di essa il giuoco di *Truffaldino* forma la maggior parte. Rassomiglia moltissimo alle Commedie usuali degl'Istrioni, se non che scevra mi pare ella sia da tutte quelle improprietà grossolane, che nel mio *Teatro Comico* ho condannate, e che dal Mondo sono oramai generalmente aborrite.

Improprietà potrebbe parere agli scrupolosi, che *Truffaldino* mantenga l'equivoco della doppia sua servitù, anche in faccia dei due Padroni medesimi, soltanto per questo, perché niuno di essi lo chiama mai col suo nome ; che se una volta sola, o *Florindo,* o *Beatrice,* nell'Atto Terzo, dicessero *Truffaldino,* in luogo di dir sempre *il mio Servitore,* l'equivoco sarebbe sciolto e la Commedia sarebbe allora terminata. Ma di questi equivoci, sostenuti dall'arte dell'Inventore, ne sono piene le Commedie non solo, ma le Tragedie ancora ;

AVIS AU LECTEUR[1]

Tu trouveras, très cher Lecteur, la présente Comédie fort différente de celles que tu as pu lire de moi jusqu'à présent. Ce n'est pas une comédie de caractère, à moins qu'on ne veuille considérer comme un caractère le personnage de *Truffaldin,* qui est celui d'un Serviteur à la fois sot et rusé : c'est-à-dire sot quand il agit étourdiment et sans réfléchir, mais très avisé quand il est conduit par l'intérêt de la malice, ce qui est le véritable caractère du Vilain.

On doit plutôt l'appeler Comédie *giocosa,* parce que le jeu de *Truffaldin* en constitue l'essentiel. Elle ressemble beaucoup aux comédies traditionnelles des histrions, sinon qu'elle me semble dépourvue de toutes les impertinences grossières que j'ai condamnées dans mon *Théâtre Comique* et que le Monde désormais s'accorde pour détester.

Les esprits scrupuleux pourraient trouver déplacé que *Truffaldin* prolonge le quiproquo de son appartenance à deux maîtres, même en leur présence, pour la seule raison que ni l'un ni l'autre ne l'appelle jamais par son nom ; car si *Florindo* ou *Béatrice,* au Troisième Acte, disait une seule fois *Truffaldin* au lieu de dire toujours *mon Serviteur,* le quiproquo n'existerait plus et la Comédie serait alors achevée. Mais de ces quiproquos, soutenus par l'art de l'Inventeur, on en trouve à profusion non seulement dans les Comédies, mais dans les Tragédies ;

1. Pour les références à l'histoire du théâtre et à la carrière de Goldoni, voir l'*Introduction* à cette édition.

e quantunque io m'ingegni d'essere osservante del verisimile in una Commedia giocosa, credo che qualche cosa, che non sia impossibile, si possa facilitare.

Sembrerà a taluno ancora, che troppa distanza siavi dalla sciocchezza all'astuzia di *Truffaldino;* per esempio : lacerare una cambiale per disegnare la scalcherìa di una tavola, pare l'eccesso della goffaggine. Servire a due Padroni, in due camere, nello stesso tempo, con tanta prontezza e celerità, pare l'eccesso della furberia. Ma ecco appunto quel ch'io dissi a principio del carattere di *Truffaldino :* sciocco allor che opera senza pensamento, come quando lacera la cambiale ; astutissimo quando opera con malizia, come nel servire a due tavole comparisce.

Se poi considerar vogliamo la catastrofe della Commedia, la peripezia, l'intreccio, *Truffaldino* non fa figura di Protagonista, anzi, se escludere vogliamo la supposta vicendevole morte de'due amanti, creduta per opera di questo Servo, la Commedia si potrebbe fare senza di lui ; ma anche di ciò abbiamo infiniti esempi, quali io non adduco per non empire soverchiamente i fogli ; e perché non mi credo in debito di provare ciò che mi lusingo non potermi essere contraddetto ; per altro il celebre Molière istesso mi servirebbe di scorta a giustificarmi.

Quando io composi la presente Commedia, che fu nell'anno 1745, in Pisa, fra le cure legali, per trattenimento e per genio, non la scrissi io già, come al presente si vede. A riserva di tre o quattro scene per Atto, le più interessanti per le parti serie, tutto il resto della Commedia era accennato soltanto, in quella maniera che i Commedianti sogliono denominare *a soggetto;*

et quoique je m'applique à observer la vraisemblance dans une comédie *giocosa,* je crois qu'on peut s'accorder quelque facilité quand cela ne passe pas les bornes du possible.

D'autres pourront encore penser qu'il y a trop d'écart entre la sottise et l'astuce de *Truffaldin;* par exemple : déchirer une lettre de change pour marquer la disposition d'une table semble le comble de la balourdise. Servir deux maîtres en même temps dans deux pièces différentes, avec autant de rapidité et d'empressement, semble le comble de l'astuce. Mais voilà précisément ce que je disais en commençant du caractère de *Truffaldin* : sot quand il agit sans y penser, comme quand il déchire la lettre de change ; très rusé quand il agit avec malice, comme il fait en assurant le service à deux tables.

Si, d'autre part, nous voulons considérer la catastrophe de la Comédie, la péripétie, l'intrigue[2], *Truffaldin* n'est pas le Protagoniste ; bien plus, à part la fausse nouvelle de la mort des deux amants dont ce Serviteur est coup sur coup l'auteur, la Comédie pourrait se dérouler sans lui ; mais de cela aussi on pourrait trouver d'innobrables exemples, que je ne fournis pas pour ne pas noircir trop de pages ; je ne me crois d'ailleurs pas tenu de prouver ce que personne, du moins je m'en flatte, ne pourrait me reprocher ; de toute façon le célèbre Molière lui-même me servirait de garant pour me justifier.

Quand je composai la présente Comédie, en l'année 1745, à Pise, au milieu de mes occupations d'homme de loi, par divertissement et pour suivre mon génie, je ne l'écrivis pas telle qu'on la lit ici. A l'exception de trois ou quatre scènes par Acte, les plus intéressantes pour les rôles sérieux, tout le reste de la Comédie était seulement indiqué, à la manière de ce que les Comédiens appellent d'habitude un canevas ;

2. En réponse aux reproches de l'Abbé Chiari, Goldoni affecte généralement beaucoup d'indifférence pour les préceptes classiques. Il semble ici s'amuser à défendre son *Serviteur* à grand renfort de termes techniques (la *catastrophe,* ou partie de la tragédie qui aboutit au dénouement ; la *péripétie,* ou renversement de situation).

cioè uno Scenario disteso, in cui accennando il proposito, le tracce, e la condotta e il fine de' ragionamenti, che dagli Attor dovevano farsi, era poi in libertà de' medesimi supplire all'improvviso, con adattate parole e acconci lazzi e spiritosi concetti. In fatti fu questa mia Commedia all'improvviso così bene eseguita da' primi Attori che la rappresentarono, che io me ne compiacqui moltissimo, e non ho dubbio a credere che meglio essi non l'abbiano all'improvviso adornata, di quello possa aver io fatto scrivendola. I sali del *Truffaldino*, le facezie, le vivezze, sono cose che riescono più saporite, quando prodotte sono sul fatto dalla prontezza di spirito, dall'occasione, dal brio. Quel celebre eccelente Comico, noto all'Italia tutta pel nome appunto di *Truffaldino* [1], ha una prontezza tale di spirito, una tale abbondanza di sali e naturalezza di termini, che sorprende : e volendo io provvedermi per le parti buffe delle mie Commedie, non saprei meglio farlo che studiando sopra di lui. Questa Commedia l'ho disegnata espressamente per lui, anzi mi ha egli medesimo l'argomento proposto, argomento un po' difficile in vero, che ha posto in cimento tutto il genio mio per la Comica artificiosa, e tutto il talento suo per l'esecuzione.

L'ho poi veduta in altre Parti da altri Comici rappresentare, e per mancanza forse non di merito, ma di quelle notizie che dallo Scenario soltanto aver non poteano, parmi ch'ella decadesse moltissimo dal primo aspetto. Mi sono per questa ragione indotto a scriverla tutta, non già per obbligare quelli che sosterranno il carattere del *Truffaldino* a dir per l'appunto le parole mie, quando di meglio ne sappian dire, ma per dichiarare la mia intenzione, e per una strada assai dritta condurli al fine.

Affaticato mi sono a distendere tutti i lazzi più necessari, tutte le più minute osservazioni, per renderla facile quanto mai ho potuto, e se non ha essa il merito della critica, della morale, della istruzione, abbia almeno quello di una ragionevole condotta e di un discreto ragionevole gioco.

---

1. Antonio Sacchi. Note de l'Auteur (c'est-à-dire de Goldoni).

c'est-à-dire un Scénario rédigé, où tout en indiquant le sujet, la trame, le développement et la chute des tirades et des dialogues, je laissais aux Acteurs la liberté de compléter l'ouvrage à l'impromptu, avec des mots bien choisis, des lazzi appropriés et des pointes brillantes. Cette Comédie à l'impromptu fut en effet si bien exécutée par les Acteurs qui l'ont créée que j'en fus enchanté : je crois volontiers qu'ils l'ont mieux ornée en improvisant que je n'aurais pu le faire en écrivant. Les bons mots de *Truffaldin,* les plaisanteries, les traits vifs ont plus de saveur quand ils jaillissent sur-le-champ de la rapidité d'esprit, d'une heureuse rencontre, du brio. Le célèbre et excellent Comédien, connu dans toute l'Italie précisément sous le nom de *Truffaldin,* a une telle rapidité d'esprit, une invention si fertile en bons mots et tant de naturel dans l'expression qu'on en reste surpris : et si je voulais trouver de la matière pour les rôles bouffons de mes Comédies, je ne saurais faire mieux que d'étudier d'après lui. Cette Comédie, j'en ai fait le dessin tout exprès pour lui, c'est même lui qui m'a proposé le sujet, sujet un peu difficile, en vérité, qui a mis au défi tout mon penchant naturel pour le Comique *artificioso* et tout son talent à lui pour l'exécuter.

Je l'ai ensuite vu jouer ailleurs par d'autres Comédiens, mais parce qu'ils manquaient non de mérite peut-être mais des connaissances que le scénario ne pouvait leur donner à lui seul, elle me parut avoir énormément perdu depuis la première représentation. C'est pourquoi je me suis décidé à l'écrire entièrement, non pas pour obliger ceux qui joueront le rôle de *Truffaldin* à prononcer exactement mes mots à moi, s'ils sont capables de dire mieux, mais pour manifester clairement mon dessein et les mener à bonne fin par une voie aussi droite que possible.

J'ai pris la peine de développer entièrement les lazzi nécessaires, les moindres observations, pour la rendre accessible autant que j'ai pu, et si son mérite n'est pas dans l'observation critique, dans la morale, dans l'enseignement, qu'il soit au moins dans une conduite raisonnable de l'action et dans un jeu raisonnable et judicieux.

Prego però que' tali, che la Parte del *Truffaldino*
rappresenteranno, qualunque volta aggiungere del suo
vi volessero, astenersi dalle parole sconce, da'lazzi
sporchi; sicuri che di tali cose ridono soltanto quelli
della vil plebe, e se ne offendono le gentili persone.

Servati finalmente, Lettor mio, esser questa Commedia una di quelle sei che ho promesso oltre le quaranta-
quattro esibite dal Bettinelli. Ma anche questa diverrà
cosa sua, perché del mio ciascheduno si fa padrone; anzi
si imputa a me a delitto, se delle cose mie discretamente
mi vaglio.

Je prierai toutefois ceux qui joueront le rôle de *Truffaldin,* s'ils voulaient y ajouter parfois du leur, de s'abstenir des mots grossiers, des lazzi obscènes ; qu'ils soient assurés cela ne fait rire que la plèbe la plus vile, alors que les gens bien nés en sont offensés.

Sache enfin, mon cher Lecteur, que cette Comédie est une des six que j'ai promises en plus des quarante publiées par Bettinelli. Mais celle-ci aussi deviendra sa chose, parce que chacun s'empare de ce qui m'appartient ; bien plus, si je me prévaux discrètement de mon bien, on me l'impute à crime.

IL SERVITORE DI DUE PADRONI

LE SERVITEUR DE DEUX MAÎTRES

PERSONAGGI

PANTALONE de' BISOGNOSI
CLARICE *sua figliuola*
IL DOTTORE LOMBARDI
SILVIO *di lui figliuolo*
BEATRICE *torinese, in abito da uomo, sotto nome di Federigo Rasponi*
FLORINDO ARETUSI *torinese, di lei amante*
BRIGHELLA *locandiere*
SMERALDINA *cameriera di Clarice*
TRUFFALDINO *servitore di Beatrice, poi di Florindo*
Un CAMERIERE *della locanda, che parla*
Un SERVITORE *di Pantalone, che parla*
Due FACCHINI, *che parlano*
Camerieri d'osteria, che non parlano

La scena si rappresenta in Venezia

PERSONNAGES

PANTALON DEI BISOGNOSI
CLARICE, *sa fille*
LE DOCTEUR LOMBARDI
SILVIO, *son fils*
BÉATRICE, *Turinoise, habillée en homme, sous le nom de Federigo Rasponi*
FLORINDO ARETUSI, *Turinois, son amant*
BRIGHELLA, *aubergiste*
SMÉRALDINE, *femme de chambre de Clarice*
TRUFFALDIN, *serviteur de Béatrice, puis de Florindo*
Un VALET *de l'auberge, qui parle*
Un SERVITEUR *de Pantalon, qui parle*
Deux PORTEFAIX, *qui parlent*
Valets d'auberge, *qui ne parlent pas*

La scène est à Venise

ATTO PRIMO

Scena prima

(CAMERA IN CASA DI PANTALONE.)

Pantalone, il Dottore, Clarice, Silvio, Brighella,
Smeraldina, un altro Servitore di Pantalone.

Silvio.	Eccovi la mia destra, e con questa vi dono tutto il mio cuore. *(a Clarice, porgendole la mano).*
Pantalone.	Via, no ve vergognè ; deghe la man anca vu. Cussì sarè promessi, e presto presto sarè maridai. *(a Clarice).*

Clarice.	Sì, caro Silvio, eccovi la mia destra. Prometto di essere vostra sposa.
Silvio.	Ed io prometto esser vostro.

(si danno la mano).

Dottore.	Bravissimi, anche questa è fatta. Ora non si torna più indietro.

Smeraldina.	(Oh bella cosa ! Propriamente anch'io me ne struggo di voglia.) *(da sé).*
Pantalone.	Vualtri sarè testimoni de sta promission, seguida tra Clarice mia fia e el sior Silvio, fio degnissimo del nostro sior dottor Lombardi. *(a Brighella ed al Servitore).*

ACTE I

Scène 1

*Pantalon, le Docteur, Clarice, Silvio, Brighella,
Sméraldine, un autre serviteur de Pantalon.*

SILVIO *(à Clarice, en lui tendant la main)*. Voici ma main, et avec elle je vous fais don de mon cœur tout entier.

PANTALON *(à Clarice)*. Allons, n'ayez pas de honte ; donnez-lui la main vous aussi. Comme ça vous serez fiancés, et vite, vite, vous serez mariés.

CLARICE. Oui, cher Silvio, voici ma main. Je promets de devenir votre épouse.

SILVIO. Et moi je promets d'être à vous.

Ils se donnent la main.

DOCTEUR. Bravo, bravo, voilà une bonne chose de faite. Maintenant, on ne peut plus revenir en arrière.

SMÉRALDINE *(à part)*. Oh comme c'est beau ! Ça me fait fondre d'envie, moi aussi.

PANTALON *(à Brighella et au serviteur)*. Vous autres, vous serez les témoins de cette promesse de mariage échangée entre Clarice ma fille et sior Silvio, le très digne fils de ce cher monsieur le Docteur Lombardi.

Brighella.   Sior sì, sior compare, e la ringrazio de sto
                 onor che la se degna de farme. *(a Panta-*
                 lone).

Pantalone.   Vedeu? Mi son stà compare alle vostre
                 nozze, e vu sè testimonio alle nozze de
                 mia fia. Non ho volesto chiamar compari,
                 invidar parenti, perché anca sior Dottor
                 el xe del mio temperamento ; ne piase far
                 le cosse senza strepito, senza grandezze.
                 Magneremo insieme, se goderemo tra de
                 nu, e nissun ne disturberà. Cossa diseu,
                 putti, faremio pulito ? *(a Clarice e Silvio).*

Silvio.   Io non desidero altro che essere vicino
                 alla mia cara sposa.

Smeraldina.   (Certo che questa è la migliore vivanda.)
                 (da sé).

Dottore.   Mio figlio non è amante della vanità. Egli
                 è un giovane di buon cuore. Ama la
                 vostra figliuola, e non pensa ad altro.

Pantalone.   Bisogna dir veramente che sto matrimo-
                 nio el sia stà destinà dal cielo, perché se a
                 Turin no moriva sior Federigo Rasponi,
                 mio corrispondente, savè che mia fia ghe
                 l'aveva promessa a elo, e no la podeva
                 toccar al mio caro sior zenero. *(verso*
                 Silvio).

Silvio.   Certamente io posso dire di essere fortu-
                 nato. Non so se dirà così la signora Clarice.

Clarice.   Caro Silvio, mi fate torto. Sapete pur se
                 vi amo ; per obbedire il signor padre
                 avrei sposato quel turinese, ma il mio
                 cuore è sempre stato per voi.

Dottore.   Eppur è vero ; il cielo, quando ha decre-
                 tato una cosa, la fa nascere per vie non-
                 prevedute. Come è succeduta la morte di
                 Federigo Rasponi ? *(a Pantalone).*

BRIGHELLA *(à Pantalon)*. Oui, monsieur mon compère, et je vous remercie de l'honneur que vous daignez me faire.

PANTALON. Vous voyez ? Moi j'ai été votre compère pour vos noces et vous, vous êtes témoin aux noces de ma fille. Je n'ai pas voulu prendre d'autres témoins ni inviter de parents, car monsieur le Docteur est du même tempérament que moi ; et il aime faire les choses sans tapage, sans tralala. Nous mangerons ensemble, nous savourerons notre plaisir entre nous, et personne ne nous dérangera. *(A Clarice et à Silvio.)* Qu'en dites-vous, les enfants, n'est-ce pas bien ainsi ?

SILVIO. Moi je ne désire rien d'autre que d'être à côté de ma chère fiancée.

SMÉRALDINE *(à part)*. Bien sûr, c'est la meilleure friandise.

DOCTEUR. Mon fils n'est pas attaché aux vanités. C'est un garçon sensible. Il aime votre fille et ne pense à rien d'autre.

PANTALON. Il faut en vérité que ce mariage ait été voulu par le ciel, car si là-bas, à Turin, sior Federigo Rasponi, mon correspondant, n'était pas mort, vous savez que je lui avais promis ma fille *(se tournant vers Silvio)* et elle n'aurait pas pu revenir à mon cher gendre.

SILVIO. Moi oui, je peux me dire fortuné. Je ne sais si madame Clarice dira de même.

CLARICE. Cher Silvio, vous me faites tort. Vous savez pourtant combien je vous aime ; pour obéir à monsieur mon père, j'aurais épousé ce Turinois, mais mon cœur a toujours été à vous.

DOCTEUR. C'est pourtant vrai : ce que le ciel a décrété, il le fait advenir par des voies imprévisibles. *(A Pantalon.)* Comment est-il mort, ce Federigo Rasponi ?

Pantalone.	Poverazzo! L'è stà mazzà de notte per causa de una sorella… No so gnente. I gh'ha dà una ferìa e el xe restà sulla botta.
Brighella.	Elo successo a Turin sto fatto? *(a Pantalone)*.
Pantalone.	A Turin.
Brighella.	Oh, povero signor! Me despiase infinitamente.
Pantalone.	Lo conoscevi sior Federigo Rasponi? *(a Brighella)*.
Brighella.	Siguro che lo conosceva. So stà a Turin tre anni e ho conossudo anca so sorella. Una zovene de spirito, de corazo, la se vestiva da omo, l'andava a cavallo, e lu el giera innamorà de sta so sorella. Oh! chi l'avesse mai dito!
Pantalone.	Ma! Le disgrazie le xe sempre pronte. Orsù, no parlemo de malinconie. Saveu cossa che v'ho da dir, missier Brighella caro? So che ve dilettè de laorar ben in cusina. Vorave che ne fessi un per de piatti a vostro gusto.
Brighella.	La servirò volentiera. No fazzo per dir, ma alla mia locanda tutti se contenta. I dis cussì che in nissun logo i magna, come che se magna da mi. La sentirà qualcossa de gusto.
Pantalone.	Bravo. Roba brodosa, vedè, che se possa bagnarghe drento delle molene de pan. *(si sente picchiare)*. Oh! i batte. Varda chi è, Smeraldina.
Smeraldina.	Subito. *(parte, e poi ritorna)*.
Clarice.	Signor padre, con vostra buona licenza.

PANTALON. Le pauvre! Il a été assassiné, la nuit, à cause de sa sœur... Je ne sais rien. On l'a blessé et il est resté sur le carreau.

BRIGHELLA *(à Pantalon)*. C'est arrivé à Turin, ce malheur?

PANTALON. A Turin.

BRIGHELLA. Oh, le pauvre monsieur! Ça me fait infiniment de peine.

PANTALON *(à Brighella)*. Vous le connaissiez, sior Federigo Rasponi?

BRIGHELLA. Bien sûr que je le connaissais. J'ai été trois ans à Turin, et j'ai connu aussi sa sœur. Une fille d'esprit et pleine d'audace; elle s'habillait en homme, elle montait à cheval, et lui, il était amoureux de cette sœur-là. Oh! qui l'aurait jamais cru!

PANTALON. Bah! le malheur n'est jamais loin. Allons, ne parlons plus de choses mélancoliques. Vous savez ce que j'ai à vous dire, cher monsieur Brighella? Je sais que vous aimez vous distinguer à vos fourneaux. Je voudrais que vous nous fassiez deux ou trois plats de votre façon.

BRIGHELLA. A votre service, bien volontiers. Ce n'est pas pour dire, mais dans mon auberge, tout le monde est satisfait. Les gens disent que nulle part ailleurs on ne mange comme chez moi. Vous goûterez quelque chose de savoureux.

PANTALON. Bravo. Avec beaucoup de sauce, vous voyez, qu'on puisse y tremper des mouillettes.

On entend frapper à la porte.

PANTALON. Oh! on frappe. Va voir qui c'est, Sméraldine.

SMÉRALDINE. Tout de suite. *(Elle s'en va pour revenir aussitôt.)*

CLARICE. Monsieur mon père, avec votre permission.

Pantalone.	Aspettè; vegnimo tutti. Sentimo chi xe.
Smeraldina.	*(torna).* Signore, è un servitore di un forestiere che vorrebbe farvi un' imbasciata. A me non ha voluto dir nulla. Dice che vuol parlar col padrone.
Pantalone.	Diseghe che el vegna avanti. Sentiremo cossa che el vol.
Smeraldina.	Lo farò venire. *(parte).*
Clarice.	Ma io me ne anderei, signor padre.
Pantalone.	Dove ?
Clarice.	Che so io? Nella mia camera.
Pantalone.	Siora no, siora no; stè qua. (Sti novizzi non vôi gnancora che i lassemo soli.) *(piano al Dottore).*
Dottore.	(Saviamente, con prudenza.) *(piano a Pantalone).*

Scena seconda

Truffaldino, Smeraldina e detti.

Truffaldino.	Fazz umilissima reverenza a tutti lor siori. Oh, che bella compagnia! Oh, che bella conversazion!
Pantalone.	Chi seu, amigo? Cossa comandeu? *(a Truffaldino).*
Truffaldino.	Chi ela sta garbata signora? *(a Pantalone, accennando Clarice).*
Pantalone.	La xe mia fia.
Truffaldino.	Me ne ralegher.
Smeraldina.	E di più è sposa. *(a Truffaldino.)*
Truffaldino.	Me ne consolo. E ella chi ela? *(a Smeraldina).*
Smeraldina.	Sono la sua cameriera, signore.
Truffaldino.	Me ne congratulo.
Pantalone.	Oh via, sior, a monte le cerimonie. Cossa voleu da mi? Chi seu? Chi ve manda?

PANTALON.   Attendez-nous. Voyons qui c'est.

SMÉRALDINE *(revient).* Monsieur, c'est le serviteur d'un
                   étranger, qui vient en ambassade. A moi
                   il n'a rien voulu dire. Il veut parler au
                   maître de maison.

PANTALON.   Dites-lui de venir. Nous allons voir ce
                   qu'il veut.

SMÉRALDINE.   Je le fais entrer. *(Elle s'en va.)*

CLARICE.   Mais moi j'aimerais me retirer, monsieur
                   mon père.

PANTALON.   Où ça ?

CLARICE.   Je ne sais pas, moi. Dans ma chambre.

PANTALON.   Non madame, non ; restez-là. *(Bas, au
                   Docteur.)* Les fiancés, je ne veux pas
                   encore les laisser seuls.

DOCTEUR *(bas, à Pantalon).* C'est prudence pure, c'est
                   pure sagesse.

Scène 2

Truffaldin, Sméraldine et les précédents.

TRUFFALDIN.   Très humble révérence à vos seigneuries.
                   Oh, la belle compagnie ! Oh, la belle
                   assemblée !

PANTALON *(à Truffaldin).* Qui êtes-vous, l'ami ? Que
                   désirez-vous ?

TRUFFALDIN *(à Pantalon, en montrant Clarice).* Qui est
                   cette charmante dame ?

PANTALON.   C'est ma fille.

TRUFFALDIN.   Je m'en réjouis.

SMÉRALDINE *(à Truffaldin).* Et de plus, elle est fiancée.

TRUFFALDIN.   Je m'en félicite. *(A Sméraldine.)* Et vous,
                   qui êtes-vous ?

SMÉRALDINE.   Je suis sa femme de chambre, monsieur.

TRUFFALDIN.   Je m'en congratule.

PANTALON.   Oh, ça suffit, monsieur, assez de cérémo-
                   nies. Que me voulez-vous ? Qui êtes-
                   vous ? Qui vous envoie ?

Truffaldino. Adasio, adasio; colle bone. Tre interro-
gazion in t'una volta l'è troppo per un
poveromo.

Pantalone. (Mi credo che el sia un sempio costù).
(piano al Dottore).

Dottore. (Mi par piuttosto un uomo burlevole.)
(piano a Pantalone).

Truffaldino. V. S. è la sposa? *(a Smeraldina).*

Smeraldina. Oh! *(sospirando).* Signor no.

Pantalone. Voleu dir chi sè, o voleu andar a far i fatti
vostri?

Truffaldino. Co no la vol altro che saver chi son, in do
parole me sbrigo. Son servitor del me
padron. *(a Pantalone).* E cussì, tornando
al nostro proposito... *(voltandosi a Sme-*
raldina).

Pantalone. Mo chi xelo el vostro padron?

Truffaldino. L'è un forestier che vorave vegnir a
farghe una visita. *(a Pantalone).* Sul
proposito dei sposi, discorreremo. *(a*
Smeraldina, come sopra).

Pantalone. Sto forestier chi xelo? Come se chia-
melo?

Truffaldino. Oh, l'è longa. L'è el sior Federigo Rasponi turinese, el me padron, che la
reverisse, che l'è vegnù a posta, che l'è da
basso, che el manda l'ambassada, che el
voria passar, che el me aspetta colla
risposta. Ela contenta? Vorla saver
altro? *(a Pantalone. Tutti fanno degli atti*
di ammirazione). Tornemo a nu... *(a*
Smeraldina, come sopra).

TRUFFALDIN.   Doucement, doucement, pas de bruta-
lités. Trois questions en une, c'est trop
pour un pauvre homme.

PANTALON *(bas, au Docteur)*. Je crois que c'est un simple
d'esprit celui-là.

DOCTEUR *(bas, à Pantalon)*. Je crois plutôt que c'est un
bouffon.

TRUFFALDIN *(à Sméraldine)*. Votre seigneurie est la
promise ?

SMÉRALDINE.   Oh ! *(Soupirant.)* Non monsieur.

PANTALON.   Voulez-vous dire qui vous êtes ? sinon
retournez à vos affaires.

TRUFFALDIN *(à Pantalon)*. Si vous ne voulez que ça,
savoir qui je suis, en deux mots j'aurai
fini. Je suis le serviteur de mon patron.
(Se tournant vers Sméraldine.) Ainsi
donc, pour revenir à notre sujet...

PANTALON.   Mais qui c'est, votre patron ?

TRUFFALDIN *(à Pantalon)*. C'est un étranger qui voudrait
vous faire une visite. *(A Sméraldine,
comme précédemment.)* A propos de
fiancés, nous parlerons.

PANTALON.   Cet étranger, qui est-ce ? Comment s'ap-
pelle-t-il ?

TRUFFALDIN *(à Pantalon)*. Oh, ça c'est toute une histoire.
C'est sior Federigo Rasponi, de Turin,
mon patron, qui vous salue bien, qui est
venu tout exprès, qui est là en bas, qui
m'envoie en ambassade, qui voudrait
entrer, qui m'attend avec la réponse.
Vous êtes satisfait ? Vous voulez savoir
autre chose ?

Tous manifestent leur étonnement[1].

TRUFFALDIN *(à Sméraldine, comme précédemment)*.
Revenons à nous...

---

1. En it. « *fanno atti* » : dans les manuscrits *dell'arte*, l'indication
« *ati.* » (sans doute abréviation de *atione*, action) introduit les *lazzi*.

Pantalone.	Mo vegnì qua, parlè co mi. Cossa diavolo diseu?
Truffaldino.	E se la vol saver chi son mi, mi son Truffaldin Battocchio, dalle vallade de Bergamo.
Pantalone.	No m'importa de saver chi siè vu. Voria che me tornessi a dir chi xe sto vostro padron. Ho paura de aver strainteso.
Truffaldino.	Povero vecchio! El sarà duro de recchie. El me padron l'è el sior Federigo Rasponi da Turin.
Pantalone.	Andè via, che sè un pezzo de matto. Sior Federigo Rasponi da Turin el xe morto.
Truffaldino.	L'è morto?
Pantalone.	L'è morto seguro. Pur troppo per elo.
Truffaldino.	(Diavol! Che el me padron sia morto? L'ho pur lassà vivo da basso!) *(da sé).* Disì da bon, che l'è morto?
Pantalone.	Ve digo assolutamente che el xe morto.
Dottore.	Sì, è la verità; è morto; non occorre metterlo in dubbio.
Truffaldino.	(Oh, povero el me padron! Ghe sarà vegnù un accidente.) *(da sé).* Con so bona grazia. *(si licenzia).*
Pantalone.	Non volè altro da mi?
Truffaldino.	Co l'è morto, no m'occorre altro. (Vôi ben andar a veder, se l'è la verità.) *(da sé, parte e poi ritorna).*
Pantalone.	Cossa credemio che el sia costù? Un furbo, o un matto?
Dottore.	Non saprei. Pare che abbia un poco dell'uno e un poco dell'altro.
Brighella.	A mi el me par piuttosto un semplizotto. L'è bergamasco, no crederia che el fuss un baron.

PANTALON.   Venez donc et parlez-moi. Que diable dites-vous là ?

TRUFFALDIN.   Et si vous voulez savoir qui je suis, moi je suis Truffaldin Batocchio, des vallées de Bergame.

PANTALON.   Peu m'importe de savoir qui vous êtes. Je voudrais que vous me répétiez qui est votre patron, là. J'ai peur d'avoir mal compris.

TRUFFALDIN.   Le pauvre vieux ! Il doit être dur d'oreilles. Mon patron, c'est sior Federigo Rasponi de Turin.

PANTALON.   Allons donc, vous n'êtes qu'un fou. Sior Federigo Rasponi de Turin, il est mort.

TRUFFALDIN.   Il est mort ?

PANTALON.   Il est mort, bien sûr. Malheureusement pour lui.

TRUFFALDIN *(à part)*. Diable ! mon patron serait mort ? Je l'ai pourtant laissé bien vivant en bas. *(A Pantalon.)* Vous dites ça pour de bon, qu'il est mort ?

PANTALON.   Je vous dis formellement qu'il est mort.

DOCTEUR.   Oui, c'est la vérité, il est mort, il n'y a aucun doute à avoir.

TRUFFALDIN *(à part)*. Oh, mon pauvre patron ! Il a dû avoir un coup de sang. *(Prenant congé.)* Si vous permettez...

PANTALON.   Vous n'avez rien d'autre à me demander ?

TRUFFALDIN.   Puisqu'il est mort, je n'ai plus besoin de rien. *(A part.)* Je voudrais bien voir si c'est la vérité. *(Il s'en va, pour revenir peu après.)*

PANTALON.   Que faut-il penser de ce garçon-là ? Un fourbe, ou un fou ?

DOCTEUR.   Je ne saurais dire. Il me semble qu'il a un peu de l'un et un peu de l'autre.

BRIGHELLA.   Moi je lui trouve plutôt l'air d'un benêt. Il est bergamasque, je ne peux pas croire que ce soit un vaurien.

Smeraldina.   Anche l'idea l'ha buona. (Non mi dis-
                piace quel morettino.) *(da sé).*
Pantalone.   Ma cossa se insonielo de sior Federigo?

Clarice.   Se fosse vero ch'ei fosse qui, sarebbe per
                me una nuova troppo cattiva.
Pantalone.   Che spropositi! No aveu visto anca vu le
                lettere? *(a Clarice).*
Silvio.   Se anche fosse egli vivo e fosse qui,
                sarebbe venuto tardi.
Truffaldino. *(ritorna).* Me meraveio de lor siori. No se
                tratta cussì colla povera zente. No se
                inganna cussì i forestieri. No le son azion
                da galantomeni. E me ne farò render
                conto.

Pantalone.   (Vardemose, che el xe matto.) Coss'è
                stà? Cossa v'ali fatto?
Truffaldino.   Andarme a dir che sior Federigo Rasponi
                l'è morto?
Pantalone.   E cussì?
Truffaldino.   E cussì l'è qua, vivo, san, spiritoso e
                brillante, che el vol reverirla, se la se
                contenta.

Pantalone.   Sior Federigo?
Truffaldino.   Sior Federigo.
Pantalone.   Rasponi?
Truffaldino.   Rasponi.
Pantalone.   Da Turin?
Truffaldino.   Da Turin.
Pantalone.   Fio mio, andè all'ospeal, che sè matto.

Truffaldino.   Corpo del diavolo! Me farissi bestemiar
                come un zogador. Mo se l'è qua, in casa,
                in sala, che ve vegna el malanno.

Pantalone.   Adessadesso ghe rompo el muso.

SMÉRALDINE.   Il a même belle apparence. *(A part.)* Il ne me déplaît pas, ce petit noiraud.

PANTALON.   Mais qu'est-ce que c'est qu'il est allé rêver à propos de sior Federigo ?

CLARICE.   S'il était vrai qu'il fût ici, ce serait pour moi une nouvelle bien fâcheuse.

PANTALON *(à Clarice)*. Quelles sottises ! Vous n'avez pas lu vous-même les lettres ?

SILVIO.   Fût-il vivant, fût-il même ici, il serait arrivé trop tard.

TRUFFALDIN *(revenant)*. Messieurs, je n'en crois pas mes yeux. On ne traite pas comme ça les pauvres gens. On ne trompe pas comme ça les étrangers. Ce n'est pas se conduire en honnête homme. Et on m'en rendra compte.

PANTALON *(à part)*. Méfions-nous, c'est un fou. Qu'est-ce qu'il y a ? Qu'est-ce qu'on vous a fait ?

TRUFFALDIN.   Oser me dire que sior Federigo Rasponi est mort ?

PANTALON.   Et alors ?

TRUFFALDIN.   Et alors il est ici, bien vivant, bien portant, spirituel et brillant, qui veut vous présenter ses devoirs, si vous le permettez.

PANTALON.   Sior Federigo ?

TRUFFALDIN.   Sior Federigo.

PANTALON.   Rasponi ?

TRUFFALDIN.   Rasponi.

PANTALON.   De Turin ?

TRUFFALDIN.   De Turin.

PANTALON.   Mon garçon, allez à l'hôpital, vous êtes fou.

TRUFFALDIN.   Cornes du diable ! Vous me feriez jurer comme un joueur. Puisque je vous dis qu'il est ici, chez vous, dans l'entrée, et puissiez-vous crever.

PANTALON *(au Docteur)*. Ça ne va pas tarder, je lui casse la tête.

Dottore.	No, signor Pantalone, fate una cosa; ditegli che faccia venire innanzi questo tale, ch'egli crede essere Federigo Rasponi.
Pantalone.	Via, felo vegnir avanti sto morto ressuscità.
Truffaldino.	Che el sia stà morto e che el sia ressuscità, pol esser, mi no gh'ho niente in contrario. Ma adesso l'è vivo, e el vederì coi vostri occhi. Vagh a dirghe che el vegna. E da qua avanti imparè a trattar coi forestieri, coi omeni della me sorte, coi bergamaschi onorati. *(a Pantalone, con collera).* Quelle giovine, a so tempo se parleremo. *(a Smeraldina, e parte).*
Clarice.	(Silvio mio, tremo tutta.) *(piano a Silvio).*
Silvio.	(Non dubitate; in qualunque evento sarete mia.) *(piano a Clarice).*
Dottore.	Ora ci chiariremo della verità.
Pantalone.	Pol vegnir qualche baronato a darme da intender delle fandonie.
Brighella.	Mi, come ghe diseva, sior compare, l'ho conossudo el sior Federigo; se el sarà lu, vederemo.
Smeraldina.	(Eppure quel morettino non ha una fisonomia da bugiardo. Voglio veder se mi riesce..) *(da sé).* Con buona grazia di lor signori. *(parte).*

Scena terza

*Beatrice in abito da uomo, sotto nome di Federigo,
e detti.*

Beatrice.	Signor Pantalone, la gentilezza che io ho ammirato nelle vostre lettere,

DOCTEUR.   Non, monsieur Pantalon ; dites-lui plutôt de faire entrer cet individu qu'il prend pour Federigo Rasponi.

PANTALON.   Allons, faites entrer ce mort ressuscité.

TRUFFALDIN *(à Pantalon, avec colère).* Qu'il soit mort et qu'il soit ressuscité, c'est possible, moi je n'ai rien contre. Mais maintenant il est vivant, et vous le verrez de vos propres yeux. Je vais lui dire de venir. Et désormais, apprenez à vous conduire avec les étrangers, avec les hommes de ma sorte, avec les honorables Bergamasques. *(A Sméraldine.)* Ma belle, en temps voulu nous parlerons. *(Il s'en va.)*

CLARICE *(bas, à Silvio).* Mon cher Silvio, je tremble des pieds à la tête.

SILVIO *(bas, à Clarice).* N'ayez crainte ; quoi qu'il arrive, vous serez mienne.

DOCTEUR.   Nous allons maintenant faire toute la lumière.

PANTALON.   C'est peut-être un coquin qui veut me faire gober des sornettes.

BRIGHELLA.   Moi, comme je vous l'ai dit, cher compère, je l'ai connu, sior Federigo ; si c'est lui, nous le verrons bien.

SMÉRALDINE *(à part).* Pourtant ce petit noiraud n'a pas une tête à mentir. Je vais voir si j'arrive à... *(S'en allant.)* Avec votre permission.

Scène 3

Béatrice habillée en homme, sous le nom de Federigo, et les précédents.

BÉATRICE.   Monsieur Pantalon, après la courtoisie que j'ai admirée dans vos lettres

non corrisponde al trattamento che voi
mi fate in persona. Vi mando il servo, vi
fo passar l'ambasciata, e voi mi fate stare
all'aria aperta, senza degnarvi di farmi
entrare che dopo una mezz'ora?

Pantalone.   La compatissa... Ma chi xela ella,
padron?
Beatrice.   Federigo Rasponi di Torino, per obbe-
dirvi.

(tutti fanno atti d'ammirazione)

Brighella.   (Cossa vedio? Coss'è sto negozio?
Questo no l'è Federigo, l'è la siora Beatrice so sorella. Vôi osservar dove tende
sto inganno.) *(da sé)*
Pantalone.   Mi resto attonito... Me consolo de
vederla san e vivo, quando avevimo
avudo delle cattive nove (Ma gnancora
no ghe credo, savè.) *(piano al Dottore)*.

Beatrice.   Lo so: fu detto che in una rissa rimasi
estinto. Grazie al cielo, fui solamente
ferito; e appena risanato, intrapresi il
viaggio di Venezia, già da gran tempo
con voi concertato.
Pantalone.   No so cossa dir. La so ciera xe da
galantomo: ma mi gh'ho riscontri certi e
seguri, che sior Federigo sia morto; onde
la vede ben... se no la me dà qualche
prova in contrario...

Beatrice.   È giustissimo il vostro dubbio; conosco
la necessità di giustificarmi. Eccovi quattro lettere dei vostri amici corrispon-
denti, una delle quali è del ministro della
nostra banca. Riconoscerete le firme, e vi
accerterete dell'esser mio. *(dà quattro
lettere a Pantalone, il quale le legge da sé)*

je ne m'attendais pas à la façon dont vous me traitez à présent. Je vous envoie mon valet en ambassade, et vous, vous me faites attendre dehors, dans les courants d'air, sans daigner me faire entrer, sinon au bout d'une demi-heure ?

PANTALON. Veuillez m'excuser... Mais qui êtes-vous, monsieur ?

BÉATRICE. Federigo Rasponi de Turin pour vous obéir.

Tous manifestent leur étonnement.

BRIGHELLA *(à part)*. Qu'est-ce que je vois ? Qu'est-ce que c'est que cette histoire ? Ça, ce n'est pas Federigo, c'est siora Béatrice, sa sœur. Je veux voir ce qu'il y a là-dessous.

PANTALON. Je suis abasourdi... J'ai grande joie de vous voir sain et sauf, alors que nous avions reçu de mauvaises nouvelles. *(Bas, au Docteur.)* Mais je n'y crois pas encore, vous savez !

BÉATRICE. Je sais ; on a dit que j'avais été tué dans une rixe. Grâce au ciel je n'étais que blessé ; et à peine guéri j'ai entrepris ce voyage à Venise dont nous étions vous et moi convenus depuis longtemps.

PANTALON. Je ne sais que dire. Vous avez la mine d'un honnête homme : mais moi je sais par des recoupements sûrs et certains que sior Federigo est mort ; par conséquent, vous pensez bien... si vous ne me donnez pas quelque preuve du contraire...

BÉATRICE. Vous avez parfaitement raison d'avoir un doute ; je sais que je dois absolument me justifier. Voici quatre lettres de vos amis et correspondants, dont l'une est de l'administrateur de notre banque. Vous reconnaîtrez les signatures et vous serez sûr de mon identité. *(Elle donne quatre lettres à Pantalon, qui les lit à l'écart.)*

Clarice	(Ah Silvio, siamo perduti!) *(piano a Silvio)*.
Silvio.	(La vita perderò, ma non voi!) *(piano a Clarice)*.
Beatrice.	(Oimè! Qui Brighella? Come diamine qui si ritrova costui? Egli mi conoscerà certamente; non vorrei che mi discoprisse.) *(da sé, avvedendosi di Brighella)*. Amico, mi par di conoscervi. *(forte a Brighella)*.
Brighella.	Sì signor, no la s'arrecorda a Turin Brighella Cavicchio?
Beatrice.	Ah sì, ora vi riconosco. *(si va accostando a Brighella)*. Bravo galantuomo, che fate in Venezia? (Per amor del cielo, non mi scoprite.) *(piano a Brighella)*.
Brighella.	(Non gh'è dubbio.) *(piano a Beatrice)*. Fazzo el locandier, per servirla. *(forte alla medesima)*.
Beatrice.	Oh, per l'appunto; giacché ho il piacer di conoscervi, verrò ad alloggiare alla vostra locanda.
Brighella.	La me farà grazia. (Qualche contrabando, siguro). *(da sé)*.
Pantalone.	Ho sentio tutto. Certo che ste lettere le me accompagna el sior Federigo Rasponi, e se ella me le presenta, bisognerave creder che la fosse... come che dise ste lettere.
Beatrice.	Se qualche dubbio ancor vi restasse, ecco qui messer Brighella; egli mi conosce, egli può assicurarvi dell'esser mio[1].

---

1. Ed. 1753 : « ... esser mio ». (Dieci doppie per te). *(piano a Brighella)*.

CLARICE *(bas à Silvio)*. Ah, Silvio, nous sommes perdus.

SILVIO *(bas à Clarice)*. C'est la vie que je perdrai, mais vous, non.

BÉATRICE *(à part, découvrant Brighella)*. Ciel ! Brighella ici ? Comment diable est-il arrivé là ? Il va sûrement me reconnaître ; je ne voudrais pas qu'il révèle qui je suis. *(Haut, à Brighella.)* Mon ami, j'ai l'impression de vous connaître.

BRIGHELLA.   Oui monsieur, vous ne vous rappelez pas, à Turin, Brighella Cavicchio [2] ?

BÉATRICE *(se rapprochant de Brighella)*. Ah oui, maintenant je vous reconnais. Que faites-vous à Venise, mon brave homme ? *(Bas.)* Pour l'amour du ciel, ne me trahissez pas.

BRIGHELLA *(bas, à Béatrice)*. Ne craignez rien. *(Haut.)* Je suis aubergiste, pour vous servir.

BÉATRICE.   Oh ! fort bien ; puisque j'ai le plaisir de vous connaître, je viendrai loger dans votre auberge.

BRIGHELLA.   Ce sera un honneur pour moi. *(A part.)* Ça sent la contrebande, il n'y a pas de doute.

PANTALON.   J'ai tout lu. Il est évident que ce sont des lettres de créance pour sior Federigo Rasponi, et puisque c'est vous qui me les présentez, il faut bien croire que vous êtes... ce que disent ces lettres.

BÉATRICE.   Si vous aviez encore un doute, voici messire Brighella ; il me connaît, il peut vous garantir mon identité [3].

---

2. Le « nom de famille » de Truffaldin et celui de Brighella sont traditionnels : *Batocchio,* la trique, et *Cavicchio,* le plantoir. Le double sens est souligné par l'usage que Truffaldin fait parfois de sa batte.

3. Ed. de 1753 : « *(Bas, à Brighella.)* Dix doublons pour toi. »

Brighella. Senz'altro, sior compare, lo assicuro mi[2].

Pantalone. Co la xe cussì, co me l'attesta, oltre le lettere, anca mio compare Brighella, caro sior Federigo, me ne consolo con ella, e ghe domando scusa se ho dubità.

Clarice. Signor padre, quegli è dunque il signor Federigo Rasponi?

Pantalone. Mo el xe elo lu.

Clarice. (Me infelice, che sarà di noi?) *(piano a Silvio).*

Silvio. (Non dubitate, vi dico; siete mia e vi difenderò.) *(piano a Clarice).*

Pantalone. (Cossa diseu, dottor xelo vegnù a tempo?) *(piano al Dottore).*

Dottore. *Accidit in puncto, quod non contingit in anno.*

Beatrice. Signor Pantalone, chi è quella signora? *(accennando Clarice).*

Pantalone. La xe Clarice mia fia.

Beatrice. Quella a me destinata in isposa?

Pantalone. Sior sì, giusto quella. (Adesso son in t'un bell'intrigo.) *(da sé).*

Beatrice. Signora, permettetemi ch'io abbia l'onore di riverirvi. *(a Clarice).*

Clarice. Serva divota. *(sostenuta).*

Beatrice. Molto freddamente m'accoglie. *(a Pantalone).*

Pantalone. Cossa vorla far? La xe timida de natura.

Beatrice. E quel signore è qualche vostro parente? *(a Pantalone, accennando Silvio).*

Pantalone. Sior sì; el xe un mio nevodo.

---

2. Ed. 1753 : « ... assicuro mi. Questo l'è Federigo Rasponi ». (Se pol far manco per vadagnar diese doppie?) *(da se).*

BRIGHELLA. Assurément, monsieur mon compère. Je m'en porte garant[4].

PANTALON. Puisqu'il en est ainsi, puisque j'ai la garantie de ces lettres et surtout de mon compère Brighella, cher monsieur Federigo, je me réjouis avec vous et je vous prie d'excuser mes doutes.

CLARICE. Monsieur mon père, c'est donc là monsieur Federigo Rasponi ?

PANTALON. Oui, c'est lui, vraiment lui.

CLARICE *(bas, à Silvio)*. Malheureuse que je suis, qu'allons-nous devenir ?

SILVIO *(bas, à Clarice)*. Ne craignez rien, vous dis-je ; vous êtes mienne et je vous défendrai.

PANTALON *(bas, au Docteur)*. Qu'en dites-vous, docteur, est-il arrivé trop tard ?

DOCTEUR. *Accidit in puncto, quod non contingit in anno*[5].

BÉATRICE. Monsieur Pantalon, qui est madame ? *(montrant Clarice)*.

PANTALON. C'est Clarice, ma fille.

BÉATRICE. Celle qui m'est destinée pour épouse ?

PANTALON. Oui monsieur, précisément. *(A part.)* Maintenant, me voilà dans un bel imbroglio.

BÉATRICE. Madame, permettez-moi d'avoir l'honneur de vous présenter mes respects.

CLARICE *(avec dignité)*. Votre servante.

BÉATRICE *(à Pantalon)*. Elle m'accueille très froidement.

PANTALON. Que voulez-vous ? Elle est timide de nature.

BÉATRICE *(à Pantalon, montrant Silvio)*. Et ce monsieur, c'est un de vos parents ?

PANTALON. Oui monsieur ; c'est un de mes neveux.

---

4. Ed. de 1753 : « C'est là Federigo Rasponi. *(A part.)* C'est le moins qu'on puisse faire pour gagner dix doublons. »

5. « Il peut arriver en un instant ce qui n'arriverait pas en un an. »

Silvio.	No signore, non sono suo nipote altri-menti, sono lo sposo della signora Clarice. *(a Beatrice).*
Dottore.	(Bravo! Non ti perdere. Di' la tua ragione, ma senza precipitare.) *(piano a Silvio).*
Beatrice.	Come! Voi sposo della signora Clarice? Non è ella a me destinata?
Pantalone.	Via, via. Mi scoverzirò tutto. Caro sior Federigo, se credeva che fosse vera la vostra disgrazia che fussi morto, e cussì aveva dà mia fia a sior Silvio; qua no ghe xe un mal al mondo. Finalmente sè arrivà in tempo. Clarice xe vostra, se la volè, e mi son qua a mantegnirve la mia parola. Sior Silvio, non so cossa dir; vedè coi vostri occhi la verità. Savè cossa che v'ho dito, e de mi no ve podè lamentar.

Silvio.	Ma il signor Federigo non si contenterà di prendere una sposa, che porse ad altri la mano.
Beatrice.	Io poi non sono sì delicato. La prenderò non ostante. (Voglio anche prendermi un poco di divertimento.) *(da sé).*
Dottore.	(Che buon marito alla moda! Non mi dispiace.) *(da sé).*
Beatrice.	Spero che la signora Clarice non ricuserà la mia mano.
Silvio.	Orsù, signore, tardi siete arivato. La signora Clarice deve esser mia, né sperate che io ve la ceda. Se il signor Pantalone mi farà torto, saprò vendicar-mene; e chi vorrà Clarice, dovrà conten-derla con questa spada. *(parte).*
Dottore.	(Bravo, corpo di Bacco!) *(da sé).*
Beatrice.	(No, no, per questa via non voglio morire.) *(da sé).*

SILVIO *(à Béatrice)*. Non monsieur, je ne suis pas son neveu, absolument pas, je suis le fiancé de madame Clarice.

DOCTEUR *(bas, à Silvio)*. Bravo ! Sois prudent. Soutiens ton point de vue, mais sans provoquer de catastrophe.

BÉATRICE. Comment ! Vous, le fiancé de madame Clarice ? Ne m'est-elle pas destinée ?

PANTALON. Allons, allons. Je vais vous expliquer toute l'histoire. Cher monsieur Federigo, on croyait que le funeste événement était vrai, que vous étiez mort ; et alors j'avais donné ma fille à sior Silvio ; mais il n'y a vraiment rien de mal à ça. Finalement vous arrivez à temps. Clarice est à vous, si vous la voulez, et me voilà prêt à vous tenir parole. Monsieur Silvio, je ne sais que dire ; vous voyez de vos propres yeux la vérité. Vous savez ce que je vous avais dit, et vous ne pouvez pas vous plaindre de moi.

SILVIO. Mais monsieur Federigo ne consentira pas à prendre pour épouse une jeune fille qui a déjà donné sa main à un autre.

BÉATRICE. Pour moi, je n'ai pas tant de délicatesse. Je la prendrai malgré cela. *(A part.)* J'ai bien envie de m'amuser un peu.

DOCTEUR *(à part)*. Quel bon mari à la mode ! Il ne me déplaît pas.

BÉATRICE. J'espère que madame Clarice ne refusera pas ma main.

SILVIO. Allons, monsieur, vous êtes arrivé trop tard. Madame Clarice doit être à moi, n'espérez pas que je vous la cède. Si monsieur Pantalon me fait un affront je saurai me venger ; et qui voudra Clarice devra la disputer à mon épée. *(Il s'en va.)*

DOCTEUR *(à part)*. Bravo, sacrebleu !

BÉATRICE *(à part)*. Mourir comme cela, non, je n'en ai pas envie.

Dottore.	Padrone mio, V. S. è arrivato un po' tardi. La signora Clarice l'ha da sposare mio figlio. La legge parla chiaro. *Prior in tempore, potior in iure.* (parte).
Beatrice.	Ma voi, signora sposa, non dite nulla? (*a Clarice*).
Clarice.	Dico che siete venuto per tormentarmi (*parte*).

Scena quarta

Pantalone, Beatrice e Brighella,
poi il Servitore di Pantalone.

Pantalone.	Come, pettegola? Cossa distu? (*le vuol correr dietro*).
Beatrice.	Fermatevi, signor Pantalone; la compatisco. Non conviene prenderla con asprezza. Col tempo spero di potermi meritare la di lei grazia. Intanto andremo esaminando i nostri conti, che è uno dei due motivi per cui, come vi è noto, mi son portato a Venezia.
Pantalone.	Tutto xe all'ordine per el nostro conteggio. Ghe farò veder el conto corrente; i so bezzi xe parecchiai, e faremo el saldo co la vorrà.
Beatrice.	Verrò con più comodo a riverirvi; per ora, se mi permettete, andrò con Brighella a spedire alcuni piccioli affari che mi sono stati raccomandati. Egli è pratico della città, potrà giovarmi nelle mie premure.
Pantalone.	La se serva come che la vol; e se la gh'ha bisogno de gnente, la comanda.

DOCTEUR.   Monsieur, Votre Seigneurie est arrivée un peu tard. Madame Clarice doit épouser mon fils. Le code parle clairement. *Prior in tempore, potior in jure*[6]. *(Il s'en va.)*

BÉATRICE *(à Clarice).* Mais vous, madame ma fiancée, vous ne dites rien ?

CLARICE.   Je dis que vous n'êtes venu que pour mon tourment. *(Elle s'en va.)*

Scène 4

Pantalon, Béatrice et Brighella,
puis le serviteur de Pantalon.

PANTALON *(qui veut courir après Clarice).* Comment, babillarde ? Que dis-tu ?

BÉATRICE.   Arrêtez, monsieur Pantalon ; je la plains. Il ne faut pas la prendre par la rudesse. Avec le temps, j'espère mériter son indulgence. En attendant nous allons examiner nos comptes, car c'est une des deux raisons, comme vous savez, qui m'ont amené à Venise.

PANTALON.   Tout est en ordre dans notre comptabilité. Je vous ferai voir le compte courant, votre argent est prêt et nous établirons le solde quand vous voudrez.

BÉATRICE.   Je viendrai à tête reposée ; pour l'instant, si vous permettez, j'irai avec Brighella expédier quelques petites affaires qu'on m'a confiées. Il connaît bien la ville, il me sera utile pour les premières démarches

PANTALON.   A votre disposition ; et si vous avez besoin de quoi que ce soit, vous n'avez qu'à demander.

---

6. « Premier en date, premier en droit. »

Beatrice.   Se mi darete un poco di denaro, mi farete piacere ; non ho voluto prenderne meco per non discapitare nelle monete.

Pantalone.   Volentiera ; la servirò. Adesso no gh'è el cassier. Subito che el vien, ghe manderò i bezzi fina a casa. No vala a star da mio compare Brighella ?

Beatrice.   Certamente, vado da lui ; e poi manderò il mio servitore ; egli è fidatissimo, gli si può fidar ogni cosa.

Pantalone.   Benissimo ; la servirò come la comanda, e se la vol restar da mi a far penitenza, la xe parona.

Beatrice.   Per oggi vi ringrazio. Un'altra volta sarò a incomodarvi.

Pantalone.   Donca starò attendendola.
Servitore.   Signore, è domandato. *(a Pantalone).*
Pantalone.   Da chi ?
Servitore.   Di là... non saprei... (Vi sono degl'imbrogli.) *(piano a Pantalone, e parte)*
Pantalone.   Vegno subito. Con so bona grazia. La scusa, se no la compagno. Brighella, vu sè de casa ; servilo vu sior Federigo.

Beatrice.   Non vi prendete pena per me.
Pantalone.   Bisogna che vaga. A bon reverirla. (Non voria che nascesse qualche diavolezzo). *(da sé, e parte).*

Scena quinta

Beatrice e Brighella.

Brighella.   Se pol saver, siora Beatrice ?...
Beatrice.   Chetatevi, per amor del cielo, non mi scoprite. Il povero mio fratello è morto,

BÉATRICE.   Si vous me donnez un peu d'argent, vous me ferez plaisir ; je n'ai pas voulu en prendre sur moi pour ne pas perdre au change.

PANTALON.   Volontiers ; à votre service. Pour l'instant le caissier n'est pas là. Dès qu'il arrivera j'enverrai l'argent chez vous. Vous allez bien habiter chez mon compère Brighella ?

BÉATRICE.   Bien sûr, je vais aller chez lui ; et puis je vous enverrai mon serviteur ; il est très fidèle, on peut tout lui confier.

PANTALON.   Fort bien, à votre service ; et si vous voulez déjeuner chez moi, pour votre pénitence, libre à vous.

BÉATRICE.   Pour aujourd'hui je vous remercie. Une autre fois je me permettrai d'abuser de votre hospitalité.

PANTALON.   Donc je vous attendrai.

SERVITEUR *(à Pantalon).* Monsieur, on vous demande.

PANTALON.   Qui est-ce ?

SERVITEUR.   Là-bas... je ne sais pas... *(bas, à Pantalon).* Ça se complique. *(Il s'en va.)*

PANTALON.   Je viens tout de suite. Avec votre permission. Excusez-moi, je ne vous reconduis pas. Brighella, vous êtes de la maison ; occupez-vous de sior Federigo.

BÉATRICE.   Ne vous mettez pas en peine pour moi.

PANTALON.   Il faut que j'y aille. A vous revoir. *(A part.)* Je ne voudrais pas que le diable s'en mêle. *(Il s'en va.)*

Scène 5

Béatrice et Brighella.

BRIGHELLA.   Peut-on savoir, madame Béatrice ?...

BÉATRICE.   Calmez-vous, pour l'amour du ciel, ne me trahissez pas. Mon pauvre frère est mort,

ed è rimasto ucciso o dalle mani di
Florindo Aretusi, o da alcun altro per di
lui cagione. Vi sovverrete che Florindo
mi amava, e mio fratello non voleva che
io gli corrispondessi. Si attaccarono non
so come : Federigo morì, e Florindo, per
timore della giustizia, se n'è fuggito senza
potermi dare un addio. Sa il cielo se mi
dispiace la morte del povero mio fratello,
e quanto ho pianto per sua cagione ; ma
oramai non vi è più rimedio, e mi duole
la perdita di Florindo. So che a Venezia
erasi egli addrizzato, ed io ho fatto la
risoluzione di seguitarlo. Cogli abiti e
colle lettere credenziali di mio fratello,
eccomi qui arrivata colla speranza di
ritrovarvi l'amante. Il signor Pantalone,
in grazia di quelle lettere, e in grazia
molto più della vostra asserzione, mi
crede già Federigo. Faremo il saldo dei
nostri conti, riscuoterò del denaro, e
potrò soccorrere anche Florindo, se ne
avrà di bisogno. Guardate dove conduce
amore ! Secondatemi, caro Brighella,
aiutatemi ; sarete largamente ricompensato.

Brighella.   Tutto va bene, ma no vorave esser causa
mi che sior Pantalon, sotto bona fede,
ghe pagasse el contante e che po el
restasse burlà.

Beatrice.   Come burlato ? Morto mio fratello, non
sono io l'erede ?

Brighella.   L'è la verità. Ma perché no scovrirse ?

Beatrice.   Se mi scopro, non faccio nulla. Pantalone
principierà a volermi far da tutore ; e tutti
mi seccheranno, che non istà bene, che
non conviene, e che so io ? Voglio la mia

et il a été tué soit par la main de Florindo, soit par un autre à cause de lui. Vous vous souvenez sans doute que Florindo Aretusi m'aimait, et que mon frère ne voulait pas que je répondisse à cet amour. Ils en vinrent à se battre, je ne sais comment, Federigo trouva la mort, et Florindo par crainte de la justice s'est enfui, sans pouvoir me dire adieu. Le ciel sait si je regrette la mort de mon pauvre frère et combien je l'ai pleuré ; mais désormais il n'y a plus de remède et je souffre d'avoir perdu Florindo. Je savais qu'il avait pris la direction de Venise et j'ai résolu de le suivre. Sous les habits de mon frère et munie de ses lettres de créance, j'arrive ici avec l'espoir d'y retrouver mon amant. Monsieur Pantalon, grâce à mes lettres et surtout grâce à votre témoignage croit déjà que je suis Federigo. Nous apurerons nos comptes, je toucherai de l'argent, et je pourrai secourir Florindo, s'il en a besoin. Vous voyez où mène l'amour ! Secondez-moi, cher Brighella, aidez-moi ; vous serez largement récompensé.

BRIGHELLA. Tout cela est bel et bon, mais je ne voudrais pas que par ma faute sior Pantalon, en toute bonne foi, vous paie comptant et qu'ensuite il se trouve berné.

BÉATRICE. Comment, berné ? Après la mort de mon frère n'est-ce pas moi qui suis son héritière ?

BRIGHELLA. C'est la vérité. Mais pourquoi ne pas vous découvrir ?

BÉATRICE. Si je me découvre je n'arriverai à rien. Pantalon voudra jouer les tuteurs auprès de moi ; et tous m'assommeront avec des « ça n'est pas bien, ça ne se fait pas », est-ce que je sais, moi ? Je veux ma

libertà. Durerà poco, ma pazienza. Frattanto qualche cosa sarà.

Brighella. Veramente, signora, l'è sempre stada un spiritin bizzarro. La lassa far a mi, la staga su la mia fede. La se lassa servir.

Beatrice. Andiamo alla vostra locanda.
Brighella. El so servitor dov'elo?
Beatrice. Ha detto che mi aspetterà sulla strada.
Brighella. Dove l'ala tolto quel martuffo? Nol sa gnanca parlar.
Beatrice. L'ho preso per viaggio. Pare sciocco qualche volta, ma non lo è; e circa la fedeltà non me ne posso dolere.
Brighella. Ah, la fedeltà l'è una bella cossa. Andemo, la resta servida; vardè amor cossa che el fa far.
Beatrice. Questo non è niente. Amor ne fa far di peggio. *(parte).*
Brighella. Eh, avemo principià ben. Andando in là, no se sa cossa possa succeder. *(parte).*

Scena sesta

(Strada colla locanda di Brighella.)

Truffaldino solo.

Truffaldino. Son stuffo d'aspettar, che no posso più. Co sto me patron se magna poco, e quel poco el me lo fa suspirar. Mezzozorno della città l'è sonà che è mezz'ora, e el mezzozorno delle mie budelle l'è sonà che sarà do ore. Almanco savesse dove s'ha da andar a alozar. I alter subit che i arriva in qualche città, la prima cossa i va all'osteria.

liberté. Elle ne durera pas longtemps, mais tant pis. En attendant, on verra bien ce qui se passera.

BRIGHELLA. Vraiment, madame, vous avez toujours été un drôle de petit caractère. Laissez-moi faire, comptez sur ma fidélité. Acceptez mes services.

BÉATRICE. Allons à l'auberge.

BRIGHELLA. Votre serviteur, où est-il ?

BÉATRICE. Il a dit qu'il m'attendait dans la rue.

BRIGHELLA. Où avez-vous trouvé ce balourd ? Il ne sait même pas parler.

BÉATRICE. Je l'ai engagé en cours de route. Il a l'air stupide, mais il ne l'est pas, et quant à la fidélité, je ne peux pas m'en plaindre.

BRIGHELLA. Ah ! la fidélité, c'est important. Allons, qu'il en soit comme vous voulez ; voyez donc ce que l'amour fait taire.

BÉATRICE. Ce n'est rien. Amour fait pire encore. *(Elle s'en va.)*

BRIGHELLA. Eh, nous avons bien commencé. Si on continue, qui sait jusqu'où ça peut aller. *(Il s'en va.)*

Scène 6

(RUE AVEC L'AUBERGE DE BRIGHELLA.)

Truffaldin seul.

TRUFFALDIN. J'en ai assez d'attendre, je n'en peux plus. Avec ce patron-là, on mange peu, et ce peu, il me fait soupirer après. Midi a sonné à l'horloge de la ville voilà une demi-heure, et midi a sonné à mes tripes ça doit faire deux heures. Au moins si je savais où on va loger. Les autres sitôt qu'ils arrivent dans une ville, première chose, ils vont à l'auberge.

Lu, sior no, el lassa i bauli in barca del
corrier, el va a far visite, e nol se recorda
del povero servitor. Quand ch'i dis, bisogna servir i padroni con amor! Bisogna
dir ai padroni, ch'i abbia un poco de
carità per la servitù. Qua gh'è una
locanda; quasi quasi anderia a veder se
ghe fuss da devertir el dente; ma se el
padron me cerca? So danno, che l'abbia
un poco de discrezion. Vôi andar; ma
adess che ghe penso, gh'è un'altra piccola
difficoltà, che no me l'arrecordava; non
ho gnanca un quattrin. Oh povero Truffaldin! Più tost che far el servitor, corpo
del diavol, me vôi metter a far... cossa
mo? Per grazia del cielo, mi no so far
gnente.

Scena settima

*Florindo da viaggio
con un facchino col baule in spalla,
e detto.*

Facchino.	Ghe digo che no posso più; el pesa che el mazza.
Florindo.	Ecco qui un'insegna d'osteria o di locanda. Non puoi far questi quattro passi?
Facchino.	Aiuto; el baul va in terra.
Florindo.	L'ho detto che tu non saresti stato al caso: sei troppo debole: non hai forza. *(regge il baule sulle spalle del Facchino).*
Truffaldino.	(Se podess vadagnar diese soldi.) *(osservando il Facchino)* Signor, comandela niente da mi? La possio servir? *(a Florindo).*

Lui, non monsieur, il laisse les malles dans le coche d'eau, il va faire des visites, et il ne se souvient pas de son pauvre serviteur. Quand on dit : il faut servir les patrons avec amour ! Il faut dire aux patrons qu'ils aient un peu de charité pour les domestiques. Là il y a une auberge ; pour un peu j'irais voir si je trouvais de quoi m'amuser les dents ; mais si le patron me cherche ? Tant pis pour lui, il faut qu'il ait un peu de jugeotte. Je veux y aller ; mais quand j'y pense, il y a une autre petite difficulté, que j'oubliais : je n'ai même pas le premier sou. Oh, pauvre Truffaldin ! Plutôt que de faire le serviteur, cornes du diable, je veux me mettre à faire... mais quoi ? Grâce au ciel je ne sais rien faire.

Scène 7

Florindo en tenue de voyage,
un portefaix avec une malle sur l'épaule,
et le précédent.

PORTEFAIX.   Vous dis que je peux plus ; ça pèse à vous tuer.

FLORINDO.   Il y a là une enseigne d'auberge ou d'hôtellerie. Tu ne peux pas faire encore quatre pas ?

PORTEFAIX.   Au secours ; la malle glisse par terre.

FLORINDO.   Je l'ai bien dit, que tu ne ferais pas l'affaire ; tu es trop faible ; tu n'as pas de force. *(Il rétablit la malle sur les épaules du portefaix.)*

TRUFFALDIN *(à part).* Si je pouvais gagner dix sous. *(Observant le portefaix, puis à Florindo.)* Monsieur, vous n'avez pas besoin de moi ? Je puis rendre service ?

Florindo.	Caro galantuomo, aiutate a portare questo baule in quell'albergo.
Truffaldino.	Subito, la lassa far a mi. La varda come se fa. Passa via. *(va colla spalla sotto il baule, lo prende tutto sopra di sè, e caccia in terra il Facchino con una spinta).*
Florindo.	Bravissimo.
Truffaldino.	Se nol pesa gnente! *(entra nella locanda col baule).*
Florindo.	Vedete come si fa? *(al Facchino).*
Facchino.	Mi no so far de più. Fazzo el facchin per desgrazia; ma son fiol de una persona civil.
Florindo.	Che cosa faceva vostro padre?
Facchino.	Mio padre? El scortegava i agnelli per la città.
Florindo.	(Costui è un pazzo; non occorr'altro). *(vuol andare nella locanda).*
Facchino.	Lustrissimo, la favorissa.
Florindo.	Che cosa?
Facchino.	I bezzi della portadura.
Florindo.	Quanto ti ho da dare per dieci passi? Ecco lì la corriera. *(accenna dentro alla scena).*
Facchino.	Mi no conto i passi; la me paga. *(stende la mano).*
Florindo.	Eccoti cinque soldi. *(gli mette una moneta in mano).*
Facchino.	La me paga. *(tiene la mano stesa).*
Florindo.	O che pazienza! Eccotene altri cinque. *(fa come sopra).*
Facchino.	La me paga. *(come sopra).*
Florindo. (Gli dà un calcio.) Sono annoiato.
Facchino.	Adesso son pagà. *(parte).*

FLORINDO.   Mon brave homme, aidez-le à porter cette malle dans cette auberge.

TRUFFALDIN.   Tout de suite ; laissez-moi faire. Regardez comment on fait. Dégage. *(Il passe une épaule sous la malle, la prend entièrement sur son dos et fait tomber le portefaix d'une bourrade.)*

FLORINDO.   C'est parfait.

TRUFFALDIN.   Ça ne pèse même rien ! *(Il entre à l'auberge avec la malle.)*

FLORINDO *(au portefaix)*. Vous voyez comment on fait ?

POPTEFAIX.   Moi j' sais pas faire mieux. Je suis portefaix à cause des malheurs que j'ai eus ; mais je suis le fils d'un homme comme il faut.

FLORINDO.   Que faisait votre père ?

PORTEFAIX.   Mon père ? C'est lui qui dépiautait les agneaux pour l'abattoir de Venise.

FLORINDO *(à part)*. C'est un fou, inutile d'insister. *(Il veut entrer à l'auberge.)*

PORTEFAIX.   Lustrissime, s'il vous plaît.

FLORINDO.   Quoi ?

PORTEFAIX.   Les sous pour le transport.

FLORINDO.   Combien dois-je te donner pour dix pas ? Le coche d'eau est là. *(Il montre un point en coulisse.)*

PORTEFAIX.   Mes pas, j' veux pas les compter ; payez-moi. *(Il tend la main.)*

FLORINDO.   Tiens, voilà cinq sous. *(Il lui met une pièce de monnaie dans la main.)*

PORTEFAIX.   Payez-moi. *(Il garde la main tendue.)*

FLORINDO.   Quelle patience ! Tiens, en voilà encore cinq. *(Même jeu.)*

PORTEFAIX.   Payez-moi. *(Même jeu.)*

FLORINDO *(lui donnant un coup de pied)*. Tu m'ennuies.

PORTEFAIX.   Maintenant je suis payé. *(Il s'en va.)*

Scena ottava

Florindo, poi Truffaldino.

Florindo. Che razza di umori si danno! Aspettava proprio che io lo maltrattassi. Oh, andiamo un po' a vedere che albergo è questo...

Truffaldino. Signor, l'è restada servida.

Florindo. Che alloggio è codesto?

Truffaldino. L'è una bona locanda, signor. Boni letti, bei spechi, una cusina bellissima, con un odor che consola. Ho parlà col camerier. La sarà servida da re.

Florindo. Voi che mestiere fate?

Truffaldino. El servitor.

Florindo. Siete veneziano?

Truffaldino. No son venezian, ma son qua del Stato. Son bergamasco, per servirla.

Florindo. Adesso avete padrone?

Truffaldino. Adesso... veramente non l'ho.

Florindo. Siete senza padrone?

Truffaldino. Eccome qua; la vede, son senza padron. (Qua nol gh'è el me padron, mi no digo busie.) *(da sé).*

Florindo. Verreste voi a servirmi?

Truffaldino. A servirla? Perché no? (Se i patti fusse meggio, me cambieria de camisa.) *(da sé).*

Florindo. Almeno per il tempo ch'io sto in Venezia.

Truffaldino. Benissimo. Quanto me vorla dar?

Florindo. Quanto pretendete?

Scène 8

Florindo, puis Truffaldin.

FLORINDO.   Quels drôles de gens on rencontre! Il
               attendait que je le maltraite. Oh! allons
               un peu voir ce qu'est cet hôtel...

TRUFFALDIN.   Monsieur, c'est fait.

FLORINDO.   Quel genre de logis est-ce?

TRUFFALDIN.   C'est une bonne auberge, monsieur. Bon
               lit, beaux miroirs, une cuisine magnifi-
               que, avec une odeur qui réconforte. J'ai
               parlé avec le garçon. Vous serez traité
               comme un roi.

FLORINDO.   Et vous, quel métier faites-vous?

TRUFFALDIN.   Serviteur.

FLORINDO.   Vous êtes vénitien?

TRUFFALDIN.   Je ne suis pas vénitien, mais je suis
               citoyen de la République. Je suis berga-
               masque, pour vous servir.

FLORINDO.   En ce moment, vous avez un maître?

TRUFFALDIN.   En ce moment... à vrai dire je n'en ai
               pas.

FLORINDO.   Vous êtes sans maître?

TRUFFALDIN.   Me voici; vous voyez, je suis sans patron.
               (A part.) Mon patron n'est pas ici, je ne
               mens pas.

FLORINDO.   Vous entreriez à mon service?

TRUFFALDIN.   A votre service? Pourquoi pas? *(A part.)*
               Si les conditions étaient meilleures, je
               changerais de chemise.

FLORINDO.   Au moins pour le temps où je suis à
               Venise.

TRUFFALDIN.   Très bien. Combien voulez-vous me don-
               ner?

FLORINDO.   Combien demandez-vous?

Truffaldino.	Ghe dirò : un altro padron che aveva, e che adesso qua nol gh'ho più, el me dava un felippo al mese e le spese.
Florindo.	Bene, e tanto vi darò io.
Truffaldino.	Bisognerave che la me dasse qualcossetta de più.
Florindo.	Che cosa pretendereste di più ?
Truffaldino.	Un soldetto al zorno per el tabacco.
Florindo.	Sì, volentieri ; ve lo darò.
Truffaldino.	Co l'è cussì, stago con lu.
Florindo.	Ma vi vorrebbe un poco d'informazione dei fatti vostri.
Truffaldino.	Co no la vol altro che informazion dei fatti mii, la vada a Bergamo, che tutti ghe dirà chi son.
Florindo.	Non avete nessuno in Venezia che vi conosca ?
Truffaldino.	Son arrivà stamattina, signor.
Florindo.	Orsù ; mi parete un uomo da bene. Vi proverò.
Truffaldino.	La me prova, e la vederà.
Florindo.	Prima d'ogni altra cosa, mi preme vedere se alla Posta vi siano lettere per me. Eccovi mezzo scudo ; andate alla Posta di Torino, domandate se vi sono lettere di Florindo Aretusi ; se ve ne sono, prendetele e portatele subito, che vi aspetto.
Truffaldino.	Intanto la fazza parecchiar da disnar.
Florindo.	Sì, bravo, farò preparare. (È faceto : non mi dispiace. A poco alla volta ne farò la prova.) *(entra nella locanda).*

TRUFFALDIN.	Je vais vous dire : un autre patron que j'avais, et que maintenant, ici, je n'ai plus, il me donnait un philippe par mois, plus les frais.
FLORINDO.	Bien, c'est ce que je vous donnerai.
TRUFFALDIN.	Il faudrait que vous me donniez quelque petite chose en plus.
FLORINDO.	Combien demanderiez-vous en plus ?
TRUFFALDIN.	Un petit sou par jour pour mon tabac.
FLORINDO.	Oui, volontiers ; je vous le donnerai.
TRUFFALDIN.	Si c'est comme ça, je reste avec vous.
FLORINDO.	Mais il me faudrait quelques renseignements sur vous.
TRUFFALDIN.	Si vous voulez seulement des renseignements sur moi, allez à Bergame, et tous vous diront qui je suis.
FLORINDO.	Vous n'avez personne à Venise qui vous connaisse ?
TRUFFALDIN.	Je suis arrivé ce matin, monsieur.
FLORINDO.	Allons, vous m'avez l'air d'un homme de bien. Je vous prendrai à l'essai.
TRUFFALDIN.	Essayez-moi, et vous verrez.
FLORINDO.	Avant tout, j'ai hâte de savoir s'il y a des lettres pour moi. Voici un demi-écu, allez à la Poste qui vient de Turin, demandez s'il y a des lettres pour Florindo Aretusi ; s'il y en a, prenez-les et apportez-les tout de suite, je vous attends.
TRUFFALDIN.	Pendant ce temps, faites préparer le déjeuner.
FLORINDO.	Oui, bravo, je vais le faire préparer. *(A part.)* Il plaisante ; cela ne me déplaît pas. Peu à peu, je le mettrai à l'épreuve. *(Il entre à l'auberge.)*

Scena nona

Truffaldino, poi Beatrice da uomo
e Brighella.

Truffaldino.	Un soldo al zorno de più, i è trenta soldi al mese; no l'è gnanca vero che quell'alter me daga un felippo; el me dà diese pauli. Pol esser che diese pauli i fazza un felippo, ma mi nol so de seguro. E po quel sior turinese nol vedo più. L'è un matto. L'è un zovenotto che no gh'ha barba e no gh'ha giudizio. Lassemolo andar; andemo alla Posta per sto sior... *(vuol partire ed incontra Beatrice).*
Beatrice.	Bravissimo. Così mi aspetti?
Truffaldino.	Son qua, signor. V'aspetto ancora.
Beatrice.	E perché vieni a aspettarmi qui, e non nella strada dove ti ho detto? È un accidente che ti abbia ritrovato.
Truffaldino.	Ho spasseggià un pochetto, perché me passasse la fame.
Beatrice.	Orsù, va in questo momento alla barca del corriere. Fatti consegnare il mio baule e portalo alla locanda di messer Brighella...
Brighella.	Eccola là la mia locanda; nol pol fallar.
Beatrice.	Bene dunque, sbrigati, che ti aspetto.
Truffaldino.	(Diavolo! In quella locanda!) *(da sè)*
Beatrice.	Tieni, nello stesso tempo anderai alla Posta di Torino e domanderai se vi sono mie lettere. Anzi domanda se vi sono lettere di Federigo Rasponi e di Beatrice Rasponi.

Scène 9

Truffaldin, puis Béatrice en habit masculin,
et Brighella.

TRUFFALDIN.   Un sou de plus par jour; ça fait trente
                sous par mois; ce n'est même pas vrai
                que l'autre me donne un philippe; il me
                donne dix paoli. Possible que dix paoli,
                ça fasse un philippe, mais je n'en suis pas
                sûr. Et puis ce monsieur de Turin je ne le
                vois plus. C'est un fou. C'est un jeunot
                qui n'a ni barbe ni cervelle. Tant pis pour
                lui; allons à la Poste pour cet autre
                monsieur... *(Il se met en route et tombe*
                sur Béatrice.)

BÉATRICE.   Bravo, bravo. C'est comme ça que tu
                m'attends ?

TRUFFALDIN.   Je suis là, monsieur. Je vous attends
                toujours.

BÉATRICE.   Et pourquoi es-tu venu m'attendre ici, et
                non dans la rue, là où je t'avais dit ? C'est
                un hasard que je t'aie retrouvé.

TRUFFALDIN.   Je me suis promené un petit peu, pour
                faire passer la faim.

BÉATRICE.   Allons, va tout de suite au coche d'eau.
                Fais-toi remettre ma malle et apporte-la
                à l'auberge de monsieur Brighella.

BRIGHELLA.   La voilà, mon auberge; il ne peut pas se
                tromper.

BÉATRICE.   Fort bien, donc, dépêche-toi, car je t'at-
                tends.

TRUFFALDIN *(à part).* Diable ! dans la même auberge !

BÉATRICE.   Tiens ; du même coup tu iras à la Poste
                de Turin et tu demanderas s'il y a des
                lettres pour moi. Ou plutôt, demande s'il
                y a des lettres pour Federigo Rasponi et
                pour Béatrice Rasponi.

Aveva da venir meco anche mia sorella, e
per un incomodo è restata in villa ; qualche amica le potrebbe scrivere ; guarda se
ci sono lettere o per lei, o per me.

Truffaldino.   (Mi no so quala far. Son l'omo più
imbroià de sto mondo.) *(da sé)*.

Brighella.   (Come aspettela lettere al so nome vero e
al so nome finto, se l'è partida segreta-
mente ?) *(piano a Beatrice)*.

Beatrice.   (Ho lasciato ordine che mi si scriva ad un
servitor mio fedele che amministra le
cose della mia casa ; non so con qual
nome egli mi possa scrivere. Ma
andiamo, che con comodo vi narrerò
ogni cosa.) *(piano a Brighella)*. Spicciati,
va alla Posta e va alla corriera. Prendi le
lettere, fa portar il baule nella locanda, ti
aspetto. *(entra nella locanda)*.

Truffaldino.   Sì vu el padron della locanda ? *(a Brighella)*.

Brighella.   Si ben, son mi. Porteve ben, e no ve
dubitè, che ve farò magnar ben. *(entra
nella locanda)*.

Scena decima

Truffaldino, poi Silvio

Truffaldino.   Oh bella ! Ghe n'è tanti che cerca un
padron, e mi ghe n'ho trovà do. Come
diavol oia da far ? Tutti do no li posso
servir. No ? E perché no ? No la saria una
bella cossa servirli tutti do, e guadagnar
do salari, e magnar el doppio ? La saria
bella, se no i se ne accorzesse. E se i se ne
accorze, cossa pèrdio ? Gnente.

Ma sœur devait venir avec moi mais elle a été souffrante et elle est restée à la campagne ; une de ses amies pourrait lui écrire ; regarde s'il y a des lettres pour elle ou pour moi.

TRUFFALDIN *(à part).* Et moi, je ne sais pas quoi faire. Je suis l'homme le plus empêtré du monde.

BRIGHELLA *(bas, à Béatrice).* Comment se fait-il que vous attendiez des lettres à votre vrai nom et à votre faux nom, si vous êtes partie en secret ?

BÉATRICE *(bas, à Brighella).* J'ai laissé l'ordre de m'écrire à un de mes fidèles serviteurs qui administre ma maison ; je ne sais pas à quel nom il va m'écrire. Mais allons, je vous raconterai tout à loisir. *(Haut.)* Dépêche-toi, va à la Poste et va au coche d'eau. Prends les lettres, fais porter la malle à l'auberge, je t'attends. *(Elle entre à l'auberge.)*

TRUFFALDIN *(à Brighella).* C'est vous le patron de l'auberge ?

BRIGHELLA. Oui, oui, c'est moi. Comportez-vous comme il faut, et n'ayez crainte, je vous ferai bien manger. *(Il entre à l'auberge.)*

Scène 10

Truffaldin, puis Silvio.

TRUFFALDIN. C'est bon, ça ! Il y en a tant qui cherchent un patron, et moi j'en ai trouvé deux. Comment diable je vais faire ? Les servir tous les deux, je ne peux pas. Non ? Et pourquoi non ? Ça ne serait-il pas une belle chose de les servir tous les deux, et gagner deux salaires, et manger le double ? Et s'ils s'en aperçoivent, qu'est-ce que je perds ? Rien.

Se uno me manda via, resto con quell'altro. Da galantomo, che me vôi provar. Se la durasse anca un dì solo, me vôi provar. Alla fin averò sempre fatto una bella cossa. Animo; andemo alla Posta per tutti do. *(incamminandosi)*.

Silvio.	(Questi è il servo di Federigo Rasponi.) Galantuomo. *(a Truffaldino)*.
Truffaldino.	Signor.
Silvio.	Dov'è il vostro padrone?
Truffaldino.	El me padron? L'è là in quella locanda.
Silvio.	Andate subito dal vostro padrone, ditegli ch'io gli voglio parlare; s'è uomo d'onore, venga giù, ch'io l'attendo.

Truffaldino.	Ma caro signor...
Silvio.	Andate subito. *(con voce alta)*.
Truffaldino.	Ma la sappia che el me padron...
Silvio.	Meno repliche, giuro al cielo.
Truffaldino.	Ma qualo ha da vegnir?...
Silvio.	Subito, o ti bastono.

Truffaldino.	(No so gnente, manderò el primo che troverò.) *(entra nella locanda)*.

Scena undicesima

Silvio, poi Florindo e Truffaldino.

Silvio.	No, non sarà mai vero ch'io soffra vedermi innanzi agli occhi un rivale. Se Federigo scampò la vita una volta, non gli succederà sempre la stessa sorte. O ha da rinunziare ogni pretensione sopra Clarice, o l'avrà da far meco... Esce altra gente dalla locanda. Non vorrei essere disturbato. *(si ritira dalla parte opposta)*.

> Si l'un me chasse, je reste avec l'autre.
> Foi d'honnête homme, je veux essayer.
> Même si ça ne doit durer qu'un jour, je
> veux essayer. Au bout du compte, j'aurai
> toujours accompli un exploit. Courage ;
> allons à la Poste pour tous les deux. *(Il se
> met en route.)*

SILVIO *(à part)*. Mais c'est le valet de Federigo Rasponi.
(A Truffaldin.) Mon brave homme ?

TRUFFALDIN. Monsieur.

SILVIO. Où est votre maître ?

TRUFFALDIN. Mon patron ? Il est là, dans cette auberge.

SILVIO. Allez tout de suite trouver votre maître,
dites-lui que je veux lui parler ; s'il est un
homme d'honneur, qu'il descende, je
l'attends.

TRUFFALDIN. Mais cher monsieur...

SILVIO *(parlant fort)*. Allez immédiatement.

TRUFFALDIN. Mais vous devez savoir que mon patron...

SILVIO. Ne répliquez pas, ou je jure par le ciel...

TRUFFALDIN. C'est lequel qui doit venir ?...

SILVIO. Immédiatement, ou ce sont des coups de
bâton.

TRUFFALDIN *(entrant dans l'auberge)*. Je ne sais rien,
j'enverrai le premier que je trouverai.

Scène 11

Silvio, puis Florindo et Truffaldin.

SILVIO. Non, il ne sera pas dit que je supporte la
présence d'un rival. Si Federigo a évité
la mort une fois, il n'aura pas toujours la
même chance. Ou bien il doit renoncer à
toute prétention sur Clarice, ou bien il
aura affaire à moi... On sort de l'auberge. Je ne voudrais pas être dérangé.
(Il se retire du côté opposé.)

Truffaldino.	Ecco là quel sior che butta fogo da tutte le bande. *(accenna Silvio a Florindo).*
Florindo.	Io non lo conosco. Che cosa vuole da me? *(a Truffaldino).*
Truffaldino.	Mi no so gnente. Vado a tor le lettere; con so bona grazia. (No voggio impegni.) *(da sè, e parte).*
Silvio.	(E Federigo non viene.) *(da sé).*
Florindo.	(Voglio chiarirmi della verità.) *(da sé).* Signore, siete voi che mi avete domandato? *(a Silvio).*
Silvio.	Io? Non ho nemmeno l'onor di conoscervi.
Florindo.	Eppure quel servitore, che ora di qui è partito, mi ha detto che con voce imperiosa e con minaccie avete preteso di provocarmi.

Silvio.	Colui m'intese male; dissi che parlar volevo al di lui padrone.
Florindo.	Bene, io sono il di lui padrone.
Silvio.	Voi, il suo padrone?
Florindo.	Senz'altro. Egli sta al mio servizio.
Silvio.	Perdonate dunque, o il vostro servitore è simile ad un altro che ho veduto stamane, o egli serve qualche altra persona.

Florindo.	Egli serve me, non ci pensate.
Silvio.	Quand'è così, torno a chiedervi scusa.

Florindo.	Non vi è male. Degli equivoci ne nascon sempre.
Silvio.	Siete voi forestiere, signore?
Florindo.	Torinese, a' vostri comandi.
Silvio.	Torinese appunto era quello con cui desiderava sfogarmi.
Florindo.	Se è mio paesano, può essere ch'io lo conosca, e s'egli vi ha disgustato, m'impiegherò volentieri per le vostre giuste soddisfazioni.

TRUFFALDIN *(montrant Silvio à Florindo)*. Voilà le monsieur qui jette feu et flammes de tous côtés.

FLORINDO *(à Truffaldin)*. Je ne le connais pas. Que me veut-il ?

TRUFFALDIN. Je n'en sais rien moi. Je vais chercher les lettres, avec votre permission. *(A part.)* Je ne veux pas prendre de risques. *(Il s'en va.)*

SILVIO *(à part)*. Et Federigo qui ne vient pas.

FLORINDO *(à part)*. Je veux tirer l'affaire au clair. *(A Silvio.)* Monsieur, est-ce vous qui m'avez demandé ?

SILVIO. Moi ? Je n'ai même pas l'honneur de vous connaître.

FLORINDO. Et pourtant le serviteur qui vient de quitter l'auberge m'a dit que, sur un ton impérieux et avec des menaces, vous avez affirmé vouloir me provoquer en duel.

SILVIO. Il a dû mal comprendre ; j'ai dit que je voulais parler à son maître.

FLORINDO. Fort bien ; c'est moi qui suis son maître.

SILVIO. Vous, son maître ?

FLORINDO. Assurément. Il est à mon service.

SILVIO. En ce cas pardonnez-moi ; ou bien votre serviteur ressemble à un autre que j'ai vu ce matin, ou bien il est également au service de quelqu'un d'autre.

FLORINDO. C'est moi qu'il sert, n'ayez aucun doute.

SILVIO. Puisqu'il en est ainsi, je vous présente à nouveau mes excuses.

FLORINDO. Il n'y a pas de mal. Les malentendus, ce n'est pas rare.

SILVIO. Vous êtes étranger, monsieur ?

FLORINDO. Turinois, pour vous servir.

SILVIO. C'est un Turinois, justement, avec qui je voulais avoir une explication.

FLORINDO. Si c'est un de mes compatriotes, il est possible que je le connaisse, et s'il vous a offensé, je m'emploierai volontiers à vous faire donner réparation.

Silvio.	Conoscete voi un certo Federigo Rasponi?
Florindo.	Ah! l'ho conosciuto pur troppo.
Silvio.	Pretende egli per una parola avuta dal padre togliere a me una sposa, che questa mane mi ha giurato la fede.
Florindo.	Non dubitate, amico, Frederigo Rasponi non può involarvi la sposa. Egli è morto.
Silvio.	Sì, tutti credevano ch'ei fosse morto, ma stamane giunse vivo e sano in Venezia, per mio malanno, per mia disperazione.
Florindo.	Signore, voi mi fate rimaner di sasso.
Silvio.	Ma! ci sono rimasto anch'io.
Florindo.	Federigo Rasponi vi assicuro che è morto.
Silvio.	Federigo Rasponi vi assicuro che è vivo.
Florindo.	Badate bene che v'ingannerete.
Silvio.	Il signor Pantalone de' Bisognosi, padre della ragazza, ha fatto tutte le possibili diligenze per assicurarsene, ed ha certissime prove che sia egli proprio in persona.
Florindo.	(Dunque non restò ucciso, come tutti credettero, nella rissa!) *(da sé).*
Silvio.	O egli, o io, abbiamo da rinuziare agli amori di Clarice, o alla vita.
Florindo.	(Qui Federigo? Fuggo dalla giustizia, e mi trovo a fronte il nemico!) *(da sé).*
Silvio.	È molto che voi non lo abbiate veduto. Doveva alloggiare in codesta locanda.
Florindo.	Non l'ho veduto; qui m'hanno detto che non vi era forestiere nessuno.
Silvio.	Avrà cambiato pensiere. Signore, scusate se vi ho importunato. Se lo vedete, ditegli che per suo meglio abbandoni l'idea di cotali nozze.

SILVIO.   Connaissez-vous un certain Federigo Rasponi ?

FLORINDO.   Ah ! je le connaissais, malheureusement.

SILVIO.   Sous prétexte que le père lui a donné sa parole, il prétend m'enlever ma fiancée, elle qui ce matin même m'a donné sa foi.

FLORINDO.   N'ayez crainte, cher ami, Federigo Rasponi ne peut pas vous ravir votre fiancée. Il est mort.

SILVIO.   Oui, tout le monde croyait qu'il était mort mais il est ce matin même arrivé sain et sauf à Venise, pour mon malheur, pour mon désespoir.

FLORINDO.   Monsieur, vous m'en voyez pétrifié.

SILVIO.   Eh ! je l'ai été moi aussi.

FLORINDO.   Federico Rasponi est mort, je vous l'assure.

SILVIO.   Federigo Rasponi est vivant, je vous l'assure.

FLORINDO.   Prenez garde, vous devez vous tromper.

SILVIO.   Monsieur Pantalon dei Bisognosi, le père de la jeune fille, s'est fait donner toutes les assurances possibles, et il a des preuves incontestables que c'est vraiment lui en personne.

FLORINDO *(à part)*. Donc il n'a pas été tué, comme tout le monde l'a cru, au cours de la rixe.

SILVIO.   Lui ou moi, nous devrons renoncer à l'amour de Clarice, ou à la vie.

FLORINDO *(à part)*. Federigo ici ? Je fuis la justice, et je me trouve face à mon ennemi ?

SILVIO.   Il est étonnant que vous ne l'ayez pas vu. Il devait loger dans cette auberge.

FLORINDO.   Je ne l'ai pas vu ; ici on m'a dit qu'il n'y avait aucun étranger.

SILVIO.   Il a dû changer d'avis. Monsieur, excusez-moi de vous avoir importuné. Si vous le voyez, dites-lui que dans son intérêt il doit renoncer à l'idée de ce mariage.

	Silvio Lombardi è il mio nome; avrò l'onore di riverirvi.
Florindo.	Gradirò sommamente la vostra amicizia. (Resto pieno di confusione.) *(da sé).*
Silvio.	Il vostro nome, in grazia, poss'io saperlo?
Florindo.	(Non vo' scoprirmi.) *(da sé).* Orazio Ardenti per obbedirvi.
Silvio.	Signor Orazio, sono a' vostri comandi. *(parte).*

Scena dodicesima

Florindo solo.

Florindo.   Come può darsi che una stoccata, che lo passò dal fianco alle reni, non l'abbia ucciso? Lo vidi pure io stesso disteso al suolo, involto nel proprio sangue. Intesi dire che spirato egli era sul colpo. Pure potrebbe darsi che morto non fosse. Il ferro toccato non lo avrà nelle parti vitali[3]. La confusione fa travedere. L'esser io fuggito di Torino subito dopo il fatto, che a me per la inimicizia nostra venne imputato, non mi ha lasciato luogo a rilevare la verità. Dunque, giacché non è morto, sarà meglio ch'io ritorni a Torino, ch'io vada a consolare la mia diletta Beatrice, che vive forse penando, e piange per la mia lontananza.

---

3. Ed. 1753 : « ... vitali. L'avranno colto nel fianco, e avran creduto averlo colto nel petto. »

Je m'appelle Silvio Lombardi ; j'aurai
l'honneur de vous rendre visite.

FLORINDO.   Votre amitié me sera des plus agréables.
(A part.) Je suis dans une confusion
extrême.

SILVIO.   Votre nom, de grâce, puis-je le savoir ?

FLORINDO *(à part)*. Ne nous démasquons pas. Orazio
Ardenti, pour vous servir.

SILVIO.   Monsieur Orazio, je suis votre serviteur.
(Il s'en va.)

Scène 12

Florindo seul.

FLORINDO.   Comment est-il possible qu'une estocade
qui l'a transpercé de part en part ne l'ait
pas tué ? Je l'ai pourtant vu de mes
propres yeux étendu à terre, baignant
dans son sang. J'ai entendu dire qu'il
avait expiré sur le coup. Pourtant, il est
possible qu'il ne soit pas mort. Le fer a
pu n'atteindre aucun organe vital[7].
L'émotion empêche d'y voir clair. Ma
fuite loin de Turin aussitôt après cet
accident, qui m'a été imputé à cause de
notre inimitié, ne m'a pas laissé le temps
de vérifier si c'était vrai. Donc, puisqu'il
n'est pas mort, il vaut mieux que je
retourne à Turin, consoler ma chère
Béatrice, qui doit vivre dans la peine et
pleure mon absence.

7. Ed. de 1753 : « On a dû le toucher au côté, et on a cru que
c'était en pleine poitrine. »

Scena tredicesima

Truffaldino con un altro Facchino
che porta il baule di Beatrice,
e detto
Truffaldino s'avanza alcuni passi col Facchino,
poi accorgendosi di Florindo e dubitando esser veduto,
fa ritirare il Facchino.

Truffaldino.	Andemo con mi... Oh diavolo! L'è qua quest'alter padron. Retirete, camerada, e aspetteme su quel canton.

(il Facchino si ristra).

Florindo.	(Sì, senz'altro. Ritornerò a Torino.) *(da sé).*
Truffaldino.	Son qua, signor...
Florindo.	Truffaldino, vuoi venir a Torino con me?

Truffaldino.	Quando?
Florindo.	Ora; subito.
Truffaldino.	Senza disnar?
Florindo.	No; si pranzerà, e poi ce n'andremo.

Truffaldino.	Benissimo; disnando ghe penserò.
Florindo.	Sei stato alla Posta?
Truffaldino.	Signor sì.
Florindo.	Hai trovato mie lettere?
Truffaldino.	Ghe n'ho trovà.
Florindo.	Dove sono?
Truffaldino.	Adesso le troverò. *(tira fuori di tasca tre lettere).* (Oh diavolo! Ho confuso quelle de un padron con quelle dell'altro. Come faroio a trovar fora le soe? Mi no so lezer.) *(da sé).*
Florindo.	Animo, dà qui le mie lettere.

Scène 13

Truffaldin avec un nouveau portefaix
qui porte la malle de Béatrice,
et le précédent.
Truffaldin s'avance de quelques pas avec le portefaix,
puis apercevant Florindo et craignant d'être vu,
demande au portefaix de se retirer.

TRUFFALDIN.   Allons, suivez-moi... Oh diable ! Il y a là
                mon autre patron. Retirez-vous, cama-
                rade, et attendez-moi à l'angle.

                Le portefaix se retire.

FLORINDO *(à part).* Oui, plus de doute. Je rentre à Turin.

TRUFFALDIN.   Je suis là, monsieur.
FLORINDO.   Truffaldin, veux-tu venir à Turin avec
                moi ?
TRUFFALDIN.   Quand ?
FLORINDO.   Maintenant ; tout de suite.
TRUFFALDIN.   Sans déjeuner ?
FLORINDO.   Mais non ; nous déjeunerons, et puis
                nous partirons.
TRUFFALDIN.   Très bien ; en mangeant, je réfléchirai.
FLORINDO.   Tu es allé à la Poste ?
TRUFFALDIN.   Oui monsieur.
FLORINDO.   Tu as trouvé des lettres pour moi ?
TRUFFALDIN.   J'en ai trouvé.
FLORINDO.   Où sont-elles ?
TRUFFALDIN.   Je vais les trouver. *(Il sort de sa poche*
                trois lettres. A part.) Oh diable ! J'ai
                confondu celles d'un patron avec celles
                de l'autre. Comment vais-je faire pour
                trier les siennes ? Je ne sais pas lire, moi.
FLORINDO.   Allons, donne-moi mes lettres.

Truffaldino.	Adesso, signor. (Son imbroiado.) *(da sé).* Ghe dirò signor. Ste tre lettere no le vien tutte a V. S. Ho trovà un servitor che me cognosse, che semo stadi a servir a Bergamo insieme; gh'ho dit che andava alla Posta, e el m'ha pregà che veda se gh'era niente per el so padron. Me par che ghe fusse una, ma no la conosso più, no so quala che la sia.
Florindo.	Lascia vedere a me; prenderò le mie, e l'altra te la renderò.
Truffaldino.	Tolì pur. Me preme de servir l'amigo.
Florindo.	(Che vedo? Una lettera diretta a Beatrice Rasponi? A Beatrice Rasponi in Venezia!) *(da sé).*
Truffaldino.	L'avi trovada quella del me camerada?
Florindo.	Chi è questo tuo camerata, che ti ha dato una tale incombenza?
Truffaldino.	L'è un servitor... che gh'ha nome Pasqual.
Florindo.	Chi serve costui?
Truffaldino.	Mi no lo so, signor.
Florindo.	Ma se ti ha detto di cercar le lettere del suo padrone, ti avrà dato il nome.
Truffaldino.	Naturalmente. (L'imbroio cresce.) *(da sé).*
Florindo.	Ebbene, che nome ti ha dato?
Truffaldino.	No me l'arrecordo.
Florindo.	Come!...
Truffaldino.	El me l'ha scritto su un pezzo de carta.
Florindo.	E dov'è la carta?
Truffaldino.	L'ho Iassada alla Posta.
Florindo.	(Io sono in un mare di confusioni.) *(da sé).*
Truffaldino.	(Me vado inzegnando alla meio.) *(da sé).*

TRUFFALDIN.   Tout de suite, monsieur. *(A part.)* Je suis dans le pétrin. *(Haut.)* Je vais vous dire, monsieur, ces trois lettres, elles ne sont pas toutes pour Votre Seigneurie. J'ai rencontré un serviteur qui me connaît, parce que nous avons servi ensemble à Bergame ; je lui ai dit que j'allais à la Poste, et il m'a prié de regarder s'il n'y avait rien pour son patron. Il me semble qu'il y en avait une, mais je ne la reconnais plus ; je ne sais pas laquelle c'est.

FLORINDO.   Fais-moi voir ; je prendrai les miennes, et l'autre je te la rendrai.

TRUFFALDIN.   Prenez donc. Je tiens beaucoup à rendre service à cet ami.

FLORINDO *(à part)*.   Que vois-je ? Une lettre adressée à Béatrice Rasponi ? A Béatrice Rasponi à Venise !

TRUFFALDIN.   Vous l'avez trouvée, celle de mon camarade ?

FLORINDO.   Qui est ce camarade qui t'a donné cette commission ?

TRUFFALDIN.   C'est un serviteur... qui s'appelle Pasquale.

FLORINDO.   Au service de qui est-il ?

TRUFFALDIN.   Je ne sais pas, moi, monsieur.

FLORINDO.   Mais s'il t'a dit de prendre les lettres de son maître, il a dû te donner le nom ?

TRUFFALDIN.   Naturellement. *(A part.)* Ça s'embrouille de plus en plus.

FLORINDO.   Eh bien, quel nom t'a-t-il donné ?

TRUFFALDIN.   Je ne me rappelle pas.

FLORINDO.   Comment ?...

TRUFFALDIN.   Il me l'a écrit sur un bout de papier.

FLORINDO.   Et où est ce papier ?

TRUFFALDIN.   Je l'ai laissé à la Poste.

FLORINDO *(à part)*. Je suis dans un océan de confusion.

TRUFFALDIN *(à part)*. Je me débrouille de mon mieux.

Florindo.   Dove sta di casa questo Pasquale?
Truffaldino. Non lo so in verità.
Florindo.   Come potrai ricapitargli la lettera?
Truffaldino. El m'ha dito che se vederemo in piazza.

Florindo.   (Io non so che pensare.) *(da sé).*
Truffaldino. (Se la porto fora netta, l'è un miracolo.)
                (da sé). La me favorissa quella lettera,
                che vederò do trovarlo.

Florindo.   No, questa lettera voglio aprirla.
Truffaldino. Ohibò; no la fazza sta cossa. La sa pur,
                che pena gh'è avrir le lettere.
Florindo.   Tant'è, questa lettera m'interessa
                troppo. È diretta a persona, che mi
                appartiene per qualche titolo. Senza
                scrupolo la posso aprire. *(l'apre).*
Truffaldino. (Schiavo siori. El l'ha fatta.) *(da sé).*
Florindo. (legge). Illustrissima signora padrona.

> *La di lei partenza da questa città ha dato
> motivo di discorrere a tutto il paese; e tutti
> capiscono ch'ella abbia fatto tale risolu-
> zione per seguitare il signor Florindo. La
> Corte ha penetrato ch'ella sia fuggita in
> abito da uomo, e non lascia di far dili-
> genze per rintracciarla e farla arrestare. Io
> non ho spedito la presente da questa Posta
> di Torino per Venezia a dirittura, per non
> iscoprire il paese dov'ella mi ha confidato
> che pensava portarsi; ma l'ho inviata ad
> un amico di Genova, perché poi di là la
> trasmettesse a Venezia. Se avrò novità di
> rimarco, non lascerò di comunicargliele
> collo stesso metodo, e umilmente mi ras-
> segno.*
>
> > *Umilissimo e fedelissimo servitore
> > Tognin della Doira.*

FLORINDO.   Où habite-t-il, ce Pasquale ?

TRUFFALDIN.   Je ne sais pas, en vérité.

FLORINDO.   Comment lui remettras-tu la lettre ?

TRUFFALDIN.   Il m'a dit que nous nous verrions sur la place Saint-Marc.

FLORINDO *(à part)*. Je ne sais que penser.

TRUFFALDIN *(à part)*. Si je m'en tire sans accroc, c'est un miracle. *(Haut.)* Voudriez-vous me donner cette lettre, je m'arrangerai pour le trouver.

FLORINDO.   Non, je veux ouvrir cette lettre.

TRUFFALDIN.   Oh la la ; ne faites pas ça. Vous savez bien ce que ça coûte, d'ouvrir les lettres.

FLORINDO.   Tant pis ; cette lettre m'intéresse trop. Elle est adressée à quelqu'un qui est à moi, d'une certaine façon [8]. Je peux l'ouvrir sans scrupules. *(Il l'ouvre.)*

TRUFFALDIN *(à part)*. Salut la compagnie. Il l'a fait.

FLORINDO *(lisant)*. Illustrissime madame ma maîtresse,
          Votre départ a été le sujet des conversations de toute la ville ; et tout le monde a compris que vous avez pris cette décision pour suivre monsieur Florindo. La Cour a deviné que vous avez fui sous des habits d'homme et elle fait diligence pour qu'on retrouve votre trace et qu'on vous arrête. Je n'ai pas voulu envoyer la présente directement de Turin à Venise pour ne pas révéler où vous êtes ; mais je l'ai envoyée à un ami de Gênes, pour qu'ensuite il la transmette à Venise. Si j'ai des nouvelles importantes, je ne manquerai pas de vous les communiquer par la même voie, et je signe humblement
          votre très humble et très fidèle serviteur
          Tognin della Doira [9].

8. L'expression peut sembler brutale ; on peut préférer « qui me touche de trop près ».

9. Si on veut traduire ce nom, on peut suivre l'usage de Goldoni dans les *Mémoires,* « Toinet de la Doire », ou Tonin.

Truffaldino.	(Che bell'azion! Lezer i fatti d'i altri.) *(da sé).*
Florindo.	(Che intesi mai? Che lessi? Beatrice partita di casa sua? in abito d'uomo? per venire in traccia di me? Ella mi ama davvero. Volesse il cielo che io la ritrovassi in Venezia!) *(da sé).* Va, caro Truffaldino, usa ogni diligenza per ritrovare Pasquale; procura di ricavare da lui chi sia il suo padrone, se uomo, se donna. Rileva dove sia alloggiato, e se puoi, conducilo qui da me, che a te e a lui darò una mancia assai generosa.
Truffaldino.	Deme la lettera; procurerò de trovarlo.
Florindo.	Eccola, mi raccomando a te. Questa cosa mi preme infinitamente.
Truffaldino.	Ma ghe l'ho da dar cussì averta?
Florindo.	Digli che è stato un equivoco, un accidente. Non mi trovare difficoltà.
Truffaldino.	E a Turin se va più per adesso?
Florindo.	No, non si va più per ora. Non perder tempo. Procura di ritrovar Pasquale. (Beatrice in Venezia, Federigo in Venezia. Se la trova il fratello, misera lei; farò io tutte le diligenze possibili per rinvenirla.) *(da sé, e parte).*

Scena quattordicesima

Truffaldino solo,
poi il Facchino col baule.

Truffaldino.	Ho gusto da galantomo, che no se vada via. Ho volontà de veder come me riesce sti do servizi.

TRUFFALDIN *(à part)*. C'est du beau ! Lire les lettres des autres !

FLORINDO *(à part)*. Qu'est-ce que j'apprends ? Qu'est-ce que je lis ? Béatrice partie de chez elle ? Sous des habits d'homme ? à ma recherche ? Faut-il qu'elle m'aime ! Veuille le ciel que je la retrouve à Venise ! *(Haut.)* Va, cher Truffaldin, emploie tous les moyens pour retrouver Pasquale ; cherche à savoir de lui qui est son maître, si c'est un homme ou si c'est une femme ; note l'endroit où il loge, et si tu peux, amène-le-moi ; et à toi comme à lui je donnerai un très généreux pourboire.

TRUFFALDIN. Donnez-moi la lettre ; je tâcherai de le trouver.

FLORINDO. La voilà ; je m'en remets à toi. C'est une chose qui m'importe infiniment.

TRUFFALDIN. Mais je dois la lui donner comme ça, ouverte ?

FLORINDO. Dis-lui que c'est une erreur, un accident. Ne va pas m'inventer des difficultés.

TRUFFALDIN. Et à Turin, on n'y va plus, pour le moment ?

FLORINDO. Non, on n'y va plus pour l'instant. Ne perds pas une minute. Tâche de retrouver Pasquale. *(A part.)* Béatrice à Venise, Federigo à Venise. Si son frère la retrouve, malheur à elle ; c'est à moi de faire mon possible pour la retrouver au plus vite. *(Il part.)*

Scène 14

*Truffaldin seul,
puis le portefaix avec la malle.*

TRUFFALDIN. Ça me plaît, foi d'honnête homme, qu'on ne parte pas. J'ai envie de voir comment je vais me tirer de ces deux services.

Vôi provar la me abilità. Sta lettera, che va a st'alter me padron, me despias de averghela da portar averta. M'inzegnerò de piegarla. *(fa varie piegature cattive)*. Adess mo bisogneria bollarla. Se savess come far! Ho vist la me siora nonna, che delle volte la bollava le lettere col pan mastegà. Voio provar. *(tira fuori di tasca un pezzetto di pane)*. Me despiase consumar sto tantin de pan; ma ghe vol pazenzia. *(mastica un po' di pane per sigillare la lettera, ma non volendo l'inghiotte)*. Oh diavolo! L'è andà zo. Bisogna mastegarghene un altro boccon. *(fa lo stesso e l'inghiotte)*. No gh'è remedio, la natura repugna. Me proverò un'altra volta. *(mastica, come sopra. Vorrebbe inghiottir il pane, ma si trattiene, e con gran fatica se lo leva di bocca)*. Oh, l'è vegnù. Bollerò la lettera. *(la sigilla col pane)*. Me par che la staga ben. Gran mi per far le cosse pulito! Oh, no m'arrecordava più del facchin. Camerada, vegnì avanti, tolì su el baul. *(verso la scena)*.

Facchino.   *(col baule in spalla)*. Son qua, dove l'avemio da portar?
Truffaldino.   Portel in quella locanda, che adess vegno anca mi.
Facchino.   E chi pagherà?

Scena quindicesima

Beatrice, che esce dalla locanda, e detti.

Beatrice.   È questo il mio baule? *(a Truffaldino)*.
Truffaldino.   Signor sì.

Je veux prouver mon habileté. Cette lettre, qui est adressée à mon autre patron, je regrette d'avoir à la lui apporter ouverte. Je vais tâcher de la plier. *(Il fait plusieurs mauvais pliages.)* Mais maintenant il faudrait la cacheter. Si je savais comment faire ! J'ai vu madame ma grand-mère, quelquefois, cacheter les lettres avec de la mie de pain mastiquée. Je veux essayer. *(Il tire de sa poche un petit bout de pain.)* Je regrette de gaspiller ce petit bout de pain ; mais faut ce qui faut. *(Il mâche un peu de pain pour cacheter la lettre mais sans le vouloir, il l'avale.)* Oh diable ! Il est descendu. Il faut en mâcher encore une bouchée. *(Il recommence, et l'avale.)* Il n'y a rien à faire ; c'est contre nature. Je vais essayer encore une fois. *(Il mâche, comme plus haut. Il voudrait avaler le pain, mais il s'en empêche et avec de grands efforts il le sort de sa bouche.)* Oh je l'ai eu. Je fermerai la lettre. *(Il la cachette avec le pain.)* Il me semble que ça va bien. Je suis fort, moi, pour faire les choses comme il faut ! Oh j'ai oublié le portefaix. *(Vers la coulisse.)* Camarade, avancez, apportez la malle.

PORTEFAIX *(la malle sur l'épaule)*. Je suis là, où devons-nous la porter ?

TRUFFALDIN.   Apportez-la dans cette auberge, je viens tout de suite.

PORTEFAIX.   Et qui est-ce qui payera ?

Scène 15

Béatrice sortant de l'auberge, et les précédents.

BÉATRICE *(à Truffaldin)*. C'est ma malle ?

TRUFFALDIN.   Oui monsieur.

Beatrice.	Portatelo nella mia camera. *(al Facchino).*
Facchino.	Qual ela la so camera?
Beatrice.	Domandatelo al cameriere.
Facchino.	Semo d'accordo trenta soldi.
Beatrice.	Andate, che vi pagherò.
Facchino.	Che la fazza presto.
Beatrice.	Non mi seccate.
Facchino.	Adessadesso ghe butto el baul in mezzo alla strada. *(entra nella locanda).*

Truffaldino.	Gran persone gentili che son sti facchini!

Beatrice.	Sei stato alla Posta?
Truffaldino.	Signor sì.
Beatrice.	Lettere mie ve ne sono?
Truffaldino.	Ghe n'era una de vostra sorella.
Beatrice.	Bene, dov'è?
Truffaldino.	Eccola qua. *(le dà la lettera).*
Beatrice.	Questa lettera è stata aperta.
Truffaldino.	Averta? Oh! no pol esser.
Beatrice.	Aperta e sigillata ora col pane.

Truffaldino.	Mi no saveria mai come che la fusse.

Beatrice.	Non lo sapresti, eh? Briccone, indegno; chi ha aperto questa lettera? Voglio saperlo.
Truffaldino.	Ghe dirò, signor, ghe confesserò la verità. Semo tutti capaci de fallar. Alla Posta gh'era una lettera mia; so poco lezer; e in fallo, in vece de averzer la mia, ho averto la soa. Ghe domando perdon.

Beatrice.	Se la cosa fosse così, non vi sarebbe male.
Truffaldino.	L'è così da povero fiol.
Beatrice.	L'hai letta questa lettera? Sai che cosa contiene?

BÉATRICE *(au portefaix)*. Portez-la dans ma chambre.

PORTEFAIX.	Laquelle c'est, votre chambre ?
BÉATRICE.	Demandez au garçon.
PORTEFAIX.	Vous m'avez promis trente sous.
BÉATRICE.	Allez, je vous paierai.
PORTEFAIX.	Tout de suite.
BÉATRICE.	Ne m'ennuyez pas.
PORTEFAIX.	Pour un peu je la lui laisse tomber, sa malle, au milieu de la rue. *(Il entre à l'auberge.)*
TRUFFALDIN.	Qu'est-ce qu'ils sont bien élevés, ces portefaix !
BÉATRICE.	Tu es allé à la Poste ?
TRUFFALDIN.	Oui monsieur.
BÉATRICE.	Il y a des lettres pour moi ?
TRUFFALDIN.	Il y en avait une pour votre sœur.
BÉATRICE.	Bien, où est-elle ?
TRUFFALDIN.	La voilà. *(Il lui donne la lettre.)*
BÉATRICE.	Cette lettre a été ouverte.
TRUFFALDIN.	Ouverte ? Oh ! c'est impossible.
BÉATRICE.	Ouverte, et recachetée avec de la mie de pain.
TRUFFALDIN.	Moi je ne sais vraiment pas comment c'est possible.
BÉATRICE.	Tu ne sais pas, hein ? Vaurien, scélérat ; qui a ouvert cette lettre ? Je veux le savoir.
TRUFFALDIN.	Je vais vous le dire, monsieur, je vais tout vous avouer. Tout le monde peut se tromper. A la Poste, il y avait une lettre pour moi ; je ne sais pas bien lire ; et par erreur, au lieu d'ouvrir ma lettre, j'ai ouvert la vôtre. Je vous demande pardon.
BÉATRICE.	S'il en était comme cela, il n'y aurait pas de mal.
TRUFFALDIN.	C'est comme ça, parole de pauvre gars.
BÉATRICE.	Tu l'as lue, cette lettre ? Tu sais ce qu'elle contient ?

Truffaldino.	Niente affatto. L'è un carattere che no capisso.
Beatrice.	L'ha veduta nessuno?
Truffaldino.	Oh! *(meravigliandosi)*.
Beatrice.	Bada bene, veh!
Truffaldino.	Uh! *(come sopra)*.
Beatrice.	(Non vorrei che costui m'ingannasse.) *(legge piano)*.
Truffaldino.	(Anche questa l'è tacconada.) *(da sé)*.
Beatrice.	(Tognino è un servitore fedele. Gli ho dell'obbligazione). *(da sé)*. Orsù, io vado per un interesse poco lontano. Tu va nella locanda, apri il baule, eccoti le chiavi e da' un poco d'aria ai miei vestiti. Quando torno, si pranzerà. (Il signor Pantalone non si vede, ed a me premono queste monete.) *(da sé, parte)*.

Scena sedicesima

Truffaldino, poi Pantalone.

Truffaldino.	Mo l'è andada ben, che no la podeva andar meio. Son un omo de garbo; me stimo cento scudi de più de quel che no me stimava.
Pantalone.	Disè, amigo, el vostro padron xelo in casa?
Truffaldino.	Sior no, nol ghe xe.
Pantalone.	Saveu dove che el sia?
Truffaldino.	Gnanca.
Pantalone.	Vienlo a casa a disnar?
Truffaldino.	Mi crederave de sì.
Pantalone.	Tolè, col vien a casa, deghe sta borsa co sti cento ducati. No posso trattegnirme, perché gh'ho da far. Ve reverisso. *(parte)*.

TRUFFALDIN.   Absolument pas. C'est une écriture que
                 je ne comprends pas.
BÉATRICE.   Quelqu'un l'a lue ?
TRUFFALDIN *(scandalisé)*. Oh !
BÉATRICE.   Prends garde, hein !
TRUFFALDIN *(même jeu)*. Ouh !
BÉATRICE *(à part)*. Je ne voudrais pas qu'il me trompe,
                 celui-là. *(Elle lit des yeux.)*
TRUFFALDIN *(à part)*. J'ai rafistolé ça, une fois de plus.
BÉATRICE *(à part)*. Tognino est un serviteur fidèle. Je lui
                 suis très obligée. *(Haut.)* Or ça, je vais
                 régler une affaire près d'ici. Toi, va à
                 l'auberge, ouvre la malle, voici les clés, et
                 fais prendre un peu l'air à mes vêtements.
                 Quand je reviendrai, nous déjeunerons.
                 (A part.) Monsieur Pantalon ne se mon-
                 tre pas, et j'ai un grand besoin de cet
                 argent. *(Elle s'en va.)*

Scène 16

Truffaldin, puis Pantalon.

TRUFFALDIN.   Ça s'est vraiment si bien passé, que ça ne
                 pouvait pas mieux. Je suis un habile
                 homme ; je m'estime cent écus de plus
                 que je ne m'estimais.
PANTALON.   Dites, l'ami, votre patron est là ?

TRUFFALDIN.   Non monsieur, il n'est pas là.
PANTALON.   Savez-vous où il est ?
TRUFFALDIN.   Pas même.
PANTALON.   Il rentre pour déjeuner ?
TRUFFALDIN.   Moi je dirais que oui.
PANTALON.   Tenez, quand il rentrera, donnez-lui
                 cette bourse de cent ducats. Je ne peux
                 pas rester parce que j'ai à faire. Servi-
                 teur. *(Il s'en va.)*

Scena diciassettesima

Truffaldino, poi Florindo.

Truffaldino.	La diga, la senta. Bon viazo. Nol m'ha gnanca dito a qual dei mi padroni ghe l'ho da dar.
Florindo.	E bene, hai tu ritrovato Pasquale?
Truffaldino.	Sior no, no l'ho trovà Pasqual, ma ho trovà uno, che m'ha dà una borsa con cento ducati.
Florindo.	Cento ducati? Per farne che?
Truffaldino.	Disim la verità, sior padron, aspetteu denari da nissuna banda?
Florindo.	Sì, ho presentata una lettera ad un mercante.
Truffaldino.	Donca sti quattrini i sarà vostri.
Florindo.	Che cosa ha detto chi te li ha dati?
Truffaldino.	El m'ha dit, che li daga al me padron.
Florindo.	Dunque sono miei senz'altro. Non sono io il tuo padrone? Che dubbio c'è?
Truffaldino.	(Nol sa gnente de quell'alter padron.) (*da sé*).
Florindo.	E non sai chi te li abbia dati?
Truffaldino.	Mi no so; me par quel viso averlo visto un'altra volta, ma no me recordo.
Florindo.	Sarà un mercante, a cui sono raccomandato.
Truffaldino.	El sarà lu senz'altro.
Florindo.	Ricordati di Pasquale.
Truffaldino.	Dopo disnar lo troverò.
Florindo.	Andiamo dunque a sollecitare il pranzo. (*entra nella locanda*).

Scène 17

Truffaldin, puis Florindo.

TRUFFALDIN.	Tenez... donnez-lui [10]... Bon voyage. Il ne m'a même pas dit auquel de mes deux patrons je dois la donner.
FLORINDO.	Eh bien, as-tu retrouvé Pasquale ?
TRUFFALDIN.	Non monsieur, je n'ai pas trouvé Pasquale, mais j'ai trouvé quelqu'un qui m'a donné une bourse de cent ducats.
FLORINDO.	Cent ducats ? Pour quoi faire ?
TRUFFALDIN.	Dites-moi la vérité, patron, vous n'attendez pas de l'argent de quelque part ?
FLORINDO.	Si, j'ai présenté une lettre de change à un négociant.
TRUFFALDIN.	Alors cet argent doit être pour vous.
FLORINDO.	Que t'a dit celui qui te l'a donné ?
TRUFFALDIN.	Il m'a dit de le donner à mon patron.
FLORINDO.	Il est donc à moi, bien sûr. Est-ce que je ne suis pas ton maître ? Pourquoi hésites-tu ?
TRUFFALDIN *(à part)*.	Il ne sait rien de l'autre patron.
FLORINDO.	Et tu ne sais pas qui te l'a donné ?
TRUFFALDIN.	Je ne sais pas, moi, il me semble que j'ai déjà vu cette figure-là, mais je ne me rappelle plus.
FLORINDO.	Il doit s'agir d'un marchand auprès de qui on m'a recommandé.
TRUFFALDIN.	C'est sûrement celui-là.
FLORINDO.	N'oublie pas Pasquale.
TRUFFALDIN.	Après déjeuner je le trouverai.
FLORINDO.	Allons donc dire qu'on se hâte de nous servir. *(Il entre à l'auberge.)*

---

10. Truffaldin parodie Pantalon.

Truffaldino.   Andemo pur. Manco mal che sta volta
non ho fallà. La borsa l'ho dada a chi
l'aveva d'aver. *(entra nella locanda).*

Scena diciottesima

(Camera in casa di Pantalone.)

Pantalone e Clarice, poi Smeraldina.

Pantalone.   Tant'è ; sior Federigo ha da esser vostro
mario. Ho dà parola, e non son un
bambozzo.

Clarice.   Siete padrone di me, signor padre ; ma
questa, compatitemi, è una tirannia.

Pantalone.   Quando sior Federigo v'ha fatto domandar, ve l'ho dito ; vu non m'avè resposo
de no volerlo. Allora dovevi parlar ;
adresso no sé più a tempo.

Clarice.   La soggezione, il rispetto, mi fecero
ammutolire.

Pantalone.   Fe che el respetto e la suggizion fazza
l'istesso anca adesso.

Clarice.   Non posso, signor padre.

Pantalone.   No ? per cossa ?

Clarice.   Federigo non lo sposerò certamente.

Pantalone.   Ve despiaselo tanto ?

Clarice.   È odioso agli occhi miei.

Pantalone.   Anca sì che mi ve insegno el modo de far
che el ve piasa ?

Clarice.   Come mai, signore ?

Pantalone.   Desmentegheve sior Silvio, e vederè che
el ve piaserà.

Clarice.   Silvio è troppo fortemente impresso
nell'anima mia ;

TRUFFALDIN.	Allons donc. Heureusement, cette fois je ne me suis pas trompé. La bourse, je l'ai donnée à celui qui devait l'avoir. *(Il entre à l'auberge.)*

Scène 18

(Une chambre chez Pantalon)

Pantalon et Clarice, puis Sméraldine.

PANTALON.	C'est comme ça ; sior Federigo doit être votre mari. J'ai donné ma parole et je ne suis pas une marionnette.
CLARICE.	Vous êtes mon maître, monsieur mon père, mais ça, pardonnez-moi, c'est de la tyrannie.
PANTALON.	Quand sior Federigo a fait demander votre main, je vous l'ai dit ; vous, vous ne m'avez pas répondu que vous ne le vouliez pas. C'est à ce moment-là que vous deviez parler, maintenant c'est trop tard.
CLARICE.	La timidité, le respect m'ont rendue muette.
PANTALON.	Arrangez-vous pour que le respect et la timidité aient le même effet aujourd'hui.
CLARICE.	Je ne peux pas, monsieur mon père.
PANTALON.	Non ? Pourquoi ?
CLARICE.	Federigo, je ne l'épouserai pas, non.
PANTALON.	Il vous déplaît tellement ?
CLARICE.	Il est odieux à ma vue.
PANTALON.	Même si moi je vous apprends comment faire pour qu'il vous plaise ?
CLARICE.	Comment cela, monsieur ?
PANTALON.	Oubliez sior Silvio, et vous verrez qu'il vous plaira.
CLARICE.	Silvio est imprimé trop profondément dans mon âme ;

	e voi coll'approvazione vostra lo avete ancora più radicato.
Pantalone.	(Da una banda la compatisso.) *(da sè).* Bisogna far de necessità vertù.
Clarice.	Il mio cuore non è capace di uno sforzo sì grande.
Pantalone.	Feve animo, bisogna farlo...
Smeraldina.	Signor padrone, è qui il signor Federigo, che vuol riverirla.
Pantalone.	Ch'el vegna, che el xe padron.
Clarice.	Oimè! Che tormento! *(piange).*
Smeraldina.	Che avete, signora padrona? Piangete? In verità avete torto. Non avete veduto com'è bellino il signor Federigo? Se toccasse a me una tal fortuna, non vorrei piangere, no; vorrei ridere con tanto di bocca. *(parte).*
Pantalone.	Via, fia mia, no te far vedere a pianzer.
Clarice.	Ma se mi sento scoppiar il cuore.

Scena diciannovesima

Beatrice da uomo, e detti.

Beatrice.	Riverisco il signor Pantalone.
Pantalone.	Padron reverito. Ala recevesto una borsa con cento ducati?
Beatrice.	Io no.
Pantalone.	Ghe l'ho dada za un poco al so servitor. La m'ha dito che el xe un omo fidà.
Beatrice.	Sì, non vi è pericolo. Non l'ho veduto: me li darà, quando torno a casa. (Che ha la signora Clarice che piange?) *(piano a Pantalone).*
Pantalone.	(Caro sior Federigo, bisogna compatirla.

et vous, avec votre approbation, vous l'y avez enraciné encore davantage.

PANTALON *(à part)*. D'un côté, je la plains. *(Haut.)* Il faut faire de nécessité vertu.

CLARICE. Mon cœur n'est pas capable d'un si grand effort.

PANTALON. Courage, il le faut...

SMÉRALDINE. Monsieur, il y a là monsieur Federigo, qui veut vous présenter ses devoirs.

PANTALON. Qu'il entre, il est le maître.

CLARICE. Hélas ! Quel tourment ! *(Elle pleure.)*

SMÉRALDINE. Qu'avez-vous, madame ma maîtresse ? Vous pleurez ? En vérité, vous avez tort. Vous n'avez pas vu comme il est joli, monsieur Federigo ? Si c'était moi qui avais une chance pareille, je ne pleurerais pas, non ; je rirais de toutes mes dents. *(Elle s'en va.)*

PANTALON. Allons, ma fille, ne montre pas que tu pleures.

CLARICE. Mais si je sens mon cœur éclater !

Scène 19

Béatrice en vêtements masculins, et les précédents.

BÉATRICE. Je salue monsieur Pantalon.

PANTALON. Serviteur. Avez-vous reçu une bourse de cent ducats ?

BÉATRICE. Moi non.

PANTALON. Je l'ai donnée il y a déjà un moment à votre serviteur. Vous m'avez dit que c'est un homme de confiance.

BÉATRICE. Oui, il n'y a aucun risque. Je ne l'ai pas vu ; il me la donnera quand je rentrerai à l'auberge. *(Bas, à Pantalon.)* Qu'est-ce qu'il y a, madame Clarice pleure ?

PANTALON *(bas, à Béatrice)*. Cher monsieur Federigo, il faut la comprendre.

La nova della so morte xe stada causa de sto mal. Col tempo spero che la se scambierà.) *(piano a Beatrice)*.

Beatrice.   (Fate una cosa, signor Pantalone, lasciatemi un momento in libertà con lei, per vedere se mi riuscisse d'aver una buona parola.) *(come sopra)*.

Pantalone.   Sior sì; vago e vegno. (Voggio provarle tutte.) *(da sé)*. Fia mia, aspetteme, che adesso torno. Tien un poco de compagnia al to novizzo. (Via, abbi giudizio.) *(piano a Clarice, e parte)*.

Scena ventesima

Beatrice e Clarice.

Beatrice.   Deh, signora Clarice...
Clarice.   Scostatevi, e non ardite d'importunarmi.

Beatrice.   Così severa con chi vi è destinato in consorte?
Clarice.   Se sarò strascinata per forza alle vostre nozze, avrete da me la mano, ma non il cuore.
Beatrice.   Voi siete sdegnata meco, eppure io spero placarvi.
Clarice.   V'aborrirò in eterno.
Beatrice.   Se mi conosceste, voi non direste così.

Clarice.   Vi conosco abbastanza per lo sturbatore della mia pace.
Beatrice.   Ma io ho il modo di consolarvi.
Clarice.   V'ingannate; altri che Silvio consolare non mi potrebbe.
Beatrice.   Certo che non posso darvi quella consolazione, che dar vi potrebbe il vostro Silvio, ma posso contribuire alla vostra felicità.

C'est la nouvelle de votre mort qui a causé tout le mal. Avec le temps j'espère qu'elle changera.

BÉATRICE *(bas, à Pantalon)*. Faites une chose, monsieur Pantalon, laissez-moi un moment libre avec elle, pour voir si j'arrive à trouver les mots qu'il faut.

PANTALON. Oui monsieur ; je vais et je reviens. *(A part.)* Il faut tout essayer. *(Haut.)* Ma fille, attends-moi, je reviens tout de suite. Tiens un peu compagnie à ton fiancé. *(Bas, à Clarice.)* Allez, sois raisonnable. *(Il s'en va.)*

Scène 20

Béatrice et Clarice.

BÉATRICE. Ah, madame Clarice...

CLARICE. Eloignez-vous, et n'ayez pas l'audace de m'importuner.

BÉATRICE. Tant de rigueur avec celui qui vous est destiné pour époux ?

CLARICE. Si on me traîne de force pour vous épouser, vous aurez la main, mais non le cœur.

BÉATRICE. Vous êtes en colère contre moi, mais j'espère vous apaiser.

CLARICE. Je vous abhorre pour l'éternité.

BÉATRICE. Quand vous me connaîtrez, vous ne parlerez plus ainsi.

CLARICE. Je vous connais assez : c'est vous qui avez détruit mon repos.

BÉATRICE. Mais j'ai le moyen de vous consoler.

CLARICE. Vous vous leurrez ; nul autre que Silvio ne pourrait me consoler.

BÉATRICE. Je ne pourrais sûrement pas vous donner les consolations que pourrait vous donner votre Silvio, mais je peux contribuer à votre bonheur.

Clarice.	Mi par assai, signore, che parlandovi io in una maniera la più aspra del mondo, vogliate ancor tormentarmi.
Beatrice.	(Questa povera giovane mi fa pietà ; non ho cuore di vederla penare.) *(da sé).*
Clarice.	(La passione mi fa diventare ardita, temeraria, incivile.) *(da sé).*
Beatrice.	Signora Clarice, vi ho da confidare un segreto.
Clarice.	Non vi prometto la segretezza. Tralasciate di confidarmelo.
Beatrice.	La vostra austerità mi toglie il modo di potervi render felice.
Clarice.	Voi non mi potete rendere che sventurata.
Beatrice.	V'ingannate ; e per convincervi vi parlerò schiettamente. Se voi non volete me, io non saprei che fare di voi. Se avete ad altri impegnata la destra, anch'io con altri ho impegnato il cuore.
Clarice.	Ora cominciate a piacermi.
Beatrice.	Non vel dissi che aveva io il modo di consolarvi ?
Clarice.	Ah, temo che mi deludiate.
Beatrice.	No, signora, non fingo. Parlovi col cuore sulle labbra ; e se mi promettete quella segretezza che mi negaste poc'anzi, vi confiderò un arcano, che metterà in sicuro la vostra pace.
Clarice.	Giuro di osservare il più rigoroso silenzio.
Beatrice.	Io non sono Federigo Rasponi, ma Beatrice di lui sorella.
Clarice.	Oh ! che mi dite mai ! Voi donna ?

CLARICE. Je trouve excessif, monsieur, qu'alors que je vous parle de la façon la plus rude du monde, vous veuillez encore me tourmenter.

BÉATRICE *(à part)*. Cette pauvre jeune fille me fait pitié ; je n'ai pas le cœur de la voir souffrir.

CLARICE *(à part)*. La passion me rend hardie, téméraire, incivile.

BÉATRICE. Madame Clarice, j'ai un secret à vous confier.

CLARICE. Je ne vous promets pas de le garder. Dispensez-vous de me le confier.

BÉATRICE. Votre sévérité m'ôte l'occasion de vous rendre heureuse.

CLARICE. Vous ne pouvez me rendre que misérable.

BÉATRICE. Vous vous trompez ; et pour vous convaincre, je vous parlerai clairement. Si vous ne voulez pas de moi, je ne saurais que faire de vous. Si vous avez promis votre main à un autre, c'est à quelqu'un d'autre aussi que j'ai engagé mon cœur.

CLARICE. Maintenant vous commencez à me plaire.

BÉATRICE. Ne vous l'ai-je pas dit, que j'avais le moyen de vous consoler ?

CLARICE. Ah, je crains que vous ne m'abusiez.

BÉATRICE. Non madame, je suis sincère. Je vous parle du fond du cœur ; et si vous me promettez le secret que vous venez de me refuser, je vous confierai un mystère qui assurera votre repos.

CLARICE. Je jure d'observer le silence le plus rigoureux.

BÉATRICE. Je ne suis pas Federigo Rasponi, mais Béatrice, sa sœur.

CLARICE. Oh ! que me ditez-vous là ! Vous, une femme ?

Beatrice.	Sì, tale io sono. Pensate, se aspiravo di cuore alle vostre nozze.
Clarice.	E di vostro fratello che nuova ci date?
Beatrice.	Egli morì pur troppo d'un colpo di spada[4]. Fu creduto autore della di lui morte un amante mio, di cui sotto di queste spoglie mi porto in traccia. Pregovi per tutte le sacre leggi d'amicizia e d'amore di non tradirmi. So che incauta sono io stata confidandovi un tale arcano, ma l'ho fatto per più motivi; primieramente, perché mi doleva vedervi afflitta; in secondo luogo, perché mi pare conoscere in voi che siate una ragazza da potersi compromettere di segretezza; per ultimo, perché il vostro Silvio mi ha minacciato e non vorrei che, sollecitato da voi, mi ponesse in qualche cimento.
Clarice.	A Silvio mi permettete voi ch'io lo dica?
Beatrice.	No, anzi ve lo proibisco assolutamente.
Clarice.	Bene, non parlerò.
Beatrice.	Badate che mi fido di voi.
Clarice.	Ve lo giuro di nuovo, non parlerò.
Beatrice.	Ora non mi guarderete più di mal occhio.
Clarice.	Anzi vi sarò amica; e, se posso giovarvi, disponete di me.
Beatrice.	Anch'io vi giuro eterna la mia amicizia. Datemi la vostra mano.
Clarice.	Eh, non vorrei...
Beatrice.	Avete paura ch'io non sia donna? Vi darò evidenti prove della verità.

---

4. Ed. 1753 : « ... spada che lo passò dal petto alle reni. »

BÉATRICE. Oui, c'est ce que je suis. Vous pensez si je souhaitais vraiment vous épouser.

CLARICE. Et pour votre frère, quelles nouvelles nous donnez-vous ?

BÉATRICE. Il est mort, hélas, d'un coup d'épée [11]. On accusa de sa mort l'homme que j'aime et à la recherche duquel je suis, sous cet habit. Je vous prie, au nom des lois sacrées de l'amour et de l'amitié, de ne pas me trahir. Je sais que j'ai été imprudente de vous faire une telle confidence, mais je l'ai fait pour plusieurs raisons ; d'abord, parce que je souffrais de vous voir affligée ; ensuite, parce que je crois deviner en vous une jeune fille capable de garder un secret ; enfin parce que votre Silvio m'a menacée, et je ne voudrais pas que pour vous plaire, il allât me mettre en péril.

CLARICE. A Silvio, me permettez-vous de le dire ?

BÉATRICE. Non, je vous l'interdis même absolument.

CLARICE. Bien, je ne dirai rien.

BÉATRICE. Prenez garde, je m'en remets à vous.

CLARICE. Je vous le jure encore une fois, je ne dirai rien.

BÉATRICE. Maintenant vous ne me regarderez plus d'un mauvais œil.

CLARICE. Tout au contraire, je serai votre amie ; et si je peux vous aider, disposez de moi.

BÉATRICE. Moi aussi, je vous jure une amitié éternelle. Donnez-moi votre main.

CLARICE. Eh, je ne voudrais pas...

BÉATRICE. Vous avez peur que je ne sois pas une femme ? Voulez-vous des preuves irréfutables de la vérité ?

---

11. Edition de 1753 « qui le traversa de part en part » (litt. « de la poitrine aux reins »).

Clarice.   Credetemi, ancora mi pare un sogno.

Beatrice.   Infatti la cosa non è ordinaria.

Clarice.   È stravagantissima.

Beatrice.   Orsù, io me ne voglio andare. Tocchia-
                moci la mano in segno di buona amicizia
                e di fedeltà.

Clarice.   Ecco la mano ; non ho nessun dubbio che
                m'inganniate.

                    Scena ventunesima

                    Pantalone e dette.

Pantalone.   Bravi ! Me ne rallegro infinitamente. (Fia
                mia, ti t'ha giustà molto presto). *(a
                Clarice).*

Beatrice.   Non vel dissi, signor Pantalone, ch'io
                l'avrei placata ?

Pantalone.   Bravo ! Avè fatto più vu in quattro
                minuti, che no averave fatto mi in quat-
                tr'anni.

Clarice.   (Ora sono in un laberinto maggiore). *(da
                sé).*

Pantalone.   Donca stabiliremo presto sto matrimo-
                nio. *(a Clarice).*

Clarice.   Non abbiate tanta fretta, signore.

Pantalone.   Come ! Se se tocca le manine in scondon,
                e non ho d'aver pressa ? No, no, no
                voggio che me succeda desgrazie. Doman
                se farà tutto.

Beatrice.   Sarà necessario, signor Pantalone, che
                prima accomodiamo le nostre partite,
                che vediamo il nostro conteggio.

Pantalone.   Faremo tutto. Queste le xe cosse che le
                se fa in do ore. Doman daremo l'anello.

Clarice.   Deh, signor padre...

CLARICE.	Croyez-moi, j'ai encore l'impression de rêver.
BÉATRICE.	Effectivement, la chose n'est pas ordinaire.
CLARICE.	Elle est tout à fait extravagante.
BÉATRICE.	Allons, il faut que je m'en aille. Donnons-nous la main, en signe de bonne amitié et de fidélité.
CLARICE.	Voici ma main ; je n'ai plus de crainte que vous me trompiez.

Scène 21

Pantalon et les précédentes.

PANTALON.	Bravo ! J'en suis ravi. *(A Clarice.)* Ma fille, tu t'es bien vite accommodée à la situation.
BÉATRICE.	Ne vous l'ai-je pas dit, monsieur Pantalon, que j'allais l'apaiser ?
PANTALON.	Bravo ! Vous avez fait plus en quatre minutes que je n'aurais fait en quatre ans.
CLARICE *(à part)*.	Me voilà dans un labyrinthe encore pire.
PANTALON *(à Clarice)*.	Concluons donc au plus vite ce mariage.
CLARICE.	N'ayez pas tant de hâte, monsieur.
PANTALON.	Comment ! on se touche les mimines en cachette, et je ne dois pas me presser ? Non, non, je ne veux pas qu'il m'arrive un accident. Demain tout sera réglé.
BÉATRICE.	Il faudra, monsieur Pantalon, que nous vérifiions d'abord nos mémoires, que nous voyions nos comptes.
PANTALON.	Nous le ferons. Ce sont des choses qui se règlent en deux heures. Demain nous donnerons la bague.
CLARICE.	Eh, monsieur mon père...

Pantalone.	Siora fia, vago in sto ponto a dir le parole a sior Silvio.
Clarice.	Non lo irritate, per amor del cielo.
Pantalone.	Coss'è? Ghe ne vustu do?
Clarice.	Non dico questo. Ma...
Pantalone.	Ma e mo, la xe finia. Schiavo, siori. *(vuol partire).*
Beatrice.	Udite... *(a Pantalone).*
Pantalone.	Sè mario e muggier. *(partendo).*
Clarice.	Piuttosto... *(a Pantalone).*
Pantalone.	Stassera la descorreremo. *(parte).*

Scena ventiduesima

Beatrice e Clarice.

Clarice.	Ah, signora Beatrice, esco da un affanno per entrare in un altro.
Beatrice.	Abbiate pazienza. Tutto può succedere, fuor, ch'io vi sposi.
Clarice.	E se Silvio mi crede infedele?
Beatrice.	Durerà per poco l'inganno.
Clarice.	Se gli potessi svelare la verità...
Beatrice.	Io non vi disimpegno dal giuramento.
Clarice.	Che devo fare dunque?
Beatrice.	Soffrire un poco.
Clarice.	Dubito che sia troppo penosa una tal sofferenza.
Beatrice.	Non dubitate, che dopo i timori, dopo gli affanni, riescono più graditi gli amorosi contenti. *(parte).*
Clarice.	Non posso lusingarmi di provar i contenti, finché mi vedo circondata da pene. Ah, pur troppo egli è vero: in questa vita per lo più o si pena, o si spera, e poche volte si gode. *(parte).*

PANTALON. Madame ma fille, je vais de ce pas dire ce qu'il faut à sior Silvio.

CLARICE. Ne le mettez pas en colère, pour l'amour du ciel.

PANTALON. Qu'est-ce donc ? Vous en voudriez deux ?

CLARICE. Je ne dis pas cela. Mais...

PANTALON. Mais, mais... en voilà assez. Serviteur. *(Il se prépare à partir.)*

BÉATRICE *(à Pantalon)*. Ecoutez...

PANTALON *(s'en allant)*. Vous êtes mari et femme.

CLARICE *(à Pantalon)*. Plutôt...

PANTALON. Ce soir on discutera. *(Il s'en va.)*

Scène 22

Béatrice et Clarice.

CLARICE. Ah, madame Béatrice, je sors d'une angoisse pour tomber dans une autre.

BÉATRICE. Prenez patience. Tout peut arriver, sauf que je vous épouse.

CLARICE. Mais Silvio, s'il me croit infidèle ?

BÉATRICE. Il sera vite détrompé.

CLARICE. Si je pouvais lui révéler la vérité...

BÉATRICE. Je ne vous dégage pas de votre serment.

CLARICE. Que dois-je donc faire ?

BÉATRICE. Souffrir un peu.

CLARICE. Je crains qu'une telle souffrance ne soit trop dure.

BÉATRICE. Ne craignez rien, car après les inquiétudes, après les angoisses, les satisfactions de l'amour sont encore plus douces. *(Elle s'en va.)*

CLARICE. Je ne peux pas me flatter d'éprouver de satisfactions, tant que je me vois assaillie de tourments. Ah, hélas, il est bien vrai : dans cette vie, le plus souvent, on connaît la souffrance ou l'espoir, mais rarement le plaisir. *(Elle s'en va.)*

ATTO SECONDO

Scena prima

(CORTILE IN CASA DI PANTALONE.)

Silvio e il dottore.

Silvio.	Signor padre, vi prego lasciarmi stare.
Dottore.	Fermati ; rispondimi un poco.
Silvio.	Sono fuori di me.
Dottore.	Per qual motivo sei tu venuto nel cortile del signor Pantalone ?
Silvia.	Perché voglio, o che egli mi mantenga quella parola che mi ha dato, o che mi renda conto del gravissimo affronto.
Dottore.	Ma questa è una cosa che non conviene farla nella propria casa di Pantalone. Tu sei un pazzo a lasciarti trasportar dalla collera.
Silvia.	Chi tratta male con noi, non merita alcun rispetto.
Dottore.	È vero[1], ma non per questo si ha da precipitare. Lascia fare a me, Silvio mio, lascia un po' ch'io gli parli ; può essere ch'io lo illumini e gli faccia conoscere il suo dovere.

1. Ed. 1753 : « ... vero, Pantalone manca al dovere di galan-tuomo, »

ACTE II

Scène 1

(Une cour chez Pantalon.)

Silvio et le Docteur.

SILVIO.	Monsieur mon père, je vous prie de me laisser.
DOCTEUR.	Arrête et réponds-moi.
SILVIO.	Je suis hors de moi.
DOCTEUR.	Pourquoi es-tu venu dans la cour de Monsieur Pantalon ?
SILVIO.	Parce que je veux qu'il tienne la parole qu'il m'a donnée, ou qu'il me rende raison de cet impardonnable affront.
DOCTEUR.	Mais ce n'est pas une chose à faire dans la maison même de Monsieur Pantalon. Es-tu fou de te laisser emporter par la colère ?
SILVIO.	Qui manque d'égards ne mérite aucun respect.
DOCTEUR.	C'est vrai[1], mais il ne faut pas pour autant courir à ta perte. Laisse-moi faire, mon cher Silvio, laisse-moi d'abord lui parler ; il se peut que j'éclaire sa raison et que je lui montre son devoir.

1. Ed. 1753 : « Pantalon manque à son devoir d'honnête homme ».

Ritirati in qualche loco, e aspettami; esci di questo cortile, non facciamo scene. Aspetterò io il signor Pantalone.

Silvio.	Ma io, signor padre...
Dottore.	Ma io, signor figliuolo, voglio poi esser obbedito.
Silvio.	Sì, v'obbedirò. Me n'anderò. Parlategli. Vi aspetto dallo speziale. Ma se il signor Pantalone persiste, avrà che fare con me. *(parte).*

Scena seconda

Il dottore, poi Pantalone.

Dottore.	Povero figliuolo, lo compatisco. Non doveva mai il signor Pantalone lusingarlo a tal segno, prima di essere certo della morte del torinese. Vorrei pure vederlo quieto, e non vorrei che la collera me lo facesse precipitare.
Pantalone.	(Cossa fa el Dottor in casa mia?) *(da sé).*
Dottore.	Oh, signor Pantalone, vi riverisco.
Pantalone.	Schiavo, sior Dottor. Giusto adesso vegniva a cercar de vu e de vostro fio.
Dottore.	Sì? Bravo; m'immagino che dovevate venir in traccia di noi, per assicurarci che la signora Clarice sarà moglie di Silvio.
Pantalone.	Anzi vegniva per dirve... *(mostrando difficoltà di parlare).*
Dottore.	No, non c'è bisogno di altre giustificazioni. Compatisco il caso in cui vi siete trovato. Tutto vi si passa in grazia della buona amicizia.

Retire-toi quelque part, et attends-moi ;
sors de cette cour, ne faisons pas
d'esclandre. C'est moi qui attendrai monsieur Pantalon.

SILVIO.   Mais moi, monsieur mon père...

DOCTEUR.   Mais moi, monsieur mon fils, je veux être
obéi.

SILVIO.   Oui, je vous obéirai. Je vais m'en aller.
Parlez-lui. Je vous attends chez l'apothi-
caire. Mais si monsieur Pantalon
s'obstine, il aura affaire à moi. *(Il s'en
va.)*

Scène 2

Le Docteur, puis Pantalon.

DOCTEUR.   Pauvre garçon, je le comprends. Jamais
monsieur Pantalon n'aurait dû le flatter
d'un tel espoir, avant d'être sûr de la
mort du Turinois. Je voudrais pourtant le
voir apaisé, et je ne voudrais pas que la
colère lui fasse perdre la tête.

PANTALON *(à part)*. Que fait le Docteur chez moi ?

DOCTEUR.   Oh, monsieur Pantalon, je vous salue.

PANTALON.   Serviteur, monsieur le Docteur. Je par-
tais justement vous voir, vous et votre
fils.

DOCTEUR.   Oui ? Bravo ; je suppose que vous nous
cherchiez pour nous assurer que madame
Clarice sera la femme de Silvio.

PANTALON *(manifestant des difficultés d'élocution)*. Je
venais vous dire au contraire...

DOCTEUR.   Non, vous n'avez aucun besoin de vous
justifier davantage. Je comprends dans
quelle situation vous vous êtes trouvé.
On vous passe tout au nom de notre
bonne amitié.

Pantalone.	Seguro, che considerando la promessa fatta a sior Federigo... *(titubando, come sopra).*
Dottore.	E colto all'improvviso da lui, non avete avuto tempo a riflettere ; e non avete pensato all'affronto che si faceva alla nostra casa.
Pantalone.	No se pol dir affronto, quando con un altro contratto...
Dottore.	So che cosa volete dire. Pareva a prima vista che la promessa col torinese fosse indissolubile, perché stipulata per via di contratto. Ma quello era un contratto seguito fra voi e lui ; e il nostro è confermato dalla fanciulla.
Pantalone.	Xe vero ; ma...
Dottore.	E sapete bene che in materia di matrimoni : *Consensus et non concubitus facit virum.*
Pantalone.	Mi no so de latin ; ma ve digo...
Dottore.	E le ragazze non bisogna sacrificarle.
Pantalone.	Aveu altro da dir ?
Dottore.	Per me ho detto.
Pantalone.	Aveu fenio ?
Dottore.	Ho finito.
Pantalone.	Possio parlar ?
Dottore.	Parlate.
Pantalone.	Sior dottor caro, con tutta la vostra dottrina...
Dottore.	Circa alla dote ci aggiusteremo. Poco più, poco meno non guarderò.
Pantalone.	Semo da capo. Voleu lassarme parlar ?

PANTALON *(hésitant, comme précédemment).* Il est sûr qu'en considérant la promesse faite à monsieur Federigo...

DOCTEUR. Mais il vous a pris à l'improviste et vous n'avez pas eu le temps de réfléchir ; et vous n'avez pas pensé à l'affront que vous infligiez à notre maison.

PANTALON. On ne peut pas parler d'affront quand par un autre contrat...

DOCTEUR. Je sais ce que vous voulez dire. Il semblait, à première vue, que l'engagement envers le Turinois fût indissoluble, puisqu'il avait été stipulé par contrat. Mais il s'agissait d'un contrat passé entre vous et lui ; et le nôtre est confirmé par la jeune fille.

PANTALON. C'est vrai mais...

DOCTEUR. Et vous savez bien qu'en matière de mariage : *consensus et non concubitus facit virum* [2].

PANTALON. Moi je n'entends rien au latin ; mais je vous dis...

DOCTEUR. Et les jeunes filles, il ne faut pas les sacrifier.

PANTALON. Vous avez autre chose à dire ?

DOCTEUR. Pour moi, j'ai dit.

PANTALON. Vous avez fini ?

DOCTEUR. J'ai fini.

PANTALON. Puis-je parler ?

DOCTEUR. Parlez.

PANTALON. Cher monsieur le Docteur, avec toute votre érudition...

DOCTEUR. Pour la dot, nous nous arrangerons. Un peu plus, un peu moins, je ne serai pas regardant.

PANTALON. Ça recommence. Vous voulez me laisser parler ?

2. « C'est le consentement et non la consommation qui fait le mariage. »

Dottore.	Parlate.
Pantalone.	Ve digo che la vostra dottrina xe bellare bona ; ma in sto caso no la conclude[2].

Dottore.	E voi comporterete che segua un tal matrimonio ?
Pantalone.	Per mi giera impegnà, che no me podeva cavar. Mia fia xe contenta ; che difficoltà possio aver ? Vegniva a posta a cercar de vu o de sior Silvio, per dirve sta cossa. La me despiase assae, ma non ghe vedo remedio.

Dottore.	Non mi maraviglio della vostra figliuola ; mi maraviglio di voi, che trattiate sì malamente con me. Se non eravate sicuro della morte del signor Federigo, non avevate a impegnarvi col mio figliuolo ; e se con lui vi siete impegnato, avete a mantener la parola a costo di tutto. La nuova della morte di Federigo giustificava bastantemente, anche presso di lui, la vostra nuova risoluzione, né poteva egli rimproverarvi, né aveva luogo a pretendere veruna soddisfazione. Gli sponsali contratti questa mattina fra la signora Clarice ed il mio figliuolo *coram testibus,* non potevano essere sciolti da una semplice parola data da voi ad un altro.

2. Ed. 1753 : « ... non conclude. Sior Federigo el xe dessù in camera co mia fia, e se vu savè tutte le regole dei sposalizi, credo che a questo no ghe manca niente. — DOTT. — Come ? è fatto ogni cosa ? — PANT. — Tutto. — DOTT. — L'amico è in camera ? — PANT. — Ghe l'ho lassà za un poco. — DOTT. — E la signora Clarice lo ha sposato, così su due piedi, senza una minima difficoltà ? — PANT. — No saveu come che le xe le donne ? le se volta come le bandiere. — DOTT. — E voi comporterete... ».

DOCTEUR. Parlez.

PANTALON. Je vous dis que votre érudition est belle et bonne ; mais dans le cas présent elle ne sert à rien[3].

DOCTEUR. Et vous, vous souffrirez qu'un tel mariage se fasse ?

PANTALON. Pour moi, j'étais engagé, et je ne pouvais pas reculer. Ma fille est contente ; quelle difficulté puis-je trouver ? Je venais tout exprès vous voir, vous ou monsieur Silvio, pour vous le dire. Je le regrette beaucoup, mais je n'y vois pas de remède.

DOCTEUR. De la part de votre fille, cela ne me scandalise pas ; mais vous, cela me scandalise que vous vous comportiez si mal envers moi. Puisque vous n'étiez pas sûr de la mort de monsieur Federigo, vous n'aviez pas à vous engager envers mon fils ; mais puisque vous vous êtes engagé envers lui, vous devez tenir votre parole à tout prix. L'annonce de la mort de Federigo justifiait assez, même à ses propres yeux, votre nouvelle décision et il n'aurait pu ni vous adresser des reproches, ni exiger que vous lui rendiez raison. Le mariage conclu ce matin entre madame Clarice et mon fils, *coram testibus*[4], ne pouvait être dissous par un simple engagement verbal que vous aviez pris envers un autre.

3. Ed. 1753 : « PANT. Monsieur Federigo, il est là-haut, dans la chambre, avec ma fille, et si vous connaissez bien les règles des mariages, je crois qu'en voilà un auquel il ne manque rien. — DOCT. Comment ? C'est fait, entièrement ? — PANT. Entièrement. — DOCT. L'ami est dans la chambre ? — PANT. Je l'y ai laissé il y a déjà un moment. — DOCT. Et madame Clarice l'a accepté pour époux, tout de go, sans la moindre difficulté ? — PANT. Vous ne savez pas comment sont les femmes ? Elles volent au vent comme les drapeaux. — DOCT. Et vous, vous souffrirez... ».

4. « en présence de témoins ».

Mi darebbe l'animo colle ragioni di mio
figliuolo render nullo ogni nuovo
contratto, e obbligar vostra figlia a pren-
derlo per marito ; ma mi vergognerei
d'avere in casa mia una nuora di così
poca riputazione, una figlia di un uomo
senza parola, come voi siete. Signor
Pantalone, ricordatevi che l'avete fatta a
me ; che l'avete fatta alla casa Lombardi ;
verrà il tempo che forse me la drovete
pagare : sì, verrà il tempo : *omnia tempus habent. (parte).*

Scena terza

Pantalone, poi Silvio.

Pantalone.	Andè, che ve mando. No me n'importa un figo, e no gh'ho paura de vu. Stimo più la casa Rasponi de cento case Lombardi. Un fio unico e ricco de sta qualità se stenta a trovarlo. L'ha da esser cussì.
Silvio.	(Ha bel dire mio padre. Chi si può tenere, si tenga.) *(da sé).*
Pantalone.	(Adesso, alla seconda de cambio). *(da sé, vedendo Silvio).*
Silvio.	Schiavo suo, signore. *(bruscamente).*
Pantalone.	Patron reverito. (La ghe fuma.) *(da sé).*
Silvio.	Ho inteso da mio padre un certo non so che ; crediamo poi che sia la verità ?

J'aurai la force, en faisant valoir les arguments de mon fils, d'obtenir l'annulation de tout autre contrat et d'obliger votre fille à le prendre pour mari ; mais j'aurais honte d'accueillir chez moi une bru sans honneur, la fille d'un homme sans parole, comme vous l'êtes. Monsieur Pantalon, rappelez-vous que c'est à moi que vous avez fait ce mauvais coup ; que c'est à la maison Lombardi que vous l'avez fait ; viendra le temps où peut-être vous devrez me le payer ; oui, il viendra, ce temps : *omnia tempus habent*[5]. *(Il s'en va.)*

Scène 3

Pantalon, puis Silvio.

PANTALON.   Allez, bon voyage. Je ne m'en soucie pas plus que d'une guigne, et je n'ai pas peur de vous. J'ai plus d'estime pour la maison Rasponi que pour cent maisons Lombardi. Un fils unique et riche, un homme de cette qualité, on a du mal à en trouver. Il faut que ce mariage se fasse

SILVIO *(à part).* Mon père a beau dire. Qui peut se retenir, qu'il se retienne.

PANTALON *(à part, voyant Silvio).* Et maintenant, au numéro deux.

SILVIO *(avec brusquerie).* Votre serviteur, monsieur.

PANTALON.   Tous mes respects. *(A part.)* Il écume de rage[6].

SILVIO.   J'ai appris de mon père un certain quelque chose ; faut-il croire que c'est la vérité ?

5. « chaque chose vient en son temps ».
6. Litt. « Il fume. » On peut préférer une traduction moliéresque comme « il enrage ».

Pantalone.   Co ghe l'ha dito so sior padre, sarà vero.

Silvio.   Sono dunque stabiliti gli sponsali della
                 signora Clarice col signor Federigo?

Pantalone.   Sior sì, stabiliti e conclusi.

Silvio.   Mi maraviglio che me lo diciate con tanta
                 temerità. Uomo senza parola, senza ripu-
                 tazione.

Pantalone.   Come parlela, padron? Co un omo vec-
                 chio della mia sorte la tratta cussì[3]?

Silvio.   Non so chi mi tenga che non vi passi da
                 parte a parte.

Pantalone.   Non son miga una rana, padron. In casa
                 mia se vien a far ste bulae?

Silvio.   Venite fuori di questa casa.

Pantalone.   Me maraveggio de ella, sior.

Silvio.   Fuori, se siete un uomo d'onore.

Pantalone.   Ai omeni della mia sorte se ghe porta
                 respetto.

Silvio.   Siete un vile, un codardo, un plebeo.

Pantalone.   Sè un tocco de temerario.

Silvio.   Eh, giuro al cielo... *(mette mano alla
                 spada).*

Pantalone.   Agiuto. *(mette mano al pistolese).*

---

3. Ed. 1753 : « ... la tratta cussì? — SILV. — Se non foste vecchio,
come siete, vi pelerei quella barba. — PANT. — Poderave anca esser
che mi ghe taggiasse i garettoli. — SIL. — Non so chi mi tenga... ».

PANTALON.	Puisque c'est votre père qui l'a dit, ça doit être vrai.
SILVIO.	Le mariage de madame Clarice avec monsieur Federigo est donc une chose décidée ?
PANTALON.	Oui monsieur, décidée et conclue.
SILVIO.	J'ai peine à croire que vous ayez le front de me le dire. Homme sans parole, homme sans honneur [7].
PANTALON.	Qu'est-ce que c'est que ce langage, monsieur ? Un homme de mon âge et de ma sorte, on le traite ainsi ?
SILVIO.	Je ne sais ce qui me retient de vous embrocher de part en part.
PANTALON.	Je ne suis pas une grenouille, monsieur. C'est dans ma propre maison qu'on vient jouer les fiers à bras ?
SILVIO.	Vous n'avez qu'à sortir.
PANTALON.	Je n'en crois par mes oreilles, monsieur.
SILVIO.	Dehors, monsieur, si vous êtes un homme d'honneur.
PANTALON.	Les hommes de ma sorte, on leur doit le respect.
SILVIO.	Vous êtes un couard, un lâche, un roturier.
PANTALON.	Et vous, un petit téméraire.
SILVIO.	Eh, je jure par le ciel... *(Il met la main à l'épée.)*
PANTALON.	Au secours. *(Il met la main à son poignard [8].)*

7. Ed. 1753 : « SIL. Si vous n'étiez pas vieux comme vous l'êtes, je vous arracherais la barbe. — PANT. Ça pourrait être moi qui vous coupe les jarrets. »

8. Couteau à large lame, courte, à double tranchant, qui faisait partie du costume traditionnel de Pantalon. Il était fabriqué à Pistoia.

Scena quarta

Beatrice colla spada alla mano, e detti.

Beatrice.	Eccomi; sono io in vostra difesa. *(a Pantalone, e rivolta la spada contro Silvio).*
Pantalone.	Sior zenero, me raccomando. *(a Beatrice).*
Silvio.	Con te per l'appunto desideravo di battermi. *(a Beatrice).*
Beatrice.	(Son nell'impegno). *(da sé).*
Silvio.	Rivolgi a me quella spada. *(a Beatrice).*
Pantalone.	Ah, sior zenero... *(timoroso).*
Beatrice.	Non è la prima volta che io mi sia cimentato. Son qui, non ho timore di voi. *(presenta la spada a Silvio).*
Pantalone.	Aiuto. No gh'è nissun? *(Parte correndo verso la strada. Beatrice e Silvio si battono. Silvio cade e lascia la spada in terra, a Beatrice gli presenta la punta al petto.)*

Scena quinta

Clarice e detti.

Clarice.	Oimè! Fermate. *(a Beatrice).*
Beatrice.	Bella Clarice, in grazia vostra dono a Silvio la vita; e voi, in ricompensa della mia pietà, ricordatevi del giuramento. *(parte).*

Scène 4

Béatrice, l'épée à la main, et les précédents.

BÉATRICE *(à Pantalon, en dégainant son épée contre Silvio).* Me voici ; je suis là, moi, pour vous défendre.

PANTALON *(à Béatrice).* Monsieur mon gendre, je compte sur vous.

SILVIO *(à Béatrice).* C'est contre toi précisément que je désirais me battre.

BÉATRICE *(à part).* Impossible de reculer.

SILVIO *(à Béatrice).* En garde[9] !

PANTALON *(effrayé).* Ah, monsieur mon gendre...

BÉATRICE.   Ce n'est pas la première fois que je me bats en duel. *(Présentant son épée à Silvio.)* Me voici, je n'ai pas peur de vous.

PANTALON.   Au secours. Il n'y a personne ? *(Il s'enfuit en courant vers la rue.)*

    Béatrice et Silvio se battent. Silvio tombe et abandonne son épée, et Béatrice lui met la pointe de la sienne sur la poitrine.

Scène 5

Clarice et les précédents.

CLARICE *(à Béatrice).* Hélas ! Arrêtez.

BÉATRICE.   Belle Clarice, pour l'amour de vous, je fais don de la vie à Silvio ; et vous, en remerciement de ma clémence, rappelez-vous votre serment. *(Elle s'en va.)*

---

9. Litt. « Tourne cette épée contre moi ! »

Scena sesta

Silvio e Clarice.

Clarice.	Siete salvo, o mio caro?
Silvio.	Ah, perfida ingannatrice! Caro a Silvio? Caro ad un amante schernito, ad uno sposo tradito?
Clarice.	No, Silvio, non merito i vostri rimproveri. V'amo, v'adoro, vi son fedele.
Silvio.	Ah menzognera! Mi sei fedele, eh? Fedeltà chiami prometter fede ad un altro amante?
Clarice.	Ciò non feci, né farò mai. Morirò, prima d'abbandonarvi[4].
Silvio.	Sento che vi ha impegnato con un giuramento.
Clarice.	Il giuramento non mi obbliga ad isposarlo.
Silvio.	Che cosa dunque giuraste?
Clarice.	Caro Silvio, compatitemi, non posso dirlo.
Silvio.	Per qual ragione?
Clarice.	Perché giurai di tacere.
Silvio.	Segno dunque che siete colpevole.

---

4. Ed. 1753: « ... abbandonarvi. — SILV. — Vostro padre assicurò il mio delle vostre nozze con Federigo. — CLAR. — Mio padre non poteva dirlo. — SILV. — Potea egli dire che Federigo era con voi. Nella vostra camera? — CLAR. — Non so negarlo. — SILV. — E vi par poco? E pretendete che io vi creda fedele, quand'altri è ammesso da voi a una confidenza sì grande? — CLAR. — Clarice sa custodir l'onor suo. — SILV. — Clarice non doveva lasciarsi avvicinare un amante, che la pretende in isposa. — CLAR. — Mio padre lo lasciò meco. — SILV. — E voi non lo vedeste malvolentieri. — CLAR. — Sarei fuggita con molto piacere. — SILV. — Sento che vi ha impegnato... ».

Scène 6

Silvio et Clarice.

CLARICE.   Etes-vous sain et sauf, ô mon bien-aimé ?

SILVIO.   Ah, perfide traîtresse ! Mon bien-aimé à Silvio ? Mon bien-aimé à un amant méprisé, à un époux bafoué ?

CLARICE.   Non, Silvio, je ne mérite pas vos reproches. Je vous aime, je vous adore, je vous suis fidèle.

SILVIO.   Ah, menteuse ! Tu m'es fidèle, hein ? c'est être fidèle que d'engager ta foi à un autre amant ?

CLARICE.   Je ne suis pas engagée et ne le serai jamais. Je mourrai plutôt que de vous abandonner [10].

SILVIO.   Je viens d'entendre que vous vous êtes engagée par serment.

CLARICE.   Le serment ne m'oblige pas à l'épouser.

SILVIO.   Qu'avez-vous donc juré ?

CLARICE.   Cher Silvio, épargnez-moi, je ne peux pas le dire.

SILVIO.   Pour quelle raison ?

CLARICE.   Parce que j'ai juré de me taire.

SILVIO.   C'est donc la preuve que vous êtes coupable.

---

10. Ed. de 1753 : « SIL. Votre père a confirmé au mien votre mariage avec Federigo. — CLA. Mon père n'a pas pu dire cela. — SIL. Il a pu dire que Federigo était avec vous. Dans votre chambre ? — CLA. Je ne peux le nier. — SIL. Et vous trouvez que ce n'est rien ? Et vous voulez que je vous croie fidèle, quand vous accordez à un autre une telle familiarité ? — CLA. Clarice sait défendre son honneur. — SIL. Clarice n'aurait pas dû tolérer auprès d'elle un homme qui prétendait l'épouser. CLA. C'est mon père qui l'a laissé avec moi. — SIL. Et vous ne l'avez pas vu sans plaisir. — CLA. Je me serais enfuie avec un plus grand plaisir. — SIL. Je viens d'entendre... ».

Clarice.   No, sono innocente.

Silvio.   Gl'innocenti non tacciono.

Clarice.   Eppure questa volta rea mi farei parlando.

Silvio.   Questo silenzio a chi l'avete giurato?

Clarice.   A Federigo.

Silvio.   E con tanto zelo l'osserverete?

Clarice.   L'osserverò per non divenire spergiura.

Silvio.   E dite di non amarlo? Semplice chi vi crede. Non vi credo io già, barbara, ingannatrice! Toglietevi dagli occhi miei.

Clarice.   Se non vi amassi, non sarei corsa qui a precipizio per difendere la vostra vita.

Silvio.   Odio anche la vita, se ho da riconoscerla da un'ingrata.

Clarice.   Vi amo con tutto il cuore.

Silvio.   Vi aborrisco con tutta l'anima.

Clarice.   Morirò, se non vi placate.

Silvio.   Vedrei il vostro sangue più volentieri della infedeltà vostra.

Clarice.   Saprò soddisfarvi. *(toglie la spada di terra)* [5].

Silvio.   Sì, quella spada potrebbe vendicare i miei torti.

Clarice.   Così barbaro colla vostra Clarice?

Silvio.   Voi mi avete insegnata la crudeltà.

Clarice.   Dunque bramate la morte mia?

Silvio.   Io non so dire che cosa brami.

Clarice.   Vi saprò compiacere. *(volta la punta al proprio seno).*

---

5. Ed. 1753: « ... soddisfarvi. — SILV. — E io vi starò a vedere. (Già so che non avrà cuore di farlo). (da sé). — CLAR. — Questa spada vi renderà dunque contento. (Vo' vedere sin dove arriva la sua crudeltà.) (da sé). — SILV. — Quella spada potrebbe... ».

CLARICE.   Non, je suis innocente.

SILVIO.   Les innocents ne se taisent pas.

CLARICE.   En ce cas pourtant, je serais coupable de parler.

SILVIO.   Ce silence, à qui l'avez-vous juré ?

CLARICE.   A Federigo.

SILVIO.   Et vous le respectez avec tant d'empressement ?

CLARICE.   Pour ne pas devenir parjure.

SILVIO.   Et vous prétendez ne pas l'aimer ? Bien naïf qui vous croirait. Mais moi je ne vous crois pas, barbare, traîtresse ! Otez-vous de ma vue.

CLARICE.   Si je ne vous aimais pas, je ne me serais pas précipitée pour défendre votre vie.

SILVIO.   Je hais la vie, si je la dois à une ingrate

CLARICE.   Je vous aime de tout mon cœur.

SILVIO.   Je vous hais de toute mon âme.

CLARICE.   Je mourrai, si vous n'apaisez pas votre courroux.

SILVIO.   Je préférerais vous voir morte plutôt qu'infidèle.

CLARICE *(ramassant l'épée).* Je saurai vous satisfaire [11].

SILVIO.   Oui, cette épée pourrait venger les torts qui me sont faits.

CLARICE.   Etre si barbare avec votre Clarice ?

SILVIO.   C'est vous qui m'avez appris la cruauté.

CLARICE.   Donc vous désirez ma mort ?

SILVIO.   Je ne sais ce que je désire.

CLARICE.   Je saurai vous complaire. *(Elle tourne la pointe de l'épée contre son sein.)*

11. Ed. de 1753 : « SIL. Et moi, je resterai pour le voir. *(A part.)* Je sais bien qu'elle n'aura pas le cœur de le faire. — CLA. Cette épée vous rendra donc pleinement content. *(A part.)* Je veux voir jusqu'où va sa cruauté. — SIL. Oui, cette épée pourrait... ».

Scena settima

Smeraldina e detti.

Smeraldina.   Fermatevi; che diamine fate? *(leva la spada a Clarice).* E voi, cane rinnegato, l'avreste lasciata morire? *(a Silvio).* Che cuore avete di tigre, di leone, di diavolo? Guardate lì il bel suggettino, per cui le donne s'abbiano a sbudellare! Oh siete pur buona, signora padrona. Non vi vuole più forse? Chi non vi vuol, non vi merita. Vada all'inferno questo sicario e voi venite meco, che degli uomini non ne mancano; m'impegno avanti sera trovarvene una dozzina.

(getta la spada in terra, e Silvio la prende).

Clarice.   *(Piangendo.)* Ingrato! Possibile che la mia morte non vi costasse un sospiro? Sì, mi ucciderà il dolore, morirò, sarete contento. Però vi sarà nota un giorno la mia innocenza, e tardi allora, pentito di non avermi creduto, piangerete la mia sventura e la vostra barbara crudeltà. *(parte).*

Scena ottava

Silvio e Smeraldina.

Smeraldina.   Questa è una cosa che non so capire. Veder una ragazza che si vuol ammazzare,

Scène 7

Sméraldine et les précédents.

SMÉRALDINE. Arrêtez; que diable faites-vous donc?
(Elle enlève l'épée à Clarice. A Silvio.) Et
vous, chien de renégat, vous l'auriez
laissée mourir? Vous avez le cœur de
quoi? d'un tigre, d'un lion, d'un démon?
Regardez ça, le joli bibelot, pour qui les
femmes devraient s'étriper. Oh, vous
êtes trop bonne, madame ma maîtresse!
Il ne veut plus de vous, peut-être? Qui
ne vous veut pas ne vous mérite pas.
Qu'il aille en enfer, ce bretteur, et vous,
venez avec moi, parce que les hommes, il
n'en manque pas, et je m'engage à vous
en trouver une douzaine avant ce soir.
(Elle jette l'épée par terre.)

Silvio ramasse l'épée.

CLARICE *(pleurant)*. Ingrat! Est-il possible que ma mort
ne vous eût pas coûté un seul soupir?
Oui, la douleur me tuera; je mourrai,
vous serez content. Un jour pourtant
vous reconnaîtrez mon innocence et
alors, mais trop tard, vous vous repenti-
rez de ne pas m'avoir crue, vous pleure-
rez mon malheur et votre barbare
cruauté. *(Elle s'en va.)*

Scène 8

Silvio et Sméraldine.

SMÉRALDINE. C'est une chose que je ne comprends pas.
Voir une jeune fille qui veut se tuer,

	e star lì a guardarla, come se vedeste rappresentare una scena di commedia.
Silvio.	Pazza che sei! Credi tu ch'ella si volesse uccider davvero?
Smeraldina.	Non so altro io; so che, se non arrivavo a tempo, la poverina sarebbe ita.
Silvio.	Vi voleva ancor tanto prima che la spada giungesse al petto.
Smeraldina.	Sentite che bugiardo! Se stava lì lì per entrare.
Silvio.	Tutte finzioni di voi altre donne.
Smeraldina.	Sì, se fossimo come voi. Dirò, come dice il proverbio: noi abbiamo le voci, e voi altri avete le noci. Le donne hanno la fama di essere infedeli, e gli uomini commettono le infedeltà a più non posso. Delle donne si parla, e degli uomini non si dice nulla. Noi siamo criticate, e a voi altri si passa tutto. Sapete perché? Perché le leggi le hanno fatte gli uomini; che se le avessero fatte le donne, si sentirebbe tutto il contrario. S'io comandassi, vorrei che tutti gli uomini infedeli portassero un ramo d'albero in mano, e so che tutte le città diventerebbero boschi. *(parte)*.

et rester là, à regarder, comme si vous assistiez à une scène de comédie.

SILVIO. Folle que tu es! Tu crois, toi, qu'elle voulait se tuer pour de bon?

SMÉRALDINE. Je ne sais rien, moi; je sais que si je n'étais pas arrivée à temps, la pauvrette aurait trépassé.

SILVIO. Il s'en fallait encore de beaucoup que l'épée atteignît son sein.

SMÉRALDINE. Ecoutez ce menteur! Elle était presque entrée dans la chair.

SILVIO. Tout cela, ce sont grimaces à vous autres femmes.

SMÉRALDINE. Grimaces, si nous étions comme vous. Mais je dirai comme le proverbe : c'est sur nous qu'on fait des chansons, et c'est vous qui tenez la flûte [12]. Les femmes, on leur prête les infidélités, et c'est les hommes qui en font, tant et plus. On parle des femmes, et on ne dit rien des hommes. Nous, on nous critique, et à vous autres, on vous passe tout. Savez-vous pourquoi? Parce que les lois, ce sont les hommes qui les ont faites, et si c'étaient les femmes, on entendrait dire exactement le contraire. Si je commandais, moi, je voudrais que tous les hommes infidèles portent une branche d'arbre à la main, et je sais que toutes les villes deviendraient des forêts. (*Elle s'en va.*)

---

12. Le sens général de la tirade est qu'on accuse les femmes alors que les coupables sont les hommes. Goldoni oppose ce qui est dit (contre les femmes) et ce qui est fait (par les hommes). De plus, il joue sur la rime et le sous-entendu : « nous, nous avons les rumeurs (*voci,* voix), et vous vous avez les noix *(noci)* ».

Scena nona

Silvio solo.

Silvio.

Sì, che Clarice è infedele[6], e col pretesto
di un giuramento affetta di voler celare la
verità. Ella è una perfida, e l'atto di
volersi ferire fu un'invenzione per ingan-
narmi, per muovermi a compassione di
lei. Ma se il destino mi fece cadere a
fronte del mio rivale, non lascierò mai il
pensiero di vendicarmi. Morirà quell'in-
degno, e Clarice ingrata vedrà nel di lui
sangue il frutto de' suoi amori. *(parte)*.

Scena decima

(SALA DELLA LOCANDA CON DUE PORTE IN PROSPETTO
E DUE LATERALI.)

Truffaldino, poi Florindo.

Truffaldino.

Mo gran desgrazia che l'è la mia! De do
padroni nissun è vegnudo ancora a disnar. L'è do ore che è sonà mezzozorno, e
nissun se vede. I vegnirà po tutti do in
una volta, e mi sarò imbroiado; tutti do
no li poderò servir, e se scovrirà la
fazenda. Zitto, zitto, che ghe n'è qua un.
Manco mal.

Florindo.

Ebbene, hai ritrovato codesto Pasquale?

6. Ed. 1753 : « infedele, confessa essere stata da solo a sola con
Federigo, e col pretesto... ».

Scène 9

Silvio seul.

SILVIO.   Bien sûr, Clarice est infidèle [13], et sous
prétexte d'un serment, elle s'arrange
pour cacher la vérité. C'est une perfide,
et son désir de se percer le sein n'était
qu'une invention pour me tromper, pour
exciter ma pitié. Mais même si le sort m'a
fait tomber devant mon rival, je ne
renoncerai jamais à la vengeance. Il
mourra, l'infâme, et l'ingrate Clarice
verra dans son sang répandu le fruit de
ses amours. *(Il s'en va.)*

Scène 10

(SALLE DE L'AUBERGE AVEC DEUX PORTES SUR LE FOND
ET DEUX PORTES LATÉRALES)

Truffaldin, puis Florindo.

TRUFFALDIN.   J'ai bien du malheur moi ! De mes deux
patrons, aucun n'est encore venu déjeu-
ner. Ça fait deux heures que midi a
sonné, et personne en vue. Tout à l'heure
ils vont arriver tous les deux à la fois, et
moi je serai dans le pétrin ; les servir tous
les deux, je n'y arriverai pas, et on
découvrira l'embrouille. Chut, chut, en
voilà un. Ce n'est pas malheureux.

FLORINDO.   Eh bien, as-tu retrouvé ton Pasquale ?

---

13. Ed. de 1753 « Elle avoue être restée seule avec Federigo, et
sous prétexte... »

Truffaldino.   No avemio dito, signor, che el cercherò
dopo che averemo disnà?

Florindo.   Io sono impaziente.

Truffaldino.   El doveva vegnir a disnar un poco più
presto.

Florindo.   (Non vi è modo ch'io possa assicurarmi
se qui si trovi Beatrice). *(da sé)*.

Truffaldino.   El me dis, andemo a ordinar el pranzo, e
po el va fora de casa. La roba sarà
andada de mal.

Florindo.   Per ora non ho volontà di mangiare. (Vo'
tornare alla Posta. Ci voglio andare da
me; qualche cosa forse rileverò.) *(da sé)*.

Truffaldino.   La sappia, signor, che in sto paese bisogna magnar, e chi no magna, s'ammala.

Florindo.   Devo uscire per un affar di premura. Se
torno a pranzo, bene; quando no, man-
gerò questa sera. Tu, se vuoi, fatti dar da
mangiare.

Truffaldino.   Oh, non occorr'altro. Co l'è cussì, che el
se comoda, che l'è padron.

Florindo.   Questi danari mi pesano; tieni, mettili
nel mio baule. Eccoti la chiave. *(dà a
Truffaldino la borsa dei cento ducati e la
chiave)*.

Truffaldino.   La servo, e ghe porto la chiave.

Florindo.   No, no, me la darai. Non mi vo' tratte-
nere. Se non torno a pranzo, vieni alla
piazza; attenderò con impazienza che tu
abbia ritrovato Pasquale. *(parte)*.

TRUFFALDIN.   Nous n'avions pas dit, monsieur, que j'irai le chercher quand nous aurions déjeuné?

FLORINDO.   Je suis impatient.

TRUFFALDIN.   Il fallait venir déjeuner un peu plus tôt.

FLORINDO *(à part)*. Comment savoir si Béatrice est ici?

TRUFFALDIN.   Vous me dites: allons commander le repas, et puis vous vous en allez. Tout va être raté.

FLORINDO.   Pour l'instant, il ne s'agit pas de manger. *(A part.)* Je veux retourner à la poste. J'irai moi-même; je découvrirai peut-être quelque chose.

TRUFFALDIN.   Vous ne savez pas, monsieur, que dans ce pays, il faut manger? si on ne mange pas, on tombe malade.

FLORINDO.   Je dois sortir, pour une affaire urgente. Si je rentre pour déjeuner, c'est bien; sinon, je mangerai ce soir. Toi, si tu veux, fais-toi servir à manger.

TRUFFALDIN.   Oh, c'est tout ce qu'il me faut. Si c'est ça, prenez votre temps, c'est vous le patron.

FLORINDO.   Cette bourse est trop lourde; tiens; mets-la dans ma malle. Voici la clé. *(Il donne à Truffaldin la bourse avec les cent ducats, et la clé.)*

TRUFFALDIN.   J'y vais, et je vous rapporte la clé.

FLORINDO.   Non, non, tu me la donneras plus tard. Je ne veux pas perdre de temps. Si je ne rentre pas déjeuner, viens sur la place Saint-Marc; j'attendrai avec impatience que tu aies retrouvé Pasquale. *(Il s'en va.)*

Scena undicesima

*Truffaldino, poi Beatrice
con un foglio in mano.*

Truffaldino. Manco mal che l'ha dito che me fazza dar
da magnar ; cussì andaremo d'accordo.
Se nol vol magnar lu, che el lassa star. La
mia complession no l'è fatta per dezunar.
Vôi metter via sta borsa, e po subito…

Beatrice. Ehi, Truffaldino ?
Truffaldino. (Oh diavolo !) *(da sé).*
Beatrice. Il signor Pantalone de' Bisognosi ti ha
dato una borsa con cento ducati ?
Truffaldino. Sior sì, el me l'ha dada.
Beatrice. E perché dunque non me la dai ?

Truffaldino. Mo vienla a vussioria ?
Beatrice. Se viene a me ? Che cosa ti ha detto,
quando ti ha dato la borsa ?
Truffaldino. El m'ha dit che la daga al me padron.
Beatrice. Bene, il tuo padrone chi è ?
Truffaldino. Vussioria.
Beatrice. E perché domandi dunque, se la borsa è
mia ?
Truffaldino. Donca la sarà soa.
Beatrice. Dov'è la borsa ?
Truffaldino. Eccola qua. *(gli dà la borsa).*
Beatrice. Sono giusti ?
Truffaldino. Mi no li ho toccadi, signor.
Beatrice. (Li conterò poi). *(da sé).*
Truffaldino. (Aveva fallà mi colla borsa, ma ho rime-
dià. Cossa dirà quell'atro ? Se no i giera
soi, nol dirà niente). *(da sé).*
Beatrice. Vi è il padrone della locanda ?
Truffaldino. El gh'è, signor sì.

Scène 11

*Truffaldin, puis Béatrice,
une feuille à la main.*

TRUFFALDIN.   C'est encore heureux, il m'a dit de me faire donner à manger ; comme ça, on peut s'entendre. S'il ne veut pas manger, tant pis pour lui. Ma nature à moi n'est pas faite pour jeûner. Je vais ranger cette bourse, et puis tout de suite...

BÉATRICE.   Holà, Truffaldin ?

TRUFFALDIN *(à part).* Oh diable !

BÉATRICE.   Monsieur Pantalon dei Bisognosi t'a-t-il donné une bourse de cent ducats ?

TRUFFALDIN.   Oui monsieur, il me l'a donnée.

BÉATRICE.   Et pourquoi donc ne me la donnes-tu pas ?

TRUFFALDIN.   Ah bon, elle revient à votre seigneurie ?

BÉATRICE.   Si elle me revient ? Que t'a-t-il dit, quand il t'a donné cette bourse ?

TRUFFALDIN.   Il m'a dit de la donner à mon patron.

BÉATRICE.   Eh bien, ton patron, qui est-ce ?

TRUFFALDIN.   Votre seigneurie.

BÉATRICE.   Et pourquoi donc demandes-tu si la bourse est pour moi ?

TRUFFALDIN.   Donc elle est sûrement pour vous.

BÉATRICE.   Où est la bourse ?

TRUFFALDIN.   La voilà. *(Il lui donne la bourse.)*

BÉATRICE.   Il y a le compte ?

TRUFFALDIN.   Moi je n'y ai pas touché, monsieur.

BÉATRICE *(à part).* Je compterai plus tard.

TRUFFALDIN *(à part).* Je m'étais trompé pour la bourse ; mais j'ai arrangé ça. Que va dire l'autre ? Si ce n'était pas pour lui, il ne dira rien.

BÉATRICE.   Est-ce que l'aubergiste est là ?

TRUFFALDIN.   Il y est, oui monsieur.

Beatrice.	Digli che avrò un amico a pranzo con me; che presto presto procuri di accrescer la tavola più che può.
Truffaldino.	Come vorla restar servida? Quanti piatti comandela?
Beatrice.	Il signor Pantalone de' Bisognosi non è uomo di gran soggezione. Digli che faccia cinque o sei piatti; qualche cosa di buono.
Truffaldino.	Se remettela in mi?
Beatrice.	Sì, ordina tu, fatti onore, Vado a prender l'amico, che è qui poco lontano; e quando torno, fa che sia preparato. *(in atto di partire).*
Truffaldino.	La vederà, come la sarà servida.
Beatrice.	Tieni questo foglio, mettilo nel baule. Bada bene veh, che è una lettera di cambio di quattromila scudi.
Truffaldino.	No la se dubita, la metterò via subito.
Beatrice.	Fa che sia tutto pronto. (Povero signor Pantalone, ha avuto la grand paura. Ha bisogno di essere divertito). *(da sé, e parte).*

Scena dodicesima

Truffaldino, poi Brighella

Truffaldino.	Qua bisogna veder de farse onor. La prima volta che sto me padron me ordina un disnar, vôi farghe veder de son de bon gusto. Metterò via sta carta, e po... La metterò via dopo, no vôi perder tempo. Oè de là; gh'è nissun?

BÉATRICE.   Dis-lui que j'aurai un ami à déjeuner ;
qu'il s'arrange pour améliorer le plus
possible l'ordinaire.

TRUFFALDIN.   Comment souhaitez-vous le repas ? Combien de plats commandez-vous ?

BÉATRICE.   Monsieur Pantalon dei Bisognosi n'a pas
le goût des cérémonies. Dis-lui de faire
cinq ou six plats ; quelque chose de bon.

TRUFFALDIN.   Vous vous en remettez à moi ?

BÉATRICE.   Oui, compose le menu, distingue-toi. Je
vais chercher mon ami, qui n'est pas loin
d'ici ; et quand je reviendrai, tâche que
ce soit préparé.

TRUFFALDIN.   Vous allez voir comme vous serez servi.

BÉATRICE.   Prends ce papier, mets-le dans la malle.
Fais bien attention, hein, c'est une lettre
de change de quatre mille écus.

TRUFFALDIN.   N'ayez crainte, je vais tout de suite la
mettre de côté.

BÉATRICE.   Tâche que tout soit prêt. *(A part.)* Pauvre monsieur Pantalon, il a eu tellement
peur. Il a besoin qu'on lui change les
idées. *(Elle s'en va.)*

Scène 12

Truffaldin, puis Brighella.

TRUFFALDIN.   Ah ça, il faut voir à se distinguer. La
première fois où ce patron-là me fait
commander un déjeuner, je veux lui
montrer que je suis un homme de goût.
Je range ce papier et puis... Je le rangerai
après ; je ne veux pas perdre de temps.
Hoé [14], là-bas, y a quelqu'un ?

14. L'exclamation typiquement vénitienne *oè* (appel des gondoliers) est difficile à transcrire, car c'est un monosyllabe, bien différent de « ohé » et encore plus de « ouais ».

Chiameme missier Brighella, diseghe che ghe vôi parlar. *(verso la scena)*. No consiste tanto un bel disnar in te le pietanze, ma in tel bon ordine; val più una bella disposizion, che no val una montagna de piatti.

Brighella. Cossa gh'è, sior Truffaldin? Cossa comandeu da mi?

Truffaldino. El me padron el gh'ha un amico a disnar con lu; el vol che radoppiè la tavola, ma presto, subito. Aveu el bisogno in cusina?

Brighella. Da mi gh'è sempre de tutto. In mezz'ora posso metter all'ordine qualsesia disnar.

Truffaldino. Ben donca. Disìme cossa che ghe darè.

Brighella. Per do persone, faremo do portade de quattro piatti l'una; anderà ben?

Truffaldino. (L'ha dito cinque o sie piatti: sie o otto, no gh'è mal). Anderà ben. Cossa ghe sarà in sti piatti?

Brighella. Nella prima portada ghe daremo la zuppa, la frittura, el lesso e un fracandò.

Truffaldino. Tre piatti li cognosso; el quarto no so cossa che el sia.

Brighella. Un piatto alla franzese, un intingolo, una bona vivanda.

Truffaldino. Benissimo, la prima portada va ben; alla segonda.

Brighella. La segonda ghe daremo l'arrosto, l'insalata, un pezzo de carne pastizzada e un bodin.

Truffaldino. Anca qua gh'è un piatto che no cognosso; coss'è sto budellin?

Brighella. Ho dito un bodin, un piatto all'inglese, una cossa bona.

(*Vers la coulisse.*) Appelez-moi monsieur Brighella, dites-lui que je veux lui parler. Un déjeuner de fête, ce n'est pas tant le menu que le service ; mieux vaut une table bien disposée qu'une montagne de plats.

BRIGHELLA.   Qu'y a-t-il, monsieur Truffaldin ? Que voulez-vous de moi ?

TRUFFALDIN.   Mon patron, il a un ami à déjeuner ; il veut que vous doubliez le menu, mais vite, immédiatement. Avez-vous ce qu'il faut à la cuisine ?

BRIGHELLA.   Chez moi, il y a toujours de tout. En une demi-heure, je peux organiser n'importe quel déjeuner.

TRUFFALDIN.   C'est bien. Dites-moi ce que vous allez lui donner.

BRIGHELLA.   Pour deux personnes, nous ferons deux services de quatre plats chacun ; ça ira bien ?

TRUFFALDIN (*à part*). Il a dit cinq ou six plats ; six ou huit, peu importe. (*Haut.*) Ça ira bien. Qu'est-ce qu'il y aura dans ces plats ?

BRIGHELLA.   Pour le premier service, nous donnerons : la soupe, la friture, le bouilli et le fricandeau.

TRUFFALDIN.   Trois plats, je les connais ; le quatrième, je ne sais pas ce que c'est.

BRIGHELLA.   Un plat à la française, un ragoût, une bonne recette.

TRUFFALDIN.   Très bien ; le premier service, ça va ; au deuxième.

BRIGHELLA.   Pour le deuxième nous donnerons : le rôti, la salade, une pièce de viande en croûte, et un boudingue.

TRUFFALDIN.   Là aussi il y a un plat que je ne connais pas ; qu'est-ce que c'est que ce boudin-là ?

BRIGHELLA.   J'ai dit un boudingue, un plat à l'anglaise, quelque chose de bon.

Truffaldino.	Ben, son contento; ma come disponeremio le vivande in tavola?
Brighella.	L'è una cossa facile. El camerier farà lu.
Truffaldino.	No, amigo, me preme la scalcaria; tutto consiste in saver metter in tola ben.
Brighella.	Se metterà, per esempio, qua la soppa, qua el fritto, qua l'alesso e qua el fracandò. *(accenna una qualche distribuzione).*
Truffaldino.	No, no me piase; e in mezzo no ghe mettè gnente?
Brighella.	Bisognerave che fessimo cinque piatti.
Truffaldino.	Ben, far cinque piatti.
Brighella.	In mezzo ghe metteremo una salsa per el lesso.
Truffaldino.	No, no savè gnente, caro amigo; la salsa no va ben in mezzo; in mezzo ghe va la minestra.
Brighella.	E da una banda metteremo el lesso, e da st'altra la salsa...
Truffaldino.	Oibò, no faremo gnente. Voi altri locandieri savì cusinar, ma no savì metter in tola. Ve insegnerò mi. Fe conto che questa sia la tavola. *(s'inginocchia con un ginocchio, e accenna il pavimento).* Osservè come se distribuisse sti cinque piatti; per esempio: qua in mezzo la minestra. *(straccia un pezzo della lettera di cambio, e figura di mettere per esempio un piatto nel mezzo).* Qua da sta parte el lesso. *(fa lo stesso, stracciando un altro pezzo di lettera, e mettendo il pezzo da un canto).* Da st'altra parte el fritto. *(fa lo stesso con un altro pezzo di lettera, ponendolo all'incontro dell'atro).* Qua la salsa, e qua el piatto che no cognosso. *(con altri due pezzi della lettera compisce la figura di cinque piatti).* Cossa ve par? Cussì anderala ben? *(a Brighella).*

TRUFFALDIN. Bien, ça me va; mais comment allons-nous disposer les plats sur la table?

BRIGHELLA. C'est facile. Le garçon s'en chargera.

TRUFFALDIN. Non, l'ami, je tiens à l'ordonnance du repas; l'essentiel, c'est de bien savoir dresser la table.

BRIGHELLA *(indiquant une disposition quelconque)*. On mettra, par exemple, ici la soupe, ici la friture, ici le bouilli et ici le fricandeau.

TRUFFALDIN. Non, ça ne me plaît pas; et au milieu, vous ne mettez rien?

BRIGHELLA. Il faudrait que nous fassions cinq plats.

TRUFFALDIN. Alors, faites cinq plats.

BRIGHELLA. Au milieu nous mettrons une sauce pour le bouilli.

TRUFFALDIN. Non, vous n'y connaissez rien, cher ami; la sauce au milieu, ça ne va pas; au milieu, c'est la soupe.

BRIGHELLA. Et d'un côté nous mettrons le bouilli, et de l'autre la sauce.

TRUFFALDIN. Oh là, nous n'arriverons à rien. Vous autres aubergistes vous savez faire la cuisine, mais vous ne savez pas dresser une table. Je vais vous apprendre, moi. Imaginez que ça, c'est la table. *(Il met un genou en terre et montre le carrelage.)* Regardez comment on dispose les cinq plats; par exemple, ici au milieu la soupe. *(Il déchire un morceau de la lettre de change et fait comme s'il mettait un plat au milieu.)* Ici de ce côté, le bouilli, *(Il recommence, déchirant un autre morceau de la lettre et le mettant d'un côté.)* De l'autre côté la friture. *(Il recommence avec un autre morceau de la lettre, et le met de l'autre côté.)* Ici la sauce, et ici le plat que je ne connais pas. *(Avec deux autres morceaux de la lettre il complète le dessin des cinq plats.)* Qu'est-ce que vous en dites? Ça ira bien?

Brighella.	Va ben ; ma la salsa l'è troppo lontana dal lesso.
Truffaldino.	Adesso vederemo come se pol far a tirarla più da visin.

Scena tredicesima

Beatrice, Pantalone e detti.

Beatrice.	Che cosa fai ginocchioni? *(a Truffaldino)*.
Truffaldino.	Stava qua disegnando la scalcaria. *(s'alza)*.
Beatrice.	Che foglio è quello ?
Truffaldino.	(Oh diavolo ! la lettera che el m'ha dà !) *(da sé)*.
Beatrice.	Quella è la mia cambiale.
Truffaldino.	La compatissa. La torneremo a unir...

Beatrice. Briccone ! Così tieni conto delle cose mie ? Di cose di tanta importanza ? Tu meriteresti che io ti bastonassi. Che dite, signor Pantalone ? Si può vedere una schiocchezza maggior di questa ?

Pantalone. In verità che la xe da rider. Sarave mal se no ghe fusse caso de remediarghe ; ma co mi ghe ne fazzo un'altra, le xe giustada.

Beatrice. Tant'era se la cambiale veniva di lontan paese. Ignorantaccio !

Truffaldino.	Tutto el mal l'è vegnù, perché Brighella no sa metter i piatti in tola.
Brighella.	El trova difficoltà in tutto.
Truffaldino.	Mi son un omo che sa...
Beatrice.	Va via di qua. *(a Truffaldino)*.
Truffaldino.	Val più el bon ordine...
Beatrice.	Va via, ti dico.

BRIGHELLA.   Ça va bien ; mais la sauce est trop loin du bouilli.

TRUFFALDIN.   Eh bien, on va voir comment on peut faire pour la rapprocher.

Scène 13

Béatrice, Pantalon et les précédents.

BÉATRICE *(à Truffaldin)*. Que fais-tu à genoux ?

TRUFFALDIN *(se levant)*. J'étais en train de dessiner l'ordonnance de la table.

BÉATRICE.   Ce papier, qu'est-ce que c'est ?

TRUFFALDIN *(à part)*. Oh diable ! la lettre qu'il m'a donnée !

BÉATRICE.   Mais c'est ma lettre de change.

TRUFFALDIN.   Excusez-moi. Nous allons recoller les morceaux.

BÉATRICE.   Vaurien ! C'est comme ça que tu prends soin de mes affaires ? Des affaires d'une telle importance ? Tu mériterais que je te donne des coups de bâton. Qu'en dites-vous, monsieur Pantalon ? Est-il possible d'être plus sot ?

PANTALON.   En vérité, il y a de quoi rire. Ce serait un malheur si on ne pouvait y remédier ; mais je vous en refais une autre, et tout est arrangé.

BÉATRICE.   C'eût été la même chose si la lettre de change était venue d'un pays lointain. Imbécile que tu es !

TRUFFALDIN.   Tout le mal est venu de ce que Brighella ne sait pas dresser une table.

BRIGHELLA.   Il trouve à redire à tout.

TRUFFALDIN.   Moi je m'y connais...

BÉATRICE *(à Truffaldin)*. Va-t'en d'ici.

TRUFFALDIN.   Une belle disposition vaut mieux...

BÉATRICE.   Va-t'en, te dis-je.

Truffaldino.	In materia de scalcheria no ghe la cedo al primo marescalco del mondo. *(parte).*
Brighella.	No lo capisso quell'omo : qualche volta l'è furbo, e qualche volta l'è alocco.
Beatrice.	Lo fa lo sciocco, il briccone. Ebbene, ci darete voi da pranzo ? *(a Brighella).*
Brighella.	Se la vol cinque piatti per portada, ghe vol un poco de tempo.
Pantalone.	Coss'è ste portade ? Coss'è sti cinque piatti ? Alla bona, alla bona. Quattro risi, un per de piatti, e schiavo. Mi no son omo de suggizion.
Beatrice.	Sentite ? Regolatevi voi. *(a Brighella).*
Brighella.	Benissimo ; ma averia gusto, se qualcossa ghe piasse, che la me lo disesse.
Pantalone.	Se ghe fusse delle polpette per mi, che stago mal de denti, le magneria volentiera.
Beatrice.	Sentite ? Delle polpette. *(a Brighella).*
Brighella.	La sarà servida. La se comoda in quella camera, che adessadesso ghe mando in tola.
Beatrice.	Dite a Truffaldino che venga a servire.
Brighella.	Ghe lo dirò, signor. *(parte).*

Scena quattordicesima

Beatrice, Pantalone,
poi Camerieri, poi Truffaldino.

Beatrice.	Il signor Pantalone si contenterà di quel poco che daranno.
Pantalone.	Me maraveggio, cara ella ; xe anca troppo l'incomodo che la se tol ;

TRUFFALDIN.   Pour l'ordonnance de la table, je ne le
                cède en rien au meilleur écuyer tranchant
                du monde. *(Il s'en va.)*

BRIGHELLA.   Je ne le comprends pas, ce garçon ; tantôt
                il est rusé, tantôt il est stupide.

BÉATRICE.   Il joue les imbéciles, ce vaurien. Eh bien,
                nous donnez-vous à déjeuner ?

BRIGHELLA.   Si vous voulez cinq plats par service, il
                faut attendre un peu.

PANTALON.   Qu'est-ce que ça veut dire, plusieurs
                services ? Qu'est-ce que ça veut dire, cinq
                plats ? Sans façons, sans façons. Trois
                grains de riz, un ou deux plats, et bon-
                soir ! Je n'aime pas les cérémonies.

BÉATRICE *(à Brighella)*. Vous entendez ? Faites pour le
                mieux.

BRIGHELLA.   Très bien ; mais je serais content, si vous
                aimez quelque chose, que vous me le disiez.

PANTALON.   S'il y avait des croquettes pour moi, qui
                n'ai pas de bonnes dents, j'en mangerais
                volontiers.

BÉATRICE *(à Brighella)*. Vous entendez ? Des croquettes.

BRIGHELLA.   A votre service. Installez-vous [15], je vous
                fais mettre le couvert tout de suite.

BÉATRICE.   Dites à Truffaldin qu'il vienne servir.

BRIGHELLA.   Je le lui dirai, monsieur. *(Il s'en va.)*

Scène 14

Béatrice, Pantalon,
puis des garçons, puis Truffaldin.

BÉATRICE.   Monsieur Pantalon devra se contenter du
                peu qu'on nous donnera.

PANTALON.   Que dites-vous, cher monsieur ! C'est
                encore trop de peine que vous prenez ;

15. Ici une indication scénique (« *dans cette chambre* »), à laquelle
le geste peut suppléer.

quel che averave da far mi con elo, el fa
elo con mi ; ma la vede ben, gh'ho quella
putta in casa ; fin che no xe fatto tutto, no
xe lecito che la staga insieme. Ho accettà
le so grazie per devertirme un pochetto ;
tremo ancora dalla paura. Se no gieri vu,
fio mio, quel cagadonao me sbasiva.

Beatrice.   Ho piacere d'essere arrivato in tempo.

*(I Camerieri portano nella camera
indicata da Brighella
tutto l'occorrente per preparare la tavola,
con bicchieri, vino, pane ecc.)*

Pantalone.   In sta locanda i xe molto lesti.
Beatrice.   Brighella è un uomo di garbo. In Torino
serviva un gran cavaliere, e porta ancora
la sua livrea.
Pantalone.   Ghe xe anca una certa locanda sora
Canal Grando, in fazza alle Fabbriche de
Rialto, dove che se magna molto ben ;
son stà diverse volte con certi galanto-
meni, de quei della bona stampa, e son
stà cussì ben, che co me l'arrecordo,
ancora me consolo. Tra le altre cosse me
recordo d'un certo vin de Borgogna che
el dava el becco alle stelle.
Beatrice.   Non vi è maggior piacere al mondo, oltre
quello di essere in buona compagnia.

ce que vous faites pour moi, c'est moi qui aurais dû le faire pour vous ; mais vous comprenez bien ; j'ai une jeune fille à la maison ; tant que tout n'est pas conclu, il n'est pas convenable que vous restiez ensemble. J'ai accepté votre courtoisie, pour me distraire un petit peu ; je tremble encore de peur. Sans vous, mon fils, ce petit péteux m'étendait raide.

BÉATRICE.   Je suis heureux d'être arrivé à temps.

Les garçons [16] *de l'auberge apportent dans la chambre indiquée par Brighella tout ce qu'il faut pour préparer la table, des verres, du vin, du pain, etc.*

PANTALON.   Dans cette auberge on est très rapide.

BÉATRICE.   Brighella est un homme accompli. A Turin il servait un noble Chevalier et il porte encore sa livrée.

PANTALON.   Il y a aussi une auberge sur le Grand Canal, en face des Manufactures du Rialto, où on mange très bien ; j'y suis allé plusieurs fois avec d'honnêtes gens, des hommes de la bonne espèce, et je m'y suis trouvé si bien que le souvenir seul me réchauffe le cœur. Entre autres choses je me rappelle un certain vin de Bourgogne, qui faisait pâlir les étoiles [17].

BÉATRICE.   Il n'y a pas de plus grand plaisir au monde que d'être en bonne compagnie.

16. Goldoni ne distingue pas, dans les didascalies, entre le « *cameriere che parla* » et les « *camerieri che non parlano* ». Je préfère traduire uniformément par « garçon », laissant aux praticiens le soin de répartir les mouvements et la parole.

17. L'expression vénitienne est mystérieuse et le dictionnaire de Boerio en donne divers équivalents. Ceux qui me semblent le mieux convenir au bourgogne désignent l'éclat de la couleur. Littéralement, il est difficile de ne pas penser à l'expression populaire « faire porter des cornes », ridiculiser. D'où le parti que j'ai pris de traduire « faire pâlir ».

Pantalone.   Oh se la savesse che compagnia che xe
                  quella! Se la savesse che cuori tanto
                  fatti! Che sincerità! Che schiettezza!
                  Che belle conversazion, che s'ha fatto
                  anca alla Zuecca! Siei benedetti. Sette o
                  otto galantomeni, che no ghe xe i so
                  compagni a sto mondo.

                  *(i Camerieri escono dalla stanza
                  e tornano verso la cucina).*

Beatrice.   Avete dunque goduto molto con questi?

Pantalone.   L'è che spero de goder ancora.
Truffaldino.   *(Col piatto in mano della minestra o della
                  zuppa).*
                  La resta servida in camera, che porto in
                  tola. *(a Beatrice).*
Beatrice.   Va innanzi tu; metti giù la zuppa.
Truffaldino.   Eh, la resti servida. *(fa le cerimonie).*
Pantalone.   El xe curioso sto so servitor. Andemo.
                  (entra in camera).
Beatrice.   Io vorrei meno spirito, e più attenzione.
                  (a Truffaldino, ed entra).
Truffaldino.   Guardè che bei trattamenti! Un piatto
                  alla volta! I spende i so quattrini, e no i
                  gh'ha niente de bon gusto. Chi sa gnanca
                  se sta minestra la sarà bona da niente;
                  vôi sentir. *(assaggia la minestra, prenden-
                  done con un cucchiaio che ha in tasca).*
                  Mi gh'ho sempre le mie arme in scarsella.
                  Eh! no gh'è mal; la poderave esser pezo.
                  (entra in camera).

PANTALON.   Oh si vous saviez quelle compagnie c'était, celle-là ! Si vous saviez quels cœurs d'or ! Quelle sincérité ! Quelle honnêteté ! Quelles belles réunions nous avons tenues aussi à la Giudecca ! Qu'ils soient bénis. Sept ou huit hommes de bien, qui n'ont pas leurs pareils en ce monde.

*Les garçons sortent de la chambre
et retournent à la cuisine.*

BÉATRICE.   Vous avez donc eu du bon temps avec eux ?

PANTALON.   C'est que j'espère en avoir encore.

TRUFFALDIN *(avec la soupière en main, à Béatrice).* Prenez place, je vais servir.

BÉATRICE.   Passe devant ; mets la soupe sur la table.

TRUFFALDIN *(cérémonieusement).* Eh, prenez place.

PANTALON.   Il est étonnant, votre serviteur. Allons. *(Il entre dans la chambre.)*

BÉATRICE *(à Truffaldin).* Je voudrais moins d'esprit et plus d'exactitude. *(Elle entre.)*

TRUFFALDIN.   Mais voyez-moi donc ce service ! Un plat à la fois ! On dépense son argent, et on n'a rien de raffiné. Qui sait même si cette soupe est à peu près bonne ; je veux goûter. *(Il goûte la soupe, en se servant d'une cuillère qu'il a dans la poche.)* J'ai toujours mes armes dans mon escarcelle. Eh ! pas mal ; ça pourrait être pire. *(Il entre dans la chambre.)*

Scena quindicesima

Un Cameriere con un piatto, poi Truffaldino,
poi Florindo, poi Beatrice ed altri Camerieri.

Cameriere.	Quanto sta costui a venir a prender le vivande?
Truffaldino.	*(Dalla camera.)* Son qua, camerada; cossa me deu?
Cameriere.	Ecco il bollito. Vado a prender un altro piatto. *(parte).*
Truffaldino.	Che el sia castrà, o che el sia vedèlo? El me par castrà. Sentimolo un pochetin. *(ne assaggia un poco).* No l'è castrà, né vedèlo: l'è pegora bella e bona. *(s'incammina verso la camera di Beatrice).*
Florindo.	Dove si va? *(l'incontra).*
Truffaldino.	(Oh poveretto mi!) *(da sé).*
Florindo.	Dove vai con quel piatto?
Truffaldino.	Metteva in tavola, signor.
Florindo.	A chi?
Truffaldino.	A vussioria.
Florindo.	Perché metti in tavola prima ch'io venga a casa?
Truffaldino.	V'ho visto a vegnir dalla finestra. (Bisogna trovarla). *(da sé).*
Florindo.	E dal bollito princìpi a metter in tavola, e non dalla zuppa?
Truffaldino.	Ghe dirò, signor, a Venezia la zuppa la se magna in ultima[7].
Florindo.	Io costumo diversamente. Voglio la zuppa. Riporta in cucina quel piatto.
Truffaldino.	Signor sì, la sarà servida.
Florindo.	E spicciati, che voglio poi riposare.

7. Ed. 1753 : « in ultima, per insalata. »

Scène 15

Un garçon avec un plat, puis Truffaldin,
puis Florindo, puis Béatrice et d'autres garçons.

GARÇON. Il en met du temps, l'autre, pour venir prendre les plats.

TRUFFALDIN *(de la chambre).* J'y suis, camarade ; qu'est-ce que vous me donnez ?

GARÇON. Voilà le bouilli. Je vais chercher un autre plat. *(Il s'en va.)*

TRUFFALDIN. Ça serait du mouton, ou ça serait du veau ? On dirait du mouton. Voyons voir. *(Il en goûte un morceau.)* Ce n'est ni du mouton, ni du veau, c'est bel et bien de l'agneau. *(Il se dirige vers la chambre où est Béatrice.)*

FLORINDO *(se heurtant à lui).* Où va-t-on ?

TRUFFALDIN *(à part).* Oh pauvre de moi !

FLORINDO. Où vas-tu avec ce plat ?

TRUFFALDIN. J'allais servir, monsieur.

FLORINDO. Servir qui ?

TRUFFALDIN. Votre seigneurie.

FLORINDO. Pourquoi sers-tu avant que je sois rentré ?

TRUFFALDIN. Je vous ai vu arriver par la fenêtre. *(A part.)* Fallait le trouver, ça.

FLORINDO. Et c'est le bouilli que tu sers en premier, et non la soupe ?

TRUFFALDIN. Je vais vous dire, monsieur, à Venise, c'est la soupe qu'on mange en dernier [18].

FLORINDO. J'ai d'autres habitudes. Je veux la soupe. Rapporte ce plat à la cuisine.

TRUFFALDIN. Bien monsieur, à vos ordres.

FLORINDO. Et dépêche-toi, parce qu'après je veux me reposer.

18. Ed. de 1753 « en guise de salade ».

Truffaldino.	Subito. *(mostra di ritornare in cucina).*
Florindo.	(Beatrice non la ritroverò mai?) *(da sé; entra nell'altra camera in prospetto).*

(Truffaldino, entrato Florindo in camera, corre col piatto e lo porta a Beatrice).

Cameriere.	*(Torna con una vivanda.)* E sempre bisogna aspettarlo. Truffaldino. *(chiama).*
Truffaldino.	*(Esce di camera di Beatrice).* Son qua. Presto, andé a parecchiar in quell'altra camera, che l'è arrivato quell'altro forestier, e porté la minestra subito.
Cameriere.	Subito. *(parte).*
Truffaldino.	Sta piatanza coss'ela mo? Bisogna che el sia el fracastor *(assaggia).* Bona, bona, da galantomo. *(la porta in camera di Beatrice).*

(Camerieri passano e portano l'occorrente per preparare la tavola in camera di Florindo).

Truffaldino.	Bravi. Pulito. I è lesti come gatti. *(verso i Camerieri).* Oh se me riuscisse de servir a tavola do padroni; mo la saria la gran bella cossa.

(Camerieri escono dalla camera di Florindo e vanno verso la cucina).

Truffaldino.	Presto, fioi, la menestra.
Cameriere.	Pensate alla vostra tavola, e noi penseremo a questa. *(parte).*
Truffaldino.	Voria pensa a tutte do, se podesse.

(Cameriere torna colla minestra per Florindo)

Truffaldino.	Dè qua a mi, che ghe la porterò mi; andè a parecchiar la roba per quell'altra camera.

TRUFFALDIN.   Tout de suite. *(Il fait comme s'il retour-*
               nait à la cuisine.)
FLORINDO *(à part)*. Béatrice, la retrouverai-je un jour ?
               (Il entre dans l'autre chambre par la porte
               du fond.)

Truffaldin, une fois Florindo entré dans sa chambre,
court avec le plat et l'apporte à Béatrice.

GARÇON *(revenant avec un plat)*. Et il faut encore
               l'attendre. *(Appelant.)* Truffaldin.
TRUFFALDIN *(sortant de la chambre où est Béatrice)*. Me
               voilà. Vite, allez mettre la table de l'au-
               tre côté, l'autre étranger est arrivé, et
               apportez tout de suite la soupe.
GARÇON.   Tout de suite. *(Il s'en va.)*
TRUFFALDIN.   Ce plat, qu'est-ce que ça peut être ? C'est
               sûrement le frichticandeau. *(Il goûte.)*
               C'est bon, vraiment bon, foi d'honnête
               homme. *(Il le porte dans la chambre de*
               Béatrice.)

Les garçons passent, portant ce qu'il faut
pour mettre la table chez Florindo.

TRUFFALDIN *(aux garçons)*. Bravo, beau travail. Ils sont
               agiles comme des chats. Oh si j'arrivais à
               servir mes deux patrons à la fois, c'est ça
               qui serait bien.

Les garçons sortent de la chambre de Florindo
et vont vers la cuisine.

TRUFFALDIN.   Vite, les enfants, la soupe.
GARÇON.   Occupez-vous de votre table, et nous
               nous occuperons de l'autre. *(Il s'en va.)*
TRUFFALDIN.   Je voudrais m'occuper de l'une et de
               l'autre, si je pouvais.

Le garçon revient avec la soupe pour Florindo.

TRUFFALDIN.   Donnez-moi ça, que je la lui apporte ;
               allez préparer la suite pour l'autre étran-
               ger.

(Leva la minestra di mano al Cameriere
e la porta in camera di Florindo).

Cameriere.   È curioso costui. Vuol servire di qua e di
                là. Io lascio fare : già la mia mancia
                bisognerà che me la diano.

Truffaldino.   *(Esce di camera di Florindo).*

Beatrice.   Truffaldino. *(dalla camera lo chiama).*

Cameriere.   Eh ! servite il vostro padrone. *(a Truffal-
                dino).*

Truffaldino.   Son qua. *(entra in camera di Beatrice).*

(Camerieri portano il bollito per Florindo)

Cameriere.   Date qui. *(lo prende; Camerieri par-
                tono).*

(Truffaldino esce di camera
di Beatrice con i tondi sporchi).

Florindo.   Truffaldino. *(dalla camera lo chiama*
                forte).

Truffaldino.   Dè qua. *(vuol prendere il piatto del*
                bollito dal Cameriere).

Cameriere.   Questo lo porto io.

Truffaldino.   No sentì che el me chiama mi ? *(gli leva il*
                bollito di mano e lo porta a Florindo).

Cameriere.   È bellissima. Vuol far tutto.

(Camerieri portano un piatto di polpette,
lo danno al Cameriere e partono).

Cameriere.   Lo porterei io in camera, ma non voglio
                aver che dire con costui.

(Truffaldino esce di camera di Florindo
con i tondi sporchi).

Cameriere.   Tenete, signor faccendiere ; portate
                queste polpette al vostro padrone.

(Il enlève la soupière des mains du garçon et la porte dans la chambre de Florindo.)

GARÇON.   Il est drôle, celui-là. Il veut faire le service par ici et par là. Moi je laisse courir : mon pourboire, il faudra bien qu'on me le donne.

Truffaldin sort de la chambre de Florindo.

BÉATRICE *(appelant de sa chambre)*. Truffaldin.
GARÇON *(à Truffaldin)*. Eh ! servez votre maître.

TRUFFALDIN.   Me voilà. *(Il entre chez Béatrice.)*

Les garçons apportent le bouilli pour Florindo.

GARÇON.   Donnez ça. *(Il le prend.)*

Les garçons s'en vont.
Truffaldin sort de chez Béatrice
avec les assiettes sales.

FLORINDO *(de sa chambre, criant)*. Truffaldin.

TRUFFALDIN *(veut prendre le plat de bouilli des mains du garçon)*. Donnez ça.
GARÇON.   Celui-là c'est moi qui l'apporte.
TRUFFALDIN.   Vous n'entendez pas que c'est moi qu'il appelle ? *(Il lui enlève des mains le bouilli et l'apporte à Florindo.)*
GARÇON.   Elle est bien bonne. Il veut tout faire.

Les garçons apportent un plat de croquettes,
le donnent au garçon et s'en vont.

GARÇON.   Je l'apporterais bien moi-même, mais je ne veux pas d'histoires avec celui-là.

Truffaldin sort de chez Florindo
avec les assiettes sales.

GARÇON.   Tenez, monsieur qui veut tout faire ; apportez ces croquettes à votre patron.

Truffaldino. Polpette? *(prendendo il piatto in mano).*
Cameriere. Sì, le polpette ch'egli ha ordinato. *(parte).*
Truffaldino. Oh bella! A chi le hoi da portar? Chi diavol de sti padroni le averà ordinade? Se ghel vago a domandar in cusina, no voria metterli in malizia; se fallo e che no le porta a chi le ha ordenade, quell'altro le domanderà, e se scoverzirà l'imbroio. Farò cussì... Eh, gran mi! Farò cussì; le spartirò in do tondi, le porterò metà per un, e cussì chi le averà ordinade, le vederà. *(prende un altro tondo di quelli che sono in sala, e divide le polpette per metà).* Quattro e quattro. Ma ghe n'è una de più. A chi ghe l'oia da dar? No vôi che nissun se n'abbia per mal; me la magnerò mi. *(mangia la polpetta).* Adesso va ben. Portemo le polpette a questo. *(mette in terra l'altro tondo, e ne porta uno da Beatrice).*

Cameriere. *(Con un bodino all'inglese).* Truffaldino. *(chiama).*
Truffaldino. Son qua. *(esce dalla camera di Beatrice).*
Cameriere. Portate questo bodino...
Truffaldino. Aspettè che vegno. *(prende l'altro tondino di polpette, e lo porta a Florindo).*

Cameriere. Sbagliate; le polpette vanno di là.

Truffaldino. Sior sì, lo so, le ho portade de là; e el me padron manda ste quattro a regalar a sto forestier. *(entra).*

Cameriere. Si conoscono dunque, sono amici. Potevano desinar insieme.

TRUFFALDIN *(prenant le plat)*. Des croquettes ?

GARÇON.   Oui, les croquettes qu'il a commandées. *(Il s'en va.)*

TRUFFALDIN.   Ah ça ! A qui faut-il que je les apporte ? Diable, lequel des deux patrons a bien pu les commander ? Si je vais demander à la cuisine, je ne voudrais pas leur mettre la puce à l'oreille ; si je me trompe et que je ne les apporte pas à celui qui les a commandées, l'autre va poser des questions et on découvrira l'embrouille. Je vais faire comme ça... Eh, je suis quelqu'un moi ! Je vais faire comme ça ; je les répartirai sur deux assiettes, j'en apporterai la moitié à chacun, et comme ça, celui qui les a commandées sera satisfait. *(Il prend une des assiettes qui sont dans la salle et partage les croquettes en deux parts.)* Quatre et quatre. Mais il y en a une en plus. A qui je dois la donner ? Je ne veux fâcher personne ; je me la mangerai moi. *(Il mange la croquette.)* Maintenant, ça va. Apportons les croquettes à celui-ci. *(Il pose une assiette par terre et apporte l'autre à Béatrice.)*

GARÇON *(avec le « boudingue » à l'anglaise, appelant)*. Truffaldin.

TRUFFALDIN.   Me voilà. *(Il sort de chez Béatrice.)*

GARÇON.   Apportez ce boudingue...

TRUFFALDIN.   Attendez, j'arrive. *(Il prend l'autre assiette de croquettes pour l'apporter à Florindo.)*

GARÇON.   Vous vous trompez ; les croquettes vont par là.

TRUFFALDIN.   Oui monsieur, je le sais, je les ai apportées par là ; et mon patron en envoie quatre en cadeau à cet étranger. *(Il entre chez Florindo.)*

GARÇON.   Ils se connaissent donc, ils sont amis ? Ils auraient pu déjeuner ensemble.

Truffaldino. (*Torna in camera di Florindo*). E cussì, coss'elo sto negozio? *(al Cameriere)*.

Cameriere.   Questo è un bodino all'inglese.
Truffaldino. A chi valo?
Cameriere.   Al vostro padrone. *(parte)*.
Truffaldino. Che diavolo è sto bodin? L'odor l'è prezioso, el par polenta. Oh, se el fuss polenta, la saria pur una bona cossa; Vôi sentir. *(tira fuori di tasca una forchetta)*. No l'è polenta, ma el ghe someia. *(mangia)*. L'è meio della polenta. *(mangia)*.

Beatrice.   Truffaldino. *(dalla camera lo chiama)*.
Truffaldino. Vegno. *(risponde colla bocca piena)*.
Florindo.   Truffaldino. *(lo chiama dalla sua camera)*.
Truffaldino. Son qua. *(risponde colla bocca piena, come sopra)*. Oh che roba preziosa! Un altro bocconcin, e vegno. *(segue a mangiare)*.
Beatrice. (*Esce dalla sua camera e vede Truffaldino che mangia; gli dà un calcio e gli dice)*. Vieni a servire. *(torna nella sua camera)*.

Truffaldino. (*Mette il bodino in terra, ed entra in camera di Beatrice)*.

Florindo.   (*Esce dalla sua camera)*. Truffaldino. *(chiama)*. Dove diavolo è costui?
Truffaldino. (*Esce dalla camera di Beatrice)*. L'è qua. *(vedendo Florindo)*.
Florindo.   Dove sei? Dove ti perdi?
Truffaldino. Era andà a tor dei piatti, signor.

Florindo.   Vi è altro da mangiare?

TRUFFALDIN (*revenant de chez Florindo*[19], *au garçon*). Et alors, qu'est-ce que c'est que ce machin-là ?

GARÇON. Ça, c'est un boudingue à l'anglaise.

TRUFFALDIN. C'est pour qui ?

GARÇON. Pour votre patron. (*Il s'en va.*)

TRUFFALDIN. Diable, qu'est-ce que c'est que ce boudingue ? L'odeur est délicieuse, on dirait de la polenta. Oh, si c'était de la polenta, c'est ça qui serait bien ! (*Il sort de sa poche une fourchette.*) Je veux goûter. (*Il mange.*) Ce n'est pas de la polenta, mais ça y ressemble. (*Il mange.*) C'est mieux que de la polenta.

BÉATRICE (*de sa chambre, l'appelant*). Truffaldin.

TRUFFALDIN (*la bouche pleine*). Je viens.

FLORINDO (*de sa chambre, l'appelant*). Truffaldin.

TRUFFALDIN (*même jeu*). Je suis là. Oh ! c'est délicieux. (*Il continue à manger.*) Encore une petite bouchée, et je viens.

BÉATRICE (*sortant de sa chambre et voyant Truffaldin manger, lui donne un coup de pied en disant*). Viens servir. (*Elle rentre dans sa chambre.*)

Truffaldin met le « boudingue » par terre et entre chez Béatrice.

FLORINDO (*sortant de sa chambre et appelant*). Truffaldin. Où diable est-il, celui-là ?

TRUFFALDIN (*sortant de chez Béatrice et voyant Florindo*). Il est là.

FLORINDO. Où es-tu ? Où as-tu disparu ?

TRUFFALDIN. J'étais allé chercher des assiettes, monsieur.

FLORINDO. Y a-t-il autre chose à manger ?

---

19. Les éditions courantes indiquent « retournant chez Florindo », ce qui ne concorde pas avec les déplacements de Truffaldin.

Truffaldino.	Anderò a veder.
Florindo.	Spicciati, ti dico, che ho bisogno di riposare. *(torna nella sua camera).*
Truffaldino.	Subito. Camerieri, gh'è altro? *(chiama).* Sto bodin me lo metto via per mi. *(lo nasconde).*
Cameriere.	Eccovi l'arrosto. *(porta un piatto con l'arrosto).*
Truffaldino.	Presto i frutti. *(prende l'arrosto).*
Cameriere.	Gran furie! Subito. *(parte).*
Truffaldino.	L'arrosto lo porterò a questo. *(entra da Florindo).*
Cameriere.	Ecco le frutta, dove siete? *(con un piatto di frutta).*
Truffaldino.	Son qua. *(di camera di Florindo).*
Cameriere.	Tenete. *(gli dà le frutta).* Volete altro?
Truffaldino.	Aspettè. *(porta le frutta a Beatrice).*
Cameriere.	Salta di qua, salta di là; è un diavolo costui.
Truffaldino.	Non occorr'altro. Nissun vol altro.
Cameriere.	Ho piacere.
Truffaldino.	Parecchiè per mi.
Cameriere.	Subito. *(parte).*
Truffaldino.	Togo su el me bodin; evviva, l'ho superada, tutti i è contenti, no i vol alter, i è stadi servidi. Ho servido a tavola do padroni, e un non ha savudo dell'altro. Ma se ho servido per do, adess voio andar a magnar per quattro. *(parte).*

TRUFFALDIN.   Je vais aller voir.

FLORINDO.   Dépêche-toi, je te dis, j'ai besoin de me reposer. *(Il rentre dans sa chambre.)*

TRUFFALDIN.   Tout de suite. *(Il appelle.)* Garçons, il y a autre chose? *(A part.)* Ce boudingue, je me le mets de côté pour moi. *(Il le cache.)*

GARÇON *(apportant un plat avec le rôti).* Voici le rôti.

TRUFFALDIN *(prenant le rôti).* Vite les fruits.

GARÇON.   Quelle tornade! Tout de suite. *(Il s'en va.)*

TRUFFALDIN.   Le rôti, je vais l'apporter à celui-là. *(Il entre chez Florindo.)*

GARÇON *(avec un plateau de fruits).* Voici les fruits, où êtes-vous?

TRUFFALDIN *(de la chambre de Florindo).* Je suis là.

GARÇON.   Tenez. *(Il lui donne les fruits.)* Vous voulez autre chose?

TRUFFALDIN.   Attendez. *(Il apporte les fruits à Béatrice.)*

GARÇON.   Saute d'un côté, saute de l'autre, c'est un diable, celui-là.

TRUFFALDIN.   C'est fini. Personne ne veut plus rien.

GARÇON.   Tant mieux.

TRUFFALDIN.   Mettez la table pour moi.

GARÇON.   Tout de suite. *(Il s'en va.)*

TRUFFALDIN.   Je récupère mon boudingue; victoire, j'y suis arrivé, ils sont tous contents, ils ne veulent plus rien, ils ont été servis. J'ai servi à table deux patrons, et aucun des deux n'a rien su de l'autre. Mais si j'ai servi pour deux, maintenant je veux aller manger pour quatre. *(Il s'en va.)*

Scena sedicesima

(STRADA CON VEDUTA DELLA LOCANDA.)

Smeraldina, poi il Cameriere della locanda.

Smeraldina.   Oh, guardate che discretezza della mia
                padrona! Mandarmi con un viglietto ad
                una locanda, una giovane come me!
                Servire una donna innamorata è una cosa
                molto cattiva. Fa mille stravaganze
                questa mia padrona; e quel che non so
                capire si è, che è innamorata del signor
                Silvio a segno di sbudellarsi per amor
                suo, e pur manda i viglietti ad un altro.
                Quando non fosse che ne volesse uno per
                la state e l'altro per l'inverno. Basta... Io
                nella locanda non entro certo. Chia-
                merò; qualcheduno uscirà. O di casa! o
                della locanda!

Cameriere.   Che cosa volete, quella giovine?
Smeraldina.   (Mi vergogno davvero, davvero). *(da sé).*
                Ditemi... Un certo signor Federigo Ras-
                poni è alloggiato in questa locanda?

Cameriere.   Sì, certo. Ha finito di pranzare che è
                poco.
Smeraldina.   Avrei da dargli una cosa.
Cameriere.   Qualche ambasciata? Potete passare.
Smeraldina.   Ehi, chi vi credete ch'io sia? Sono la
                cameriera della sua sposa.
Cameriere.   Bene, passate.
Smeraldina.   Oh, non ci vengo io là dentro.
Cameriere.   Volete ch'io lo faccia venire sulla strada?

Scène 16

(RUE AVEC VUE DE L'AUBERGE)

Sméraldine, puis le garçon de l'auberge.

SMÉRALDINE.   Oh, voyez un peu ma maîtresse, elle ne pense vraiment à rien ! M'envoyer avec un billet dans une auberge, une jeune fille comme moi ! Servir une femme amoureuse, ce n'est vraiment pas de tout repos. Elle fait mille extravagances, ma maîtresse ; et ce que je n'arrive pas à comprendre, c'est qu'elle est amoureuse de monsieur Silvio au point de s'étriper par amour pour lui, et pourtant elle envoie des billets à un autre. A moins qu'elle n'en veuille un pour l'été et l'autre pour l'hiver. Suffit... Moi, cette auberge, je n'y entre pas, c'est sûr. Je vais appeler ; quelqu'un sortira. Ho ! il y a quelqu'un ? Ho ! l'aubergiste.

GARÇON.   Que voulez-vous, ma belle ?

SMÉRALDINE *(à part).* J'ai honte, vraiment, vraiment. *(Au garçon.)* Dites-moi... Un certain monsieur Federigo Rasponi loge-t-il dans cette auberge ?

GARÇON.   Oui, certainement. Il vient juste de finir de déjeuner.

SMÉRALDINE.   J'aurais quelque chose à lui donner.

GARÇON.   Un billet doux ? Vous pouvez entrer.

SMÉRALDINE.   Eh, pour qui me prenez-vous ? Je suis la femme de chambre de sa fiancée.

GARÇON.   C'est bien, entrez.

SMÉRALDINE.   Oh, je ne veux pas entrer là-dedans, moi.

GARÇON.   Vous voudriez que je le fasse venir dans la rue ?

	Non mi pare cosa ben fatta; tanto più ch'egli è in compagnia col signor Pantalone de' Bisognosi.

Smeraldina.   Il mio padrone? Peggio! Oh, non ci vengo.

Cameriere.   Manderò il suo servitore, se volete.

Smeraldina.   Quel moretto?

Cameriere.   Per l'appunto.

Smeraldina.   Sì, mandatelo.

Cameriere.   (Ho inteso. Il moretto le piace. Si vergogna a venir dentro. Non si vergognerà a farsi scorgere in mezzo alla strada). *(entra)*.

Scena diciassettesima

Smeraldina, poi Truffaldino.

Smeraldina.   Se il padrone mi vede, che cosa gli dirò? Dirò che venivo in traccia di lui; eccola bella e accomodata. Oh, non mi mancano ripieghi.

Truffaldino. *(Con un fiasco in mano, ed un bicchiere, ed un tovagliolino.)* Chi è che me domanda?

Smeraldina.   Sono io, signore. Mi dispiace avervi incomodato.

Truffaldino.   Niente; son qua a ricever i so comandi.

Smeraldina.   M'immagino che foste a tavola, per quel ch'io vedo.

Truffaldino.   Era a tavola, ma ghe tornerò.

Smeraldina.   Davvero me ne dispiace.

Truffaldino.   E mi gh'ho gusto. Per dirvela, ho la panza piena, e quei bei occhietti i è giusto a proposito per farme digerir.

Smeraldina.   (Egli è pure grazioso!) *(da sé)*.

	Ça ne me paraît pas comme il faut ; d'autant plus qu'il est en compagnie de monsieur Pantalon dei Bisognosi.
SMÉRALDINE.	Mon maître ? C'est encore pis ! Oh, je ne veux pas entrer.
GARÇON.	Je vous enverrai son serviteur, si vous voulez.
SMÉRALDINE.	Le petit noiraud ?
GARÇON.	Exactement.
SMÉRALDINE.	Oui, envoyez-le-moi.
GARÇON *(à part)*.	J'ai compris. Le petit noiraud lui plaît. Elle a honte d'entrer. Mais elle n'a pas honte de se montrer en pleine rue. *(Il entre.)*

Scène 17

Sméraldine, puis Truffaldin.

SMÉRALDINE.	Si mon maître me voit, que vais-je lui dire ? Je dirai que je venais le chercher ; voilà qui est bien trouvé. Oh, je ne manque pas de ressources.
TRUFFALDIN *(avec une fiasque à la main, un verre et une serviette de table)*.	Qui est-ce qui me demande ?
SMÉRALDINE.	C'est moi, monsieur. Je regrette de vous avoir dérangé.
TRUFFALDIN.	Ce n'est rien ; me voilà prêt à recevoir vos ordres.
SMÉRALDINE.	J'imagine que vous étiez à table, à ce que je vois.
TRUFFALDIN.	J'étais à table, mais j'y retournerai.
SMÉRALDINE.	Sincèrement, je le regrette.
TRUFFALDIN.	Et moi ça me fait plaisir. Pour tout vous dire, j'ai le ventre plein, et ces beaux petits yeux viennent juste à propos pour me faire digérer.
SMÉRALDINE *(à part)*.	Il est vraiment charmant !

Truffaldino.	Metto zo el fiaschetto e son qua da vu, cara.
Smeraldina.	(Mi ha detto cara). *(da sé)*. La mia padrona manda questo viglietto al signor Federigo Rasponi; io nella locanda non voglio entrare, onde ho pensato di dar a voi quest'incomodo, che siete il suo servitore.
Truffaldino.	Volentiera, ghe lo porterò; ma prima sappiè che anca mi v'ho da far un'imbassada.
Smeraldina.	Per parte di chi?
Truffaldino.	Per parte de un galantomo. Disime, conossive vu un certo Truffaldin Battocchio?
Smeraldina.	Mi pare averlo sentito nominare una volta, ma non me ne ricordo. (Avrebbe a esser lui questo). *(da sé)*.
Truffaldino.	L'è un bell'omo: bassotto, tracagnotto, spiritoso, che parla ben. Maestro de cerimonie...
Smeraldina.	Io non lo conosco assolutamente.
Truffaldino.	E pur lu el ve cognosse, e l'è innamorado de vu.
Smeraldina.	Oh! mi burlate.
Truffaldino.	E se el podesse sperar un tantin de corrispondenza, el se daria da cognosser.
Smeraldina.	Dirò, signore; se lo vedessi e mi desse nel genio, sarebbe facile ch'io gli corrispondessi.
Truffaldino.	Vorla che ghe lo fazza veder?
Smeraldina.	Lo vedrò volentieri.
Truffaldino.	Adesso subito. *(entra nella locanda).*
Smeraldina.	Non è lui dunque.
Truffaldino.	*(Esce dalla locanda, fa delle riverenze a Smeraldina, le passa vicino; poi sospira ed entra nella locanda.)*

TRUFFALDIN. Je pose cette petite fiasque, et je suis à vous, ma chérie.

SMÉRALDINE *(à part).* Il m'a appelée chérie. *(Haut.)* Ma maîtresse envoie ce billet à monsieur Federigo Rasponi ; moi, je ne veux pas entrer à l'auberge, alors j'ai pensé vous causer ce dérangement, puisque vous êtes son serviteur.

TRUFFALDIN. Volontiers, je le lui apporterai ; mais d'abord sachez que moi aussi j'ai une ambassade à vous faire.

SMÉRALDINE. De la part de qui ?

TRUFFALDIN. De la part d'un honnête homme. Dites-moi, vous connaissez, vous, un certain Truffaldin Batocchio ?

SMÉRALDINE. Il me semble l'avoir entendu nommer une fois, mais je ne me souviens pas de lui. *(A part.)* Si ça pouvait être lui.

TRUFFALDIN. C'est un bel homme : pas trop grand, râblé, spirituel, qui parle bien. Maître des cérémonies...

SMÉRALDINE. Je ne le connais absolument pas, moi.

TRUFFALDIN. Et pourtant lui, il vous connaît ; et il est amoureux de vous.

SMÉRALDINE. Oh ! vous vous moquez de moi.

TRUFFALDIN. S'il pouvait espérer être un tant soit peu payé de retour, il se ferait connaître.

SMÉRALDINE. Je vous dirai, monsieur : si je le voyais, et s'il était à ma convenance, il serait facile que je le paie de retour.

TRUFFALDIN. Voulez-vous que je vous le fasse voir ?

SMÉRALDINE. Je le verrai volontiers.

TRUFFALDIN. Tout de suite immédiatement. *(Il entre à l'auberge.)*

SMÉRALDINE. Donc ce n'est pas lui.

Truffaldin sort de l'auberge,
fait des révérences à Sméraldine, passe près d'elle ;
puis il soupire et rentre à l'auberge.

Smeraldina.	Quest'istoria non la capisco.
Truffaldino.	L'ala visto? *(tornando a uscir fuori).*
Smeraldina.	Chi?
Truffaldino.	Quello che è innamorado delle so bellezze.
Smeraldina.	Io non ho veduto altri che voi.
Truffaldino.	Mah! *(sospirando).*
Smeraldina.	Siete voi forse quello che dice di volermi bene?
Truffaldino.	Son mi. *(sospirando).*
Smeraldina.	Perché non me l'avete detto alla prima?
Truffaldino.	Perché son un poco vergognosetto.
Smeraldina.	(Farebbe innamorare i sassi.) *(da sé).*
Truffaldino.	E cussì, cossa me disela?
Smeraldina.	Dico che...
Truffaldino.	Via, la diga.
Smeraldina.	Oh, anch'io sono vergognosetta.
Truffaldino.	Se se unissimo insieme, faressimo el matrimonio de do persone vergognose.
Smeraldina.	In verità, voi mi date nel genio.
Truffaldino.	Ela putta ella?
Smeraldina.	Oh, non si domanda nemmeno.
Truffaldino.	Che vol dir, no certo.
Smeraldina.	Anzi vuol dir, sì certissimo.
Truffaldino.	Anca mi son putto.
Smeraldina.	Io mi sarei maritata cinquanta volte, ma non ho mai trovato una persona che mi dia nel genio.
Truffaldino.	Mi possio sperar de urtarghe in te la simpatia?

SMÉRALDINE.   Qu'est-ce que c'est que cette histoire ? Je
               n'y comprends rien.
TRUFFALDIN *(ressortant)*. Vous l'avez vu ?
SMÉRALDINE.   Qui ?
TRUFFALDIN.   Celui qui est amoureux de vos beautés.

SMÉRALDINE.   Je n'ai vu personne d'autre que vous.
TRUFFALDIN *(soupirant)*. Mais…
SMÉRALDINE.   Serait-ce donc vous, celui qui dit qu'il
               m'aime ?
TRUFFALDIN *(soupirant)*. C'est moi.
SMÉRALDINE.   Pourquoi ne me l'avez-vous pas dit tout
               de suite ?
TRUFFALDIN.   Parce que je suis un tout petit peu timide.
SMÉRALDINE *(à part)*. Il rendrait amoureux les rochers.
TRUFFALDIN.   Et alors, qu'est-ce que vous me dites ?
SMÉRALDINE.   Je dis que…
TRUFFALDIN.   Allons, dites.
SMÉRALDINE.   Oh, moi aussi je suis un peu timide.
TRUFFALDIN.   Si on s'unissait ensemble, ça ferait le
               mariage de deux personnes un peu
               timides.
SMÉRALDINE.   En vérité, je crois que vous me convenez.
TRUFFALDIN.   Vous êtes pucelle ?
SMÉRALDINE.   Oh, ça ne se demande même pas.
TRUFFALDIN.   Ce qui veut dire, certainement pas.
SMÉRALDINE.   Que non, ça veut dire, très certainement
               oui.
TRUFFALDIN.   Moi aussi je suis puceau.
SMÉRALDINE.   J'aurais pu me marier cinquante fois,
               mais je n'ai jamais trouvé personne à ma
               convenance.
TRUFFALDIN.   Puis-je espérer pénétrer dans votre sym-
               pathie [20] ?

20. Truffaldin emploie une expression qu'il doit juger élégante
mais qui est insolite, sinon incorrecte (litt. « vous heurter dans la
sympathie »). D'autre part, il est difficile de ne pas y entendre un
sens gaillard ; « rencontrer votre sympathie », ou même « forcer
votre sympathie », qui réduirait l'étrangeté, effacerait aussi le double
sens.

Smeraldina.   In verità, biogna che io lo dica, voi avete
                 un non so che... Basta, non dico altro.

Truffaldino.   Uno che la volesse per muier, come
                 averielo da far?
Smeraldina.   Io non ho né padre né madre. Bisogne-
                 rebbe dirlo al mio padrone, o alla mia
                 padrona.
Truffaldino.   Benissimo, se ghel dirò, cossa dirali?

Smeraldina.   Diranno, che se sono contenta io...
Truffaldino.   E ella cossa dirala?
Smeraldina.   Dirò... che se sono contenti loro...
Truffaldino.   Non occorr'altro. Saremo tutti contenti.
                 Deme la lettera, e co ve porterò la
                 riposta, discorreremo.

Smeraldina.   Ecco la lettera.
Truffaldino.   Saviu mo cossa che la diga sta lettera?

Smeraldina.   Non lo so, e se sapeste che curiosità che
                 avrei di saperlo!
Truffaldino.   No voria che la fuss una qualche lettera
                 de sdegno, e che m'avess da far romper el
                 muso.
Smeraldina.   Chi sa? D'amore non dovrebbe essere.

Truffaldino.   Mi no vôi impegni. Se no so cossa che la
                 diga, mi no ghe la porto.

Smeraldina.   Si potrebbe aprirla... ma poi a serrarla ti
                 voglio.
Truffaldino.   Eh, lassé far a mi; per serrar le lettere
                 son fatto a posta; no se cognosserà
                 gnente affatto.
Smeraldina.   Apriamola dunque.
Truffaldino.   Saviu lezer vu?
Smeraldina.   Un poco. Ma voi saprete legger bene.

Truffaldino.   Anca mi un pochettin.

SMÉRALDINE. En vérité, il faut que je le dise, vous avez un je ne sais quoi... Ça suffit, je n'en dis pas plus.

TRUFFALDIN. Quelqu'un qui vous voudrait pour femme, comment faudrait-il qu'il fasse ?

SMÉRALDINE. Je n'ai ni père ni mère. Il faudrait le dire à mon maître, ou à ma maîtresse.

TRUFFALDIN. Très bien, si je le leur dis, qu'est-ce qu'ils diront ?

SMÉRALDINE. Ils diront que si moi je suis contente...

TRUFFALDIN. Et vous, qu'est-ce que vous direz ?

SMÉRALDINE. Je dirai... que si eux sont contents...

TRUFFALDIN. C'est tout ce qu'il me faut. Nous serons tous contents. Donnez-moi la lettre, et quand je vous apporterai la réponse, nous parlerons.

SMÉRALDINE. Voilà la lettre.

TRUFFALDIN. Vous savez un peu ce qu'elle raconte, cette lettre ?

SMÉRALDINE. Je ne sais pas ; et si vous saviez combien je serais curieuse de le savoir !

TRUFFALDIN. Je ne voudrais pas que ce soit une rebuffade et qu'à cause de ça j'aie les os brisés.

SMÉRALDINE. Qui sait ? Une lettre d'amour, sûrement pas.

TRUFFALDIN. Je ne veux pas de responsabilités. Si je ne sais pas ce qu'elle raconte, moi je ne l'apporte pas.

SMÉRALDINE. On pourrait l'ouvrir... mais après, pour la refermer, je voudrais vous y voir.

TRUFFALDIN. Eh, laissez-moi faire ; refermer les lettres, ça me connaît ; on n'y verra rien du tout.

SMÉRALDINE. Ouvrons-la donc.

TRUFFALDIN. Vous savez lire, vous ?

SMÉRALDINE. Un peu. Mais vous, vous devez savoir bien lire.

TRUFFALDIN. Comme vous, un tout petit peu.

Smeraldina.   Sentiamo dunque.
Truffaldino.   Averzimola con pulizia. *(ne straccia una parte)*.
Smeraldina.   Oh! che avete fatto?
Truffaldino.   Niente. Ho el segreto d'accomodarla. Eccola qua, l'è averta.
Smeraldina.   Via, leggetela.
Truffaldino.   Lezila vu. El carattere della vostra padrona l'intenderè meio de mi.

Smeraldina.   Per dirla, io non capisco niente. *(osservando la lettera)*.
Truffaldino.   E mi gnanca una parola. *(fa lo stesso)*.
Smeraldina.   Che serviva dunque aprirla?
Truffaldino.   Aspettè; inzegnemose; qualcossa capisso. *(tiene egli la lettera)*.

Smeraldina.   Anch'io intendo qualche lettera.
Truffaldino.   Provemose un po' per un. Questo non elo un *emme*?
Smeraldina.   Oibò; questo è un *erre*.
Truffaldino.   Dall'*erre* all'*emme* gh'è poca differenza

Smeraldina. Ri, ri, a, ria. No, no, state cheto, che credo sia un *emme, mi, mi, a, mia*.
Truffaldino.   No dirà *mia*, dirà *mio*.

Smeraldina.   No, che vi è la codetta.
Truffaldino.   Giusto per questo : *mio*.

Scena diciottesima

*Beatrice e Pantalone dalla locanda,
e detti.*

Pantalone.   Cossa feu qua? *(a Smeraldina)*.
Smeraldina.   Niente, signore, venivo in traccia di voi. *(intimorita)*.
Pantalone.   Cossa voleu da mi? *(a Smeraldina)*.

SMÉRALDINE.   Alors, lisons-la.

TRUFFALDIN.   Ouvrons-la proprement. *(Il en déchire un morceau.)*

SMÉRALDINE.   Oh ! qu'est-ce que vous avez fait ?

TRUFFALDIN.   Rien. J'ai le secret pour arranger ça. Voilà, elle est ouverte.

SMÉRALDINE.   Eh bien, lisez-la.

TRUFFALDIN.   Lisez-la, vous. L'écriture de votre patronne, vous devez la comprendre mieux que moi.

SMÉRALDINE *(examinant la lettre)*. A vrai dire, je ne comprends rien.

TRUFFALDIN *(même jeu)*. Et moi pas un mot.

SMÉRALDINE.   A quoi ça sert alors de l'avoir ouverte ?

TRUFFALDIN.   Attendez ; appliquons-nous ; je commence à comprendre. *(C'est lui qui tient la lettre.)*

SMÉRALDINE.   Moi aussi, je comprends certaines lettres.

TRUFFALDIN.   Essayons un peu chacun notre tour. Ça, ce n'est pas un *emme ?*

SMÉRALDINE.   Mais non ; ça, c'est un *erre.*

TRUFFALDIN.   Entre *erre* et *emme,* il n'y a pas beaucoup de différence.

SMÉRALDINE.   *Rr, rr, ra.* Non, non, ne bougez pas, je crois que c'est un *emme, mm, mm, ma.*

TRUFFALDIN.   Elle ne doit pas dire *ma,* elle doit dire *mon.*

SMÉRALDINE.   Non, parce qu'il y a une petite queue.

TRUFFALDIN.   C'est justement pour ça : *mon.*

Scène 18

*Béatrice et Pantalon, sortant de l'auberge,
et les précédents.*

PANTALON *(à Sméraldine)*. Que faites-vous ici ?

SMÉRALDINE *(apeurée)*. Rien, monsieur, je venais vous chercher.

PANTALON *(à Sméraldine)*. Que me voulez-vous ?

Smeraldina.   La padrona vi cerca. *(come sopra).*
Beatrice.   Che foglio è quello? *(a Truffaldino).*

Truffaldino.   Niente, l'è una carta... *(intimorito).*
Beatrice.   Lascia vedere. *(a Truffaldino).*
Truffaldino.   Signor sì. *(gli dà il foglio tremando).*

Beatrice.   Come! Questo è un viglietto che viene a
                 me. Indegno! Sempre si aprono le mie
                 lettere?
Truffaldino.   Mi no so niente, signor...
Beatrice.   Osservate, signor Pantalone, un viglietto
                 della signora Clarice, in cui mi avvisa
                 delle pazze gelosie di Silvio; e questo
                 briccone me l'apre.
Pantalone.   E ti, ti ghe tien terzo? *(a Smeraldina).*
Smeraldina.   Io non so niente, signore.
Beatrice.   Chi l'ha aperto questo viglietto?
Truffaldino.   Mi no.
Smeraldina.   Nemmen io.
Pantalone.   Mo chi l'ha portà?
Smeraldina.   Truffaldino lo portava al suo padrone.
Truffaldino.   E Smeraldina l'ha portà a Truffaldin.
Smeraldina.   (Chiacchierone, non ti voglio più bene.)
Pantalone.   Ti, pettegola desgraziada, ti ha fatto sta
                 bell'azion? Non so chi me tegna che no
                 te daga una man in tel muso.

Smeraldina.   Le mani nel viso non me le ha date
                 nessuno; e mi maraviglio di voi.
Pantalone.   Cussì ti me rispondi? *(le va da vicino).*
Smeraldina.   Eh, non mi pigliate. Avete degli impedi-
                 menti che non potete correre. *(parte
                 correndo).*
Pantalone.   Desgraziada, te farò veder se posso cor-
                 rer; te chiaperò. *(parte correndo dietro a
                 Smeraldina).*

SMÉRALDINE *(même jeu)*. Ma maîtresse vous demande.

BÉATRICE *(à Truffaldin)*. Qu'est-ce que c'est que ce papier ?

TRUFFALDIN *(apeuré)*. Rien, c'est un papier...

BÉATRICE *(à Truffaldin)*. Fais voir.

TRUFFALDIN *(lui donnant la feuille en tremblant)*. Oui, monsieur.

BÉATRICE. Comment ! C'est une lettre qui m'est adressée. Misérable ! Tu continues à ouvrir mes lettres ?

TRUFFALDIN. Moi je ne sais rien, monsieur...

BÉATRICE. Voyez, monsieur Pantalon, un billet de madame Clarice, où elle m'informe de la folle jalousie de Silvio ; et ce vaurien me l'ouvre.

PANTALON *(à Sméraldine)*. Et toi, tu es de mèche ?

SMÉRALDINE. Moi je ne sais rien, monsieur.

BÉATRICE. Qui a ouvert ce billet ?

TRUFFALDIN. Pas moi.

SMÉRALDINE. Moi non plus.

PANTALON. Qui donc l'a apporté ?

SMÉRALDINE. Truffaldin allait l'apporter à son maître.

TRUFFALDIN. Et Sméraldine l'a apporté à Truffaldin.

SMÉRALDINE *(bas)*. Vilain bavard, je ne t'aime plus.

PANTALON. C'est toi, espèce de pipelette, qui as commis cette belle action ? Je ne sais pas ce qui me retient de te mettre la main sur la figure.

SMÉRALDINE. La main sur la figure, personne ne me l'a jamais mise ; et je vous trouve bien hardi.

PANTALON *(s'approchant d'elle)*. Tu oses me répondre ?

SMÉRALDINE. Eh, vous ne m'attraperez pas. Vous avez des infirmités qui vous empêchent de courir. *(Elle s'en va en courant.)*

PANTALON. Petite malheureuse, je te ferai voir si je ne peux pas courir ; je vais t'attraper. *(Il part en courant après Sméraldine.)*

Scena diciannovesima

Beatrice, Truffaldino,
poi Florindo alla finestra della locanda.

Truffaldino.	(Se savess come far a cavarme.) *(da sé).*
Beatrice.	(Provera Clarice, ella è disperata per la gelosia di Silvio; converrà ch'io mi scopra, e che la consoli.) *(osservando il viglietto).*
Truffaldino.	(Par che nol me veda. Vôi provar de andar via.) *(pian piano se ne vorrebbe andare).*
Beatrice.	Dove vai?
Truffaldino.	Son qua. *(si ferma).*
Beatrice.	Perché hai aperta questa lettera?
Truffaldino.	L'è stada Smeraldina. Signor, mi no so gnente.
Beatrice.	Che Smeraldina? Tu sei stato, briccone. Una, e una due. Due lettere mi hai aperte in un giorno. Vieni qui.

Truffaldino.	Per carità, signor *(accostandosi con paura).*
Beatrice.	Vien qui, dico.
Truffaldino.	Per misericordia, *(s'accosta tremando).*

Beatrice. (Leva dal fianco di Truffaldino il bastone, e lo bastona ben bene, essendo voltata colla schiena alla locanda.)

Florindo. (Alla finestra della locanda.) Come! Si bastona il mio servitore? *(parte dalla finestra).*

Truffaldino.	No più, per carità.
Beatrice.	Tieni, briccone. Imparerai a aprir le lettere. *(getta il bastone per terra e parte).*

Scène 19

Béatrice, Truffaldin,
puis Florindo à la fenêtre de l'auberge.

TRUFFALDIN *(à part).* Si je savais comment faire pour m'en tirer.

BÉATRICE *(à part, regardant la lettre).* Pauvre Clarice, elle est désespérée par la jalousie de Silvio ; il faudra que je lui découvre qui je suis et que je la console.

TRUFFALDIN *(à part).* Je crois qu'il ne me voit pas. Je vais tâcher de m'en aller. *(Tout doucement, il essaie de partir.)*

BÉATRICE. Où vas-tu ?

TRUFFALDIN *(s'arrêtant).* Je suis là.

BÉATRICE. Pourquoi as-tu ouvert cette lettre ?

TRUFFALDIN. C'est Sméraldine. Moi, monsieur, je ne sais rien.

BÉATRICE. Comment, Sméraldine ? C'est toi, vaurien. Une plus une, ça fait deux. Deux lettres que tu m'as ouvertes en une journée. Viens ici.

TRUFFALDIN. Par pitié, monsieur. *(Il s'approche, apeuré.)*

BÉATRICE. Viens ici, te dis-je.

TRUFFALDIN. De grâce. *(Il s'approche en tremblant.)*

Béatrice prend à Truffaldin son bâton
et le bâtonne bien fort,
en tournant le dos à l'auberge.

FLORINDO *(à la fenêtre de l'auberge).* Comment ! Des coups de bâton à mon serviteur ? *(Il quitte la fenêtre.)*

TRUFFALDIN. Assez, non, par pitié.

BÉATRICE. Tiens, vaurien. Tu apprendras à ouvrir les lettres. *(Elle jette le bâton par terre, et s'en va.)*

Scena ventesima

Truffaldino, poi Florindo dalla locanda.

Truffaldino. *(Dopo partita Beatrice.)* Sangue de mi!
Corpo de mi! Cussì se tratta coi omeni
della me sorte? Bastonar un par mio? I
servitori, co no i serve, i se manda via, no
i se bastona.

FLorindo.   Che cosa dici? *(uscito dalla locanda non
veduto da Truffaldino).*

Truffaldino. (Oh!) *(avvedendosi di Florindo).* No se
bastona i servitori dei altri in sta maniera.
Quest l'è un affronto, che ha ricevudo el
me padron. *(verso la parte per dove è
andata Beatrice).*

Florindo.   Sì, è un affronto che ricevo io. Chi è colui
che ti ha bastonato?

Truffaldino. Mi no lo so, signor : nol conosso.

Florindo.   Penché ti ha battuto?

Truffaldino. Perché... perché gh'ho spudà su una
scarpa.

Florindo.   E ti lasci bastonare così? E non ti muovi,
e non ti difendi nemmeno? Ed esponi il
tuo padrone ad un affronto, ad un precipizio?

Scène 20

Truffaldin, puis Florindo sortant de l'auberge.

TRUFFALDIN *(après le départ de Béatrice).* Par ma batte !
par ma barbe[21] ! C'est comme ça qu'on
traite les hommes de ma sorte ? Les
serviteurs, quand ils ne font pas leur
service, on les renvoie, on ne leur donne
pas des coups de bâton.

FLORINDO *(sorti de l'auberge sans que Truffaldin le voie).*
Que dis-tu ?

TRUFFALDIN *(apercevant Florindo, à part).* Oh ! *(Haut,
dans la direction dans laquelle est partie
Béatrice).* On ne donne pas comme ça
des coups de bâton aux serviteurs des
autres. Ça, c'est une offense qu'on a faite
à mon patron.

FLORINDO.   Oui, c'est une offense qui m'est faite.
Qui est-ce qui t'a donné des coups de
bâton ?

TRUFFALDIN.   Moi je ne sais pas, monsieur : je ne le
connais pas.

FLORINDO.   Pourquoi t'a-t-il donné des coups de
bâton ?

TRUFFALDIN.   Parce que... parce que j'ai craché sur sa
chaussure.

FLORINDO.   Et tu te laisses donner comme ça des
coups de bâton ? Et tu ne bouges pas, et
tu ne te défends même pas ? Et tu
exposes ton maître à une offense, à une
ignominie ?

---

21. Truffaldin jure « par le sang » et « par le corps », non pas de
Dieu ni du diable, mais de lui-même. Plusieurs possibilités de
traduction, en plus de celle que j'ai notée dans le texte : « Sambleu
de moi ! Corbleu de moi ! » — « Par ma sambleu ! par ma corbleu »
— « Bon sang de moi ! Crénom de moi ! » Etc. !

Asino, poltronaccio che sei. *(prende il
bastone di terra)*. Se hai piacere a essere
bastonato, ti darò gusto, ti bastonerò
ancora io. *(lo bastona, e poi entra nella
locanda)*.

Truffaldino.   Adesso posso dir che son servitor de do
padroni. Ho tirà el salario da tutti do.
(entra nella locanda).

Ane bâté, vil poltron que tu es. *(Il ramasse le bâton).* Si tu aimes les coups de bâton, je te ferai plaisir, je te donnerai moi aussi des coups de bâton. *(Il le bat, et puis rentre à l'auberge.)*

TRUFFALDIN. Maintenant je peux dire que je suis le serviteur de deux patrons. J'ai reçu mon salaire de tous les deux. *(Il rentre à l'auberge.)*

ATTO TERZO

Scena prima

(SALA DELLA LOCANDA CON VARIE PORTE.)

Truffaldino solo, poi due Camerieri.

Truffaldino. Con una scoladina ho mandà via tutto el dolor delle bastonade; ma ho magnà ben, ho disnà ben, e sta sera cenerò meio, e fin che posso vôi servir do padroni, tanto almanco che podesse tirar do salari. Adress mo coss'oia da far? El primo patron l'è fora de casa, el segondo dorme; poderia giust adresso dar un poco de aria ai abiti; tirarli fora dei bauli, e vardar se i ha bisogno de gnente. Ho giusto le chiavi. Sta sala l'è giusto a proposito. Tirerò fora i bauli, e farò pulito. Bisogna che me fazza aiutar. Camerieri. *(chiama).*

Cameriere. *(Viene in compagnia d'un garzone.)* Che volete?
Truffaldino. Voria che me dessi una man a tirar fora certi bauli da quelle camere, per dar un poco de aria ai vestidi.

ACTE III

Scène 1

(Salle de l'auberge avec diverses portes)

Truffaldin seul, puis deux garçons.

TRUFFALDIN. Une petite secousse, et j'ai fait partir la douleur de ces coups de bâton ; mais j'ai bien mangé, j'ai bien déjeuné, ce soir je dînerai encore mieux, et aussi longtemps que je pourrai, je veux servir deux patrons, en tout cas tant que je pourrai en tirer deux salaires. Maintenant, qu'est-ce que j'ai à faire ? Mon premier maître est sorti, le deuxième dort ; ce serait le moment d'aérer un peu leurs vêtements, les sortir des malles et regarder s'il y a quelque chose à y faire. J'ai justement les clés. Cette salle convient très bien. J'y mettrai les malles et ce sera parfait. Il faut que je me fasse aider. *(Il appelle.)* Garçons.

GARÇON *(venant en compagnie d'un valet[1]).* Que voulez-vous ?

TRUFFALDIN. Je voudrais que vous m'aidiez à sortir deux malles de ces chambres-là, pour que j'aère un peu les vêtements.

1. Il s'agit ici d'un « garçon qui ne parle pas » ; comme il n'y a pas de mouvements scéniques particuliers, je traduis par « valet ».

Cameriere.	Andate : aiutategli. *(al garzone).*
Truffaldino.	Andemo, che ve darò de bona man una porzion de quel regalo che m'ha fatto i me padroni. *(entra in una camera col garzone).*
Cameriere.	Costui pare sia un buon servitore. È lesto, pronto, attentissimo ; però qualche difetto anch'egli avrà. Ho servito anch'io, e so come la va. Per amore non si fa niente. Tutto si fa o per pelar il padrone, o per fidarlo.
Truffaldino.	*(Dalla suddetta camera col garzone, portando fuori un baule.)* A pian; mettemolo qua. *(lo posano in mezzo alla sala).* Andemo a tor st'altro. Ma femo a pian, che el padron l'è in quell'altra stanza, che el dorme. *(entra col garzone nella camera di Florindo).*
Cameriere.	Costui o è un grand'uomo di garbo, o è un gran furbo : servir due persone in questa maniera non ho più veduto. Davvero voglio stare un po' attento ; non vorrei che un giorno o l'altro, col pretesto di servir due padroni, tutti due li spogliasse.
Truffaldino.	*(Dalla suddetta camara col garzone con l'altro baule.)* E questo mettemolo qua. *(lo posano in poca distanza da quell'altro).* Adesso, se volè andar, andè, che no me occore altro. *(al garzone).*
Cameriere.	Via, andate in cucina. *(al garzone che se ne va)* Avete bisogno di nulla? *(a Truffaldino).*

GARÇON *(au valet)*. Allez ; aidez-le.

TRUFFALDIN.   Allons, comme pourboire je vous donnerai une partie du cadeau que viennent de
me faire mes deux patrons[2]. *(Il entre
dans une chambre avec le valet.)*

GARÇON.   Celui-là, il a l'air d'un bon serviteur. Il
est agile, rapide, très attentionné ; mais il
doit bien avoir lui aussi un petit défaut.
J'ai été en service, moi, et je sais comment ça se passe. On ne fait jamais rien
par amour. On fait tout soit pour plumer
le patron, soit pour l'embobiner.

TRUFFALDIN *(sortant de la chambre avec le valet et
apportant la malle)*. Doucement ; met-
tons-la ici. *(Ils posent la malle au milieu
de la salle.)* Allons prendre l'autre. Mais
faisons doucement, parce que dans cette
chambre-là, il y a le patron qui dort. *(Il
entre avec le valet dans la chambre de
Florindo.)*

GARÇON.   Celui-là, ou bien c'est un modèle de
vertu, ou bien c'est un fieffé coquin :
servir deux personnes de cette façon, je
n'ai jamais vu ça. Vrai, il faut que je fasse
un peu attention ; je ne voudrais pas
qu'un jour ou l'autre, sous prétexte de
servir deux maîtres, il les dépouille tous
les deux.

TRUFFALDIN *(sortant de chez Florindo avec le valet, en
portant l'autre malle)*. Et celle-là, met-
tons-la ici. *(Ils la mettent près de la
première. Au valet.)* Maintenant, si vous
voulez vous en aller, allez-vous-en, je
n'ai plus besoin de rien.

GARÇON *(au valet qui s'en va)*. Vite, allez à la cuisine. *(A
Truffaldin.)* Vous n'avez besoin de rien ?

---

2. Bien qu'il n'y ait pas d'indication scénique, il s'agit évidemment
des coups de bâton de la scène précédente.

Truffaldino.   Gnente affatto. I fatti mii li fazzo da per mi.

Cameriere.   Oh va, che sei un omone ; se la duri, ti stimo. *(parte).*

Truffaldino.   Adesso farò le cosse pulito, con quiete, e senza che nissun me disturba. *(tira fuori di tasca una chiave).* Qual ela mo sta chiave ? Qual averzela de sti do bauli ? Proverò. *(apre un baule).* L'ho indovinada subito. Son el primo omo del mondo. E st'altra averzirà quell'altro. *(tira fuori di tasca l'altra chiave, e apre l'altro baule).* Eccoli averti tutti do. Tiremo fora ogni cossa. *(leva gli abiti da tutti due i bauli e li posa sul tavolino, avvertendo che in ciaschedun baule vi sia un abito di panno nero, dei libri e delle scritture, e altre cose a piacere).* Voio un po veder, se gh'è niente in te le scarselle. Delle volte i ghe mette dei buzzolai, dei confetti. *(visita le tasche del vestito nero di Beatrice, e vi trova un ritratto).* Oh bello ! Che bel ritratto ! Che bell'omo ! De chi saral sto ritratto ? L'è un'idea, che me par de cognosser, e no me l'arrecordo. El ghe someia un tantinin all'alter me padron ; ma no, nol gh'ha né sto abito, né sta perucca.

TRUFFALDIN.	Rien du tout. Mes affaires, je m'en charge tout seul.
GARÇON.	Bon, bon, tu es un grand bonhomme! si tu tiens le coup, tu as toute mon estime. *(Il s'en va.)*
TRUFFALDIN.	Maintenant, je vais faire les choses comme il faut, tranquillement, et sans que personne me dérange. *(Il sort une clé de sa poche.)* Quelle peut bien être cette clé? Laquelle elle ouvre, de ces deux malles? Je vais essayer. *(Il ouvre une malle.)* J'ai deviné tout de suite. Je suis le premier au monde. Et l'autre clé, c'est celle-là qu'elle doit ouvrir. *(Il sort de sa poche l'autre clé, et ouvre l'autre malle.)* Voilà, elles sont ouvertes toutes les deux. Nous allons tout sortir. *(Il sort les vêtements des deux malles et les pose sur une petite table — on notera que dans chaque malle il y a un habit de drap noir, des livres, des papiers et d'autres choses à volonté.)* Je veux regarder un peu s'il n'y a rien dans les poches. Des fois les gens y mettent des biscuits, des bonbons. *(Il visite les poches de l'habit noir de Béatrice, et y trouve un portrait.)* Ça alors! Le beau portrait! Le bel homme! Qui ça peut bien être, ce portrait? C'est une figure que je connais, je crois, mais je ne peux pas me rappeler. Il ressemble un tout petit peu à mon autre patron; mais non, il n'a ni cet habit, ni cette perruque.

Scena seconda

Florindo nella sua camera, e detto.

Florindo.	Truffaldino. *(chiamandolo dalla camera).*
Truffaldino.	O sia maledetto! El s'ha sveià. Se el diavol fa che el vegna fora, e el veda st'alter baul, el vorrà saver... Presto, presto, lo serrerò ; e dirò che no so de chi el sia. *(via riponendo le robe).*
Florindo.	Truffaldino. *(come sopra).*
Truffaldino.	La servo. *(risponde forte).* Che metta via la roba. Ma! No me recordo ben sto abito dove che el vada. E ste carte no me recordo dove che le fusse.
Florindo.	Vieni, o vengo a prenderti con un bastone? *(come sopra).*
Truffaldino.	Vengo subito. *(forte, come sopra).* Presto, avanti che el vegna. Co l'anderà fora de casa, giusterò tutto. *(mette le robe a caso nei due bauli, e li serra).*
Florindo.	*(Esce dalla sua stanza in veste da camera.)* Che cosa diavolo fai ? *(a Truffaldino).*
Truffaldino.	Caro signor, no m'ala dito che repulissa i panni ? Era qua che fava l'obbligo mio.
Florindo.	E quell'altro baule di chi è ?
Truffaldino.	No so gnente ; el sarà d'un altro forestier.
Florindo.	Dammi il vestito nero.
Truffaldino.	La servo. *(apre il baule di Florindo, e gli dà il suo vestito nero).*

Florindo si fa levare la veste da camera,
e si pone il vestito ;

Scène 2

Florindo dans sa chambre, et le précédent.

FLORINDO *(appelant de sa chambre)*. Truffaldin.

TRUFFALDIN. O maudit soit-il ! Il s'est réveillé. Si le diable veut qu'il sorte de sa chambre et qu'il voie la deuxième malle, il voudra savoir... Vite, vite, je range tout, et je dirai que je ne sais pas à qui elle est. *(Il remet les choses dedans.)*

FLORINDO *(comme précédemment)*. Truffaldin.

TRUFFALDIN *(répond en criant.)* Tout de suite. *(Bas.)* Il faut que je range. Allons bon ! Je ne me rappelle pas bien pour cet habit, où est-ce qu'il va ? Et ces papiers, je ne me rappelle pas où ils étaient.

FLORINDO *(comme précédemment)*. Tu viens, ou je vais te chercher avec un bâton ?

TRUFFALDIN *(fort, comme précédemment)*. Je viens tout de suite. *(A part.)* Vite, avant qu'il arrive. *(Il met les vêtements au hasard dans les deux malles et les ferme.)* Quand il quittera la maison, j'arrangerai tout.

FLORINDO *(apparaissant en robe de chambre, à Truffaldin)*. Que diable fais-tu donc ?

TRUFFALDIN. Monsieur mon maître, vous ne m'avez pas dit de nettoyer vos vêtements ? J'étais là, en train de faire mon office.

FLORINDO. Et l'autre malle, à qui est-elle ?

TRUFFALDIN. Je n'en sais rien ; à un autre étranger, probablement.

FLORINDO. Donne-moi mon habit noir.

TRUFFALDIN. Tout de suite. *(Il ouvre la malle de Florindo et lui donne son habit noir.)*

Florindo se fait aider à enlever sa robe de chambre et endosse l'habit ;

poi, mettendo le mani in tasca,
trova il rittrato.

Florindo.	Che è questo? *(maravigliandosi del ritratto).*
Truffaldino.	(Oh diavolo! Ho fallà. In vece de metterlo in tel vestido de quel alter, l'ho mess in questo. El color m'ha fatto fallar). *(da sé).*
Florindo.	(Oh cieli! Non m'inganno io già. Questo è il mio ritratto; il mio ritratto che donai io medesimo alla mia cara Beatrice). Dimmi, tu, come è entrato nelle tasche del mio vestito questo ritratto, che non vi era?
Truffaldino.	(Adesso mo no so come covrirla. Me inzegnerò). *(da sé).*
Florindo.	Animo, dico; parla, rispondi. Questo ritratto, come nelle mie tasche?
Truffaldino.	Caro sior padron, la compatissa la confidenza che me son tolto. Quel ritratt l'è roba mia; per no perderlo, l'aveva nascosto là drento. Per amor del ciel, la me compatissa.
Florindo.	Dove hai avuto questo rittratto?
Truffaldino.	L'ho eredità dal me padron.
Florindo.	Ereditato?
Truffaldino.	Sior sì, ho servido un padron, l'è morto, el m'ha lassà delle bagattelle che le ho vendude, e m'è restà sto ritratt.
Florindo.	Oimè! Quanto tempo è che è morto questo tuo padrone?
Truffaldino.	Sarà una settimana. (Digo quel che me vien alla bocca). *(da sé).*
Florindo.	Come chiamavasi questo tuo padrone?
Truffaldino.	Nol so, signor; el viveva incognito.

puis, mettant les mains dans les poches,
il trouve le portrait.

FLORINDO *(surpris en voyant le portrait)*. Qu'est-ce que c'est que ça?

TRUFFALDIN *(à part)*. Oh diable. Je me suis trompé. Au lieu de le mettre dans l'habit de l'autre patron, je l'ai mis dans le sien. C'est la couleur qui m'a trompé.

FLORINDO *(à part)*. Ciel! Non, non, ce n'est pas une erreur. C'est mon portrait; mon portrait, que j'ai moi-même donné à ma chère Béatrice. *(A Truffaldin.)* Dis-moi, toi, comment ce portrait a-t-il pu se glisser dans les poches de mon habit, alors qu'il n'y était pas auparavant.

TRUFFALDIN *(à part)*. Et maintenant, comment faire passer ça? Je vais inventer quelque chose.

FLORINDO. Allons, parle, te dis-je, réponds. Ce portrait, comment se trouve-t-il dans mes poches?

TRUFFALDIN. Cher monsieur mon patron, pardonnez la liberté que j'ai prise. Ce portrait est à moi; pour ne pas le perdre, je l'avais caché là-dedans. Pour l'amour du ciel, pardonnez-moi.

FLORINDO. D'où te vient-il, ce portrait?

TRUFFALDIN. Je l'ai hérité de mon patron.

FLORINDO. Hérité?

TRUFFALDIN. Oui monsieur. J'avais un patron, il est mort, il m'a laissé quelques bricoles que j'ai vendues, et il m'est resté ce portrait.

FLORINDO. Hélas! Depuis combien de temps est-il mort, ton maître?

TRUFFALDIN. Ça doit faire une semaine. *(A part.)* Je dis ce qui me vient au bout de la langue.

FLORINDO. Comment s'appelait-il, ce maître?

TRUFFALDIN. Je ne sais pas, monsieur; il vivait incognito.

Florindo.	Incognito? Quanto tempo lo hai tu servito?
Truffaldino.	Poco : dise o dodese zorni.
Florindo.	(Oh cielo! Sempre più tremo, che non sia stata Beatrice! Fuggì in abito d'uomo... viveva incognita... Oh me infelice, se fosse vero!) *(da sé)*.
Truffaldino.	(Col crede tutto, ghe ne racconterò delle belle). *(da sé)*.
Florindo.	Dimmi, era giovine il tuo padrone? *(con affanno)*.
Truffaldino.	Sior si, zovene.
Florindo.	Senza barba?
Truffaldino.	Senza barba.
Florindo.	(Era ella senz'altro). *(da sé, sospirando)*.
Truffaldino.	(bastonade spereria de no ghe n'aver). *(da sé)*.
Florindo.	Sai la patria almeno del tuo defonto padrone?
Truffaldino.	La patria la saveva, e no me l'arrecordo.
Florindo.	Torinese forse?
Truffaldino.	Sior sì, turinese.
Florindo.	(Ogni accento di costui è una stoccata al mio cuore). *(da sé)*. Ma dimmi : è egli veramente morto questo giovine torinese?
Truffaldino.	L'è morto siguro.
Florindo.	Di qual male è egli morto?
Truffaldino.	Gh'è vegnù un accidente; e l'è andà. (Cussi me destrigo). *(da sé)*.
Florindo.	Dove è stato sepolto?
Truffaldino.	(Un altro imbroio). *(da sé)*. No l'è stà sepolto, signor; perché un alter servitor, so patrioto, l'ha avù la licenza de metterlo in t'una cassa, e mandarlo al so paese.

FLORINDO.   Incognito ? Combien de temps as-tu été à
            son service ?

TRUFFALDIN.   Pas longtemps ; dix ou douze jours.

FLORINDO *(à part)*. Ciel ! Je tremble à l'idée que ce soit
            Béatrice ! Elle s'est enfuie habillée en
            homme... elle vivait incognito... Malheur
            à moi, si c'était vrai !

TRUFFALDIN *(à part)*. Puisqu'il gobe tout, je vais lui en
            raconter de belles.

FLORINDO *(anxieux)*. Dis-moi, était-il jeune, ton maître ?

TRUFFALDIN.   Oui monsieur, jeune.

FLORINDO.   Sans barbe ?

TRUFFALDIN.   Sans barbe.

FLORINDO *(à part, en soupirant)*. C'était elle, sans aucun
            doute.

TRUFFALDIN *(à part)*. Les coups de bâton, j'aimerais bien
            y échapper.

FLORINDO.   Sais-tu au moins d'où était ton défunt
            maître ?

TRUFFALDIN.   D'où il était, je le savais, et je ne m'en
            souviens pas.

FLORINDO.   De Turin, peut-être ?

TRUFFALDIN.   Oui monsieur, Turin.

FLORINDO *(à part)*. Chacune de ses paroles me perce le
            cœur. Mais dis-moi : est-il vraiment
            mort, ce jeune Turinois ?

TRUFFALDIN.   Il est mort, assurément.

FLORINDO.   De quelle maladie est-il mort ?

TRUFFALDIN.   Il a eu une attaque, et il est trépassé. *(A
            part.)* Comme ça, je me tire d'affaire.

FLORINDO.   Où a-t-il été enterré ?

TRUFFALDIN *(à part)*. Encore une complication. *(Haut.)*
            Il n'a pas été enterré, monsieur ; parce
            qu'un autre serviteur, son compatriote, a
            obtenu la permission de le mettre en
            bière et de l'expédier dans son pays.

Florindo.	Questo servitore era forse quello che ti fece stamane ritirar dalla Posta quella lettera?
Truffaldino.	Sior sì, giusto Pasqual.
Florindo.	(Non vi è più speranza. Beatrice è morta. Misera Beatrice! i disagi del viaggio, i tormenti del cuore l'avranno uccisa. Oimè! non posso reggere all'eccesso del mio dolore). *(da sé, ed entra nella sua camera).*

Scena terza

Truffaldino, poi Beatrice e Pantalone.

Truffaldino.	Coss'è st'imbroio? L'è addolorà, el pianze, el se despera. no voria mi co sta favola averghe sveià l'ipocondria. Mi l'ho fatto per schivar el complimento delle bastonade, e per no scovrir l'imbroio dei do bauli. Quel ritratto gh'ha fatto mover i vermi. Bisogna che el lo conossa. Orsù, l'è mei che torna a portar sti bauli in camera, e che me libera da un'altra seccatura compagna. Ecco qua quell'alter padron. Sta volta se divide la servitù, e se me fa el ben servido. *(accennando le bastonate).*
Beatrice.	Credetemi, signor Pantalone, che l'ultima partita di specchi e cera è duplicata.
Pantalone.	Poderia esser che i zoveni avesse fallà. Faremo passar i conti un'altra volta col scrittural; incontreremo e vederemo la verità.
Beatrice.	Ho fatto anch'io un estratto di diverse partite cavate dai nostri libri.

FLORINDO.   Ce serviteur, c'est peut-être celui qui t'a
                 chargé ce matin de retirer la lettre à la
                 poste ?
TRUFFALDIN.   Oui monsieur, justement, Pasquale.
FLORINDO *(à part)*. Il n'y a plus aucun espoir. Béatrice est
                 morte. Pauvre Béatrice, les fatigues du
                 voyage, les chagrins ont dû la tuer.
                 Hélas ! je ne peux soutenir l'excès de ma
                 douleur. *(Il entre dans sa chambre.)*

Scène 3

Truffaldin, puis Béatrice et Pantalon.

TRUFFALDIN.   Qu'est-ce que c'est que cette em-
                 brouille ? Il a du chagrin, il pleure, il se
                 désespère. Je ne voudrais pas que mon
                 invention le plonge dans l'hypocondrie.
                 Je l'ai fait pour éviter d'être félicité par des
                 coups de bâton, et pour ne pas révéler
                 l'embrouille des deux malles. Ce portrait
                 lui fait mal au ventre. Il faut croire qu'il
                 connaît l'original. Allons, il vaut mieux
                 que je rapporte ces malles dans leur
                 chambre et que je m'épargne un autre
                 ennui de ce genre. Voilà mon autre
                 patron. Cette fois j'en aurai deux à
                 servir, et si je reçois mon dû... *(il esquisse
                 des coups de bâton).*
BÉATRICE.   Croyez-m'en, monsieur Pantalon, la der-
                 nière facture de miroirs et de bougies est
                 comptée deux fois.
PANTALON.   Il pourrait se faire que les commis se
                 soient trompés. Nous la ferons vérifier
                 par mon comptable, nous comparerons,
                 et nous verrons s'il y a une erreur.
BÉATRICE.   J'ai fait moi aussi des relevés de nos livres
                 de compte.

Ora lo riscontreremo. Può darsi che si
dilucidi o per voi, o per me. Truffaldino?

Truffaldino.	Signor.
Beatrice.	Hai tu le chiavi del mio baule?
Truffaldino.	Sior sì; eccole qua.
Beatrice.	Perché l'hai portato in sala il mio baule?
Truffaldino.	Per dar un poco de aria ai vestidi.

Beatrice.	Hai fatto?
Truffaldino.	Ho fatto.
Beatrice.	Apri e dammi... Quell'altro baule di chi è?
Truffaldino.	L'è d'un altro forestier, che è arrivado.

Beatrice.	Dammi un libro di memorie, che troverai nel baule.
Truffaldino.	Sior sì. (El ciel me la manda bona). *(da sé, apre e cerca il libro).*
Pantalone.	Pol esser, come ghe digo, che i abbia fallà. In sto caso, error no fa pagamento.

Beatrice.	E può essere che così vada bene; lo riscontreremo.
Truffaldino.	Elo questo? *(presenta un libro di scritture a Beatrice).*
Beatrice.	Sarà questo. *(lo prende senza molto osservarlo, e lo apre).* No, non è questo... Di chi è questo libro?
Truffaldino.	(L'ho fatta). *(da sé).*
Beatrice.	(Queste sono due lettere da me scritte a Florindo. Oimè! Queste memorie, questi conti appartengono a lui. Sudo, tremo, non so in che mondo mi sia). *(da sé).*

Pantalone.	Cossa gh'è, sior Federigo? Se sentelo gnente?
Beatrice.	Niente. (Truffaldino, come nel mio baule evvi questo libro che non è mio?) *(piano a Truffaldino).*

Nous comparerons. Il se peut que cela se décide ou pour vous, ou pour moi. Truffaldin ?

TRUFFALDIN.   Monsieur.

BÉATRICE.   As-tu les clés de ma malle ?

TRUFFALDIN.   Oui monsieur ; les voilà.

BÉATRICE.   Pourquoi l'as-tu apportée ici ?

TRUFFALDIN.   Pour faire prendre un peu l'air à vos vêtements.

BÉATRICE.   Tu l'as fait ?

ARLEQUIN.   Je l'ai fait.

BÉATRICE.   Ouvre et donne-moi... L'autre malle, à qui est-elle ?

TRUFFALDIN.   Elle est à un autre étranger, qui vient d'arriver.

BÉATRICE.   Donne-moi un livre de comptes, que tu trouveras dans la malle.

TRUFFALDIN.   Oui monsieur. *(A part.)* Que le ciel me protège ! *(Il ouvre et cherche le livre.)*

PANTALON.   Il est possible, comme je vous le dis, qu'ils se soient trompés. En ce cas, erreur ne fait pas compte.

BÉATRICE.   C'est peut-être vous qui avez raison ; nous comparerons.

TRUFFALDIN *(présentant un livre de comptes à Béatrice).* C'est ça ?

BÉATRICE.   Peut-être. *(Elle le prend sans bien le regarder et l'ouvre.)* Non, ce n'est pas celui-ci... A qui est ce registre ?

TRUFFALDIN *(à part).* En plein dans le mille.

BÉATRICE *(à part).* Ce sont deux lettres que j'ai écrites à Florindo. Hélas ! Ces mémoires, ces comptes lui appartiennent ! Je suis en eau, je tremble, je ne sais en quel monde je suis.

PANTALON.   Qu'y a-t-il, monsieur Federigo ? Vous ne vous sentez pas mal ?

BÉATRICE.   Pas du tout. *(Bas, à Truffaldin.)* Truffaldin, comment se fait-il qu'il y ait dans ma malle ce registre qui ne m'appartient pas ?

Truffaldino.	Mi no saveria...
Beatrice.	Presto, non ti confondere, dimmi la verità.
Truffaldino.	Ghe domando scusa dell'ardir che ho avudo de metter quel libro in tel so baul. L'è roba mia, e per non perderlo, l'ho messa là. (L'è andada ben con quell'alter, pol esser che la vada ben anca con questo). *(da sé).*
Beatrice.	Questo libro è tuo, e non lo conosci, e me lo dai in vece del mio?
Truffaldino.	(Oh, questo l'è ancora più fin). *(da sé)* Ghe dirò : l'è poc tempo che l'è mio, e cussì subito no lo conosso.
Beatrice.	E dove hai avuto tu questo libro?
Truffaldino.	Ho servido un padron a Venezia, che l'è morto, e ho eredità sto libro.
Beatrice.	Quanto tempo è?
Truffaldino.	Che soia mi? Dies o dodese zorni.
Beatrice.	Come può darsi, se io ti ho ritrovato a Verona?
Truffaldino.	Giust allora vegniva via de Venezia per la morte del me padron.
Beatrice.	(Misera me!) *(da sé)* Questo tuo padrone aveva nome Florindo?
Truffaldino.	Sior sì, Florindo.
Beatrice.	Di famiglia Aretusi?
Truffaldino.	Giusto, Aretusi.
Beatrice.	Ed è morto sicuramente?
Truffaldino.	Sicurissimamente.
Beatrice.	Di che male è egli morto? Dove è stato sepolto?
Truffaldino.	L'è cascà in canal, el s'ha negà, e nol s'ha più visto.

TRUFFALDIN.   Je ne sais pas, moi...

BÉATRICE.   Vite, ne te trouble pas, dis-moi la vérité.

TRUFFALDIN.   Je vous demande pardon pour l'audace
                     que j'ai eue de mettre ce registre dans
                     votre malle. C'est à moi, et pour ne pas le
                     perdre, je l'ai mis là-dedans. *(A part.)* Ça
                     a marché avec l'autre, peut-être que ça
                     marchera aussi avec celui-ci.

BÉATRICE.   Ce registre t'appartient, et tu ne le recon-
                     nais pas, et tu me le donnes à la place du
                     mien ?

TRUFFALDIN *(à part)*. Oh, celui-là il est encore plus
                     malin. *(Haut.)* Je vais vous dire : il n'y a
                     pas longtemps qu'il est à moi, et comme
                     ça, du premier coup, je ne l'ai pas
                     reconnu.

BÉATRICE.   Et d'où tiens-tu ce registre ?

TRUFFALDIN.   J'ai servi un patron, à Venise, qui est
                     mort, et j'en ai hérité.

BÉATRICE.   Il y a combien de temps ?

TRUFFALDIN.   Qu'est-ce que j'en sais ? Dix ou douze
                     jours.

BÉATRICE.   Comment est-ce possible, puisque je t'ai
                     rencontré à Vérone ?

TRUFFALDIN.   J'avais juste quitté Venise à cause de la
                     mort de mon patron.

BÉATRICE *(à part)*. Pauvre de moi ! *(Haut.)* Ton maître
                     s'appelait-il Florindo ?

TRUFFALDIN.   Oui monsieur, Florindo.

BÉATRICE.   Aretusi ?

TRUFFALDIN.   Exact, Aretusi.

BÉATRICE.   Et il est mort, c'est sûr ?

TRUFFALDIN.   Archi-sûr.

BÉATRICE.   De quelle maladie est-il mort ? Où a-t-il
                     été enterré ?

TRUFFALDIN.   Il est tombé dans le canal, il s'est noyé, et
                     on ne l'a plus vu.

Beatrice.   Oh me infelice! Morto è Florindo, morto
                   è il mio bene, morta è l'unica mia
                   speranza. A che ora mi serve questa
                   inutile vita, se morto è quello per cui
                   unicamente viveva? Oh vane lusinghe!
                   Oh cure gettate al vento! Infelici stratta-
                   gemmi d'amore! Lascio la patria, abban-
                   dono i parenti, vesto spoglie virili, mi
                   avventuro ai pericoli, azzardo la vita
                   istessa, tutto fo per Florindo e il mio
                   Florindo è morto. Sventurata Beatrice!
                   Era poco la perdita del fratello, se non ti
                   si aggiungeva quella ancor dello sposo?
                   Alla morte di Federigo volle il cielo che
                   succedesse quella ancor di Florindo. Ma
                   se io fui la cagione delle morti loro, se io
                   sono la rea, perché contro di me non
                   s'arma il cielo a vendetta? Inutile è il
                   pianto, vane son le querele, Florindo è
                   morto. Oimè! Il dolore mi opprime. Più
                   non veggo la luce. Idolo mio, caro sposo,
                   ti seguirò disperata. (parte smaniosa, ed
                   entra nella sua camera).

Pantalone. (Inteso con ammirazione tutto il discorso[1], e
                   la disperazione di Beatrice.) Truffaldino!
Truffaldino.   Sior Pantalon!
Pantalone.   Donna!
Truffaldino.   Femmena!
Pantalone.   Oh che caso!
Truffaldino.   Oh che maraveia!
Pantalone.   Mi resto confuso.
Truffaldino.   Mi son incantà.
Pantalone.   Ghe lo vago a dir a mia fia. (parte).

1. Ed. 1753 : « ... di Beatrice, siccome anche Truffaldino. »

BÉATRICE. Oh malheur à moi ! Avec la mort de Florindo, mort est mon bonheur, morte mon unique espérance. A quoi me sert maintenant cette vie inutile, puisque mort est celui pour qui seul je vivais ? Oh vaines illusions ! Oh peines jetées au vent ! Misérables stratagèmes amoureux ! Je quitte ma patrie, j'abandonne ma famille, je revêts des habits d'homme, j'affronte le danger, je risque même ma vie, tout cela pour Florindo, et mon Florindo est mort. Infortunée Béatrice ! Il ne suffisait pas que tu eusses perdu ton frère, il te fallait aussi perdre ton fiancé ? A la mort de Federigo le ciel a voulu que s'ajoute celle de Florindo. Mais si j'ai été cause de leur mort, si j'en suis coupable, pourquoi le ciel ne s'arme-t-il pas pour me punir ? Les larmes sont inutiles, les plaintes sont vaines, Florindo est mort. Hélas ! La douleur m'oppresse. Mes regards s'obscurcissent ! Mon idole, mon cher époux, je te suivrai désespérée. *(Elle part hors d'elle et entre dans sa chambre.)*

PANTALON *(qui a[3] écouté avec étonnement tout le discours et le désespoir de Béatrice).* Truffaldin !

TRUFFALDIN. Monsieur Pantalon !

PANTALON. Une femme !

TRUFFALDIN. Une femelle[4] !

PANTALON. Quelle affaire !

TRUFFALDIN. Quelle aventure !

PANTALON. J'en reste confus.

TRUFFALDIN. J'en suis pétrifié.

PANTALON. Je vais le dire à ma fille. *(Il s'en va.)*

---

3. Ed. 1753 : « *comme Truffaldin* ».

4. L'opposition est entre *donna* et *femmina*. Si « femelle » semble un peu rude, on peut dire « fille ».

Truffaldino.	No so più servitor de do padroni, ma de un padron e de una padrona. *(parte)*.

Scena quarta

(STRADA COLLA LOCANDA.)

Dottore, poi Pantalone dalla locanda.

Dottore.	Non mi posso dar pace di questo vecchiaccio di Pantalone. Più che ci penso, più mi salta la bile.
Pantalone.	Dottor caro, ve reverisso. *(con allegria)*.
Dottore.	Mi maraviglio che abbiate anche tanto ardire di salutarmi.
Pantalone.	V'ho da dar una nova. Sappiè...
Dottore.	Volete forse dirmi che avete fatto le nozze? Non me n'importa un fico.
Pantalone.	No xe vero gnente. Lasseme parlar, in vostra malora.
Dottore.	Parlate, che il canchero vi mangi.
Pantalone.	(Adessadesso me vien voggia de dottorarlo a pugni). *(da sé)*. Mia fia, se volè, la sarà muggier de vostro fio.
Dottore.	Obbligatissimo, non v'incomodate. Mio figlio non è di sì buon stomaco[2]. Datela al signor torinese.
Pantalone.	Co saverè chi xe quel turinese, no dirè cussì.

2. Ed. 1753 : « ... stomaco, non vuole gli avanzi di nessuno. »

TRUFFALDIN.   Je ne suis plus le serviteur de deux patrons, mais le serviteur d'un patron et d'une patronne.

Scène 4

(RUE AVEC VUE DE L'AUBERGE.)

Le Docteur, puis Pantalon sortant de l'auberge.

DOCTEUR.   Je n'arrive plus à trouver la paix à cause de cette vieille chiffe de Pantalon. Plus j'y pense, plus ma bile s'échauffe.

PANTALON *(tout joyeux)*. Mon cher Docteur, mes respects.

DOCTEUR.   Je m'étonne que vous ayez le front de me saluer.

PANTALON.   J'ai une nouvelle à vous annoncer. Sachez...

DOCTEUR.   Vous voulez sans doute me dire que vous avez célébré les noces? Je m'en soucie comme d'une guigne.

PANTALON.   Ce n'est pas ça du tout. Laissez-moi parler, que diable.

DOCTEUR.   Parlez, que la peste vous étouffe[5].

PANTALON *(à part)*. Je brûle de le saluer docteur à coups de poing[6]. *(Haut.)* Ma fille, si vous voulez, sera la femme de votre fils.

DOCTEUR.   Très obligé, ne vous donnez pas ce mal. Mon fils a l'estomac plus délicat[7]. Donnez-la au monsieur de Turin.

PANTALON.   Quand vous saurez qui est ce monsieur de Turin, vous ne direz plus la même chose.

---

5. Le Docteur dit, comme les personnages de Ruzante, « que le chancre vous dévore ».

6. Litt. « *dottorarlo* », de lui donner son grade de docteur. On peut préférer « de lui enfoncer son doctorat dans la gorge », ou « dans le crâne » : en ce cas, on peut « jouer » les coups de poing.

7. Ed. 1753 : « il ne veut pas des restes d'un autre ».

Dottore.	Sia chi esser si voglia. Vostra figlia è stata veduta con lui, *et hoc sufficit.*
Pantalone.	Ma no xe vero che el sia...
Dottore.	Non voglio sentir altro.
Pantalone.	Se no me ascolterè, sarà pezo per vu.

Dottore.	Lo vedremo per chi sarà peggio.
Pantalone.	Mia fia la xe una putta onorata; e quella...
Dottore.	Il diavolo che vi porti.
Pantalone.	Che ve strascina.
Dottore.	Vecchio senza parola e senza riputazione. *(parte).*

Scena quinta

Pantalone e poi Silvio.

Pantalone.	Siestu maledetto. El xe una bestia vestio da omo costù. Gh'oggio mai podesto dir che quella xe una donna? Mo, sior no, nol vol lassar parlar. Ma xe qua quel spuzzetta de so fio; m'aspetto qualche altra insolenza.
Silvio.	(Ecco Pantalone. Mi sento tentato di cacciargli la spada nel petto). *(da sé).*
Pantalone.	Sior Silvio, con so bona grazia, averave da darghe una buona niova, se la se degnasse de lassarme parlar, e che no la fusse come quella masena da molin de so sior pare.
Silvio.	Che avete a dirmi? Parlate.
Pantalone.	La sappia che el matrimonio de mia fia co sior Federigo xe andà a monte.
Silvio.	È vero? Non m'ingannate?

DOCTEUR.   Qu'il soit ce qu'on voudra. Votre fille a
été vue avec lui, *et hoc sufficit*[8].

PANTALON.   Mais puisqu'il n'est pas vrai qu'il est...

DOCTEUR.   Je ne veux pas en entendre davantage.

PANTALON.   Si vous ne voulez pas m'écouter, tant pis
pour vous.

DOCTEUR.   On verra bien pour qui ce sera tant pis.

PANTALON.   Ma fille est une fille d'honneur; et
cette...

DOCTEUR.   Le diable vous emporte.

PANTALON.   Qu'il vous traîne en enfer.

DOCTEUR.   Vieillard sans parole et sans réputation.
(Il s'en va.)

Scène 5

Pantalon, puis Silvio.

PANTALON.   Maudit sois-tu. C'est une bête habillée en
homme, celui-là. Est-ce que j'ai seule-
ment pu lui dire que Federigo est une
femme? Mais non, non monsieur, il ne
vous laisse pas parler. Ah voilà son
blanc-bec de fils, je m'attends à quelque
autre insolence.

SILVIO *(à part).* Voilà Pantalon. J'ai bonne envie de lui
passer mon épée à travers le corps.

PANTALON.   Monsieur Silvio, si vous permettez, j'aurais une bonne nouvelle à vous annoncer,
si vous daigniez me laisser parler, et si
vous n'étiez pas un moulin à paroles
comme monsieur votre père.

SILVIO.   Qu'avez-vous à me dire? Parlez.

PANTALON.   Sachez que le mariage de ma fille avec
monsieur Federigo est tombé à l'eau.

SILVIO.   C'est vrai? Vous ne me trompez pas?

---

8. « et cela suffit ».

Pantalone.	Ghe digo la verità, e se la xe più de quell' umor, mia fia xe pronta a darghe la man.
Silvio.	Oh cielo! Voi mi ritornate da morte a vita.
Pantalone.	(Via, via, nol xe tanto bestia, come so pare). *(da sé).*
Silvio.	Ma! oh cieli! Come potrò stringere al seno colei che con un altro sposo ha lungamente parlato?
Pantalone.	Alle curte. Federigo Rasponi xe deventà Beatrice, so sorella.
Silvio.	Come! Io non vi capisco.
Pantalone.	Sè ben duro de legname. Quel che se credeva Federigo, s'ha scoverto per Beatrice.
Silvio.	Vestita da uomo?
Pantalone.	Vestia da omo.
Silvio.	Ora la capisco.
Pantalone.	Alle tante.
Silvio.	Come andò? Raccontatemi.
Pantalone.	Andemo in casa. Mia fia non sa gnente. Con un racconto solo soddisfarò tutti do.
Silvio.	Vi seguo, e vi domando umilmente perdono, se trasportato dalla passione...
Pantalone.	A monte; ve compatisso. So cossa che xe amor. Andemo, fio mio, vegnì con mi. *(parte).*
Silvio.	Chi più felice è di me? Qual cuore può esser più contento del mio? *(parte con Pantalone).*

PANTALON.	Je vous dis la vérité, et si vous n'avez pas changé de sentiment, ma fille est prête à vous donner sa main.
SILVIO.	Oh ciel ! vous me rendez la vie.

PANTALON *(à part).* Bon, bon, il n'est pas aussi buté[9] que son père.

SILVIO.	Mais ! oh ciel ! Comment pourrai-je serrer sur mon sein celle qui a longuement parlé avec un autre ?
PANTALON.	Abrégeons. Federigo Rasponi est devenu Béatrice sa sœur.
SILVIO.	Comment ! Je ne vous comprends pas.
PANTALON.	Vous avez la tête dure comme du bois. Celui qu'on prenait pour Federigo s'est révélé être Béatrice.
SILVIO.	Habillée en homme ?
PANTALON.	Habillée en homme.
SILVIO.	Maintenant je vous comprends.
PANTALON.	Tout de même.
SILVIO.	Comment cela s'est-il passé ? Racontez-moi.
PANTALON.	Allons à la maison. Ma fille ne sait rien. Je ferai d'une pierre deux coups.
SILVIO.	Je vous suis, et je vous demande humblement pardon si, dans un transport de passion...
PANTALON.	Finissons-en ; je vous comprends. Je sais ce que c'est que l'amour. Allez, mon fils, venez avec moi. *(Il s'en va.)*
SILVIO.	Peut-on être plus heureux que moi ? Peut-on avoir le cœur plus comblé ? *(Il s'en va avec Pantalon.)*

9. Litt. « il n'est pas aussi animal que son père ».

Scena sesta

(SALA DELLA LOCANDA CON VARIE PORTE.)

*Beatrice e Florindo escono ambidue dalle loro camere
con un ferro alla mano, in atto di volersi uccidere :
trattenuti quella da Brighella,
e questi dal Cameriere della locanda ;
e s'avanzano in modo che i due amanti
non si vedono fra di loro.*

Brighella.	La se fermi. *(afferrando la mano a Beatrice).*
Beatrice.	Lasciatemi per carità. *(si sforza per liberarsi da Brighella).*
Cameriere.	Questa è una disperazione. *(a Florindo, trattenendolo).*
Florindo.	Andate al diavolo. *(si scioglie dal Cameriere).*
Beatrice.	Non vi riuscirà d'impedirmi. *(si allontana da Brighella. Tutti due s'avanzano, determinati di volersi uccidere, e vedendosi e riconoscendosi, rimangono istupiditi).*

Florindo.	Che vedo !
Beatrice.	Florindo !
Florindo.	Beatrice !
Beatrice.	Siete in vita ?
Florindo.	Voi pur vivete ?
Beatrice.	Oh sorte !
Florindo.	Oh anima mia ! *(si lasciano cadere i ferri, e si abbracciano).*

Scène 6

(SALLE DE L'AUBERGE AVEC DIVERSES PORTES.)

*Béatrice et Florindo sortent chacun de leur chambre
avec un couteau à la main, pour se suicider, retenus,
l'une par Brighella et l'autre par le garçon de l'auberge ;
les deux amants s'avancent
de manière à ne pas se voir l'un l'autre.*

BRIGHELLA *(saisissant la main de Béatrice)*. Arrêtez.

BÉATRICE *(s'efforçant de se libérer de Brighella)*. Laissez-moi, au nom du ciel.

GARÇON *(à Florindo, en le retenant)*. C'est un acte de désespoir.

FLORINDO *(se dégageant)*. Allez au diable.

BÉATRICE *(s'éloignant de Brighella)*. Vous n'arriverez pas à m'en empêcher.

*Tous deux s'avancent, déterminés à se suicider,
et en se voyant, en se reconnaissant,
ils demeurent stupides.*

FLORINDO.   Que vois-je !
BÉATRICE.   Florindo !
FLORINDO.   Béatrice !
BÉATRICE.   Vous êtes en vie ?
FLORINDO.   Vous êtes vivante ?
BÉATRICE.   Oh bonheur !
FLORINDO.   Oh mon âme !

Ils laissent tomber leur couteau et s'embrassent.

Brighella.   Tolè su quel sangue, che nol vada de mal.
               (al Cameriere scherzando, e parte).

Cameriere.   (Almeno voglio avanzar questi coltelli.
               Non glieli do più). *(prende i coltelli da
               terra, e parte).*

                    Scena settima

            Beatrice, Florindo, poi Brighella.

Florindo.   Qual motivo vi aveva ridotta a tale dispe-
               razione?
Beatrice.   Una falsa novella della vostra morte.
Florindo.   Chi fu che vi fece credere la mia morte?
Beatrice.   Il mio servitore.
Florindo.   Ed il mio parimente mi fece credere voi
               estinta, e trasportato da egual dolore
               volea privarmi di vita.

Beatrice.   Questo libro fu cagion ch'io gli prestai
               fede.
Florindo.   Questo libro era nel mio baule. Come
               passò nelle vostre mani? Ah sì, vi sarà
               pervenuto, come nelle tasche del mio
               vestito ritrovai il mio ritratto; ecco il mio
               ritratto, ch'io diedi a voi in Torino.

Beatrice.   Quei ribaldi dei nostri servi, sa il cielo
               che cosa avranno fatto. Essi sono stati la
               causa del nostro dolore e della nostra
               disperazione.
Florindo.   Cento favole il mio mi ha raccontato di
               voi.

BRIGHELLA *(au garçon, en plaisantant).* Nettoyez cette flaque de sang, ce n'est pas propre [10]. *(Il sort.)*

GARÇON *(à part).* Je veux en tout cas mettre ces couteaux à l'abri. Je ne les leur prête plus. *(Il ramasse les couteaux par terre et s'en va.)*

Scène 7

Béatrice, Florindo, puis Brighella.

FLORINDO.	Qu'est-ce qui vous avait ainsi réduite au désespoir?
BÉATRICE.	La fausse nouvelle de votre mort.
FLORINDO.	Qui donc vous a fait croire à ma mort?
BÉATRICE.	Mon serviteur.
FLORINDO.	Et c'est le mien aussi qui m'a fait croire que vous n'étiez plus, et dans un même transport de douleur je voulais m'ôter la vie.
BÉATRICE.	C'est ce registre qui m'a abusé.
FLORINDO.	Ce registre était dans ma malle. Comment est-il arrivé entre vos mains? Ah oui! sans doute de la même façon que mon portrait dans la poche de mon habit; le voici, le portrait que je vous donnai à Turin.
BÉATRICE.	Dieu sait ce qu'ils ont pu faire, les scélérats. Ils sont la cause de notre douleur et de notre désespoir.
FLORINDO.	Le mien m'a raconté mille fables sur vous.

10. Litt. « afin que ça ne se putréfie pas ». Il est tentant d'aller jusqu'à « ça va puer », ou de changer le registre de la plaisanterie (« on va glisser dessus »).

Beatrice.	Ed altrettante ne ho io di voi dal servo mio tollerate.
Florindo.	E dove sono costoro?
Beatrice.	Più non si vedono.
Florindo.	Cerchiamo di loro e confrontiamo la verità. Chi è di là? Non vi è nessuno? *(chiama).*
Brighella.	La comandi.
Florindo.	I nostri servidori dove sono eglino?
Brighella.	Mi no lo so, signor. I se pol cercar.
Florindo.	Procurate di ritrovarli, e mandateli qui da noi.
Brighella.	Mi no ghe no conosso altro che uno; lo dirò ai camerieri; lori li cognosserà tutti do. Me rallegro con lori che i abbia fatt una morte cussì dolce; se i se volesse far seppelir, che i vada in un altro logo, che qua no i stà ben. Servitor de lor signori. *(parte).*

Scena ottava

Florindo e Beatrice.

Florindo.	Voi pure siete in questa locanda alloggiata?
Beatrice.	Ci sono giunta stamane.
Florindo.	Ed io stamane ancora. E non ci siamo prima veduti?
Beatrice.	La fortuna ci ha voluto un po' tormentare.
Florindo.	Ditemi: Federigo, vostro fratello, è egli morto?
Beatrice.	Ne dubitate? Spirò sul colpo.
Florindo.	Eppure mi veniva fatto credere ch'ei fosse vivo, e in Venezia.
Beatrice.	Quest'è un inganno di chi sinora mi ha preso per Federigo.

BÉATRICE.	Et j'en ai entendu tout autant sur vous par mon serviteur.
FLORINDO.	Et où sont-ils, ces deux-là ?
BÉATRICE.	Ils ont disparu.
FLORINDO.	Cherchons-les, et confrontons leurs témoignages. *(Appelant.)* Holà quelqu'un ! Il n'y a personne ?
BRIGHELLA.	A vos ordres.
FLORINDO.	Nos serviteurs, où sont-ils ?
BRIGHELLA.	Je ne sais pas, monsieur. On peut les chercher.
FLORINDO.	Tâchez de les retrouver, et envoyez-les-nous.
BRIGHELLA.	Moi je n'en connais qu'un ; je le dirai aux garçons ; eux doivent les connaître tous les deux. Je me réjouis avec vous que vous ayez eu une mort si douce ; si vous vouliez vous faire enterrer, allez ailleurs, car ici ce ne serait pas convenable. Votre serviteur. *(Il s'en va.)*

Scène 8

Florindo et Béatrice.

FLORINDO.	Vous logez vous aussi dans cette auberge ?
BÉATRICE.	J'y suis arrivée ce matin.
FLORINDO.	Moi aussi, ce matin. Et nous ne nous sommes pas rencontrés plus tôt ?
BÉATRICE.	Le sort a voulu nous tourmenter un peu.
FLORINDO.	Dites-moi : Federigo, votre frère, est-il mort ?
BÉATRICE.	Vous en doutez ? Il a expiré sur le coup.
FLORINDO.	Pourtant on a voulu me faire croire qu'il était vivant, et à Venise.
BÉATRICE.	Ceux qui vous l'ont fait croire me prenaient alors pour Federigo.

	Partii di Torino con questi abiti e questo nome sol per seguire...
Florindo.	Lo so, per seguir me, o cara; una lettera, scrittavi dal vostro servitor di Torino, mi assicurò di un tal fatto.
Beatrice.	Come giunse nelle vostre mani?
Florindo.	Un servitore, che credo sia stato il vostro, pregò il mio che ne ricercasse alla Posta. La vidi, e trovandola a voi diretta, non potei a meno di non aprirla.
Beatrice.	Giustissima curiosità di un amante.
Florindo.	Che dirà mai Torino della vostra partenza?
Beatrice.	Se tornerò colà vostra sposa, ogni discorso sarà finito.
Florindo.	Come posso io lusingarmi di ritornarvi sì presto[3], se della morte di vostro fratello sono io caricato?
Beatrice.	I capitali ch'io porterò di Venezia, vi potranno liberare dal bando[4].
Florindo.	Ma questi servi ancor non si vedono.
Beatrice.	Che mai li ha indotti a darci sì gran dolore?
Florindo.	Per saper tutto non conviene usar con essi il rigore. Convien prenderli colle buone.
Beatrice.	Mi sforzerò di dissimulare.
Florindo.	Eccone uno. *(vedendo venir Truffaldino).*
Beatrice.	Ha cera di essere il più briccone.
Florindo.	Credo che non diciate male.

---

3. Ed. 1753 : « ... si presto, se di là son capitalmente bandito? Se della morte... ».

4. Ed. 1753 : « ... dal bando; finalmente voi non l'avete ucciso. »

	Je suis partie de Turin avec ces vêtements et sous son nom, mais c'était pour suivre...
FLORINDO.	Je sais, pour me suivre, ma chérie ; une lettre de votre serviteur de Turin me l'a appris.
BÉATRICE.	Comment est-elle parvenue entre vos mains ?
FLORINDO.	Un serviteur, qui, je crois, est le vôtre, a prié le mien d'aller chercher votre courrier à la poste. J'ai vu cette lettre, et découvrant qu'elle vous était adressée, je n'ai pu m'empêcher de l'ouvrir.
BÉATRICE.	Curiosité très légitime de la part d'un amant.
FLORINDO.	Que va-t-on dire à Turin de votre départ ?
BÉATRICE.	Si j'y reviens mariée avec vous, cela coupera court à tous les commentaires.
FLORINDO.	Comment puis-je me flatter d'y retourner aussi vite [11], puisque je suis accusé de la mort de votre frère ?
BÉATRICE.	Les capitaux que je rapporterai de Venise pourront faire annuler votre bannissement [12].
FLORINDO.	Et nos serviteurs, on ne les voit toujours pas.
BÉATRICE.	Qu'est-ce qui a bien pu les pousser à nous faire tant souffrir ?
FLORINDO.	Pour tout savoir, il ne faut pas les traiter avec trop de rigueur. Il faut les prendre par la douceur.
BÉATRICE.	Je m'efforcerai de dissimuler.
FLORINDO *(voyant venir Truffaldin)*.	En voici un.
BÉATRICE.	Il m'a tout l'air d'être le plus filou.
FLORINDO.	Je crois que vous n'avez pas tort.

11. Ed. 1753 : « puisque je suis banni à vie ? Puisque je suis accusé de la mort de votre frère ? ».

12. Ed. de 1753 : « Après tout, ce n'est pas vous qui l'avez tué. » C'est une réplique qu'il peut être intéressant de conserver.

Scena nona

Truffaldino, condotto per forza da Brighella
e dal Cameriere, e detti.

Florindo.	Vieni, vieni, non aver paura.
Beatrice.	Non ti vogliamo fare alcun male.
Truffaldino.	(Eh! me recordo ancora della basto- nade.) *(aparte).*
Brighella.	Questo l'avemo trovà; se troveremo quell'altro, lo faremo vegnir.

Florindo.	Si, è necessario che ci sieno tutti due in una volta.
Brighella.	(Lo conosseu vu quell'altro?) *(piano al Cameriere).*
Cameriere.	(Io no.) *(a Brighella).*
Brighella.	(Domanderemo in cusina. Qualchedun lo cognosserà.) *(al Cameriere, e parte).*

Cameriere.	(Se ci fosse, l'avrei da conoscere ancora io.) *(parte).*
Florindo	Orsù, narraci un poco come andò la faccenda del cambio del ritratto e del libro, e perché tanto tu che quell'atro briccone vi uniste a farci disperare.

Truffaldino.	*(Fa cenno col dito a tutti due che stiano cheti.)* Zitto. *(a tutti due).* La favorissa, una parola in disparte. *(a Florindo, allon- tanandolo da Beatrice).* (Adessadesso ghe racconterò tutto). *(a Beatrice, nel- l'atto che si scosta per parlare a Florindo).* (La sappia, signor, *(parla a Florindo)* che mi de tutt sto negozi no ghe n'ho colpa, ma chi è stà causa l'è stà Pasqual, servitor de quella signora ch'è là. *(accennando cautamente Beatrice).*

Scène 9

*Truffaldin traîné de force par Brighella
et le garçon, et les précédents.*

FLORINDO.　　Viens, viens, n'aie pas peur.

BÉATRICE.　　Nous ne voulons te faire aucun mal.

TRUFFALDIN *(à part)*. Eh! je me rappelle encore les coups de bâton.

BRIGHELLA.　　Voilà celui que nous avons trouvé, quand nous trouverons l'autre, nous l'amènerons.

FLORINDO.　　Oui, il est nécessaire qu'ils soient là tous les deux en même temps.

BRIGHELLA *(au garçon, à voix basse)*. Vous le connaissez, l'autre?

GARÇON *(à Brighella)*. Moi non.

BRIGHELLA *(au garçon)*. Nous demanderons à la cuisine. Il doit bien y avoir quelqu'un qui le connaît. *(Il s'en va.)*

GARÇON.　　S'il existait, je devrais le connaître moi aussi. *(Il s'en va.)*

FLORINDO.　　Allons, raconte-nous un peu comment est arrivé cet échange de portrait et de registre, et pourquoi l'autre vaurien et toi vous vous êtes unis pour nous plonger dans le désespoir.

TRUFFALDIN *(faisant signe du doigt à tous deux de rester tranquilles)*. Chut! *(A Florindo, en l'éloignant de Béatrice.)* Je vous prie de m'accorder un mot en particulier. *(A Béatrice, en s'écartant pour parler à Florindo.)* Dans une petite minute je vous raconterai tout. *(A Florindo.)* Sachez, monsieur, que moi, dans toute cette affaire, je ne suis pas coupable, c'est la faute de Pasquale, le serviteur de cette dame qui est là *(désignant prudemment Béatrice)*.

Lu l'è stà quello che ha confuso la roba, e
quel che andava in t'un baul el l'ha mess
in quell'alter, senza che mi me ne
accorza. El poveromo s'ha raccomandà a
mi che lo tegna coverto, acciò che el so
padron no lo cazza via, e mi che son de
bon cor, che per i amici me faria sbudel-
lar, ho trovà tutte quelle belle invenzion
per veder d'accomodarla. No me saria
mo mai stimà, che quel ritratt fosse
voster, e che tant v'avess da despiaser
che fusse morto quel che l'aveva. Eccove
contà l'istoria come che l'è, da quell'omo
sincero, da quel servitor fedel che ve ne
son.)

Beatrice.	(Gran discorso lungo gli fa colui. Son curiosa di saperne il mistero.) *(da sé).*
Florindo.	(Dunque colui che ti fece pigliar alla Posta la nota lettera, era servitore della signora Beatrice?) *(piano a Truffaldino).*
Truffaldino.	(Sior sì, el giera Pasqual.) *(piano a Florindo).*
Florindo.	(Perché tenermi nascosta una cosa, di cui con tanta premura ti aveva ricercato?) *(piano a Truffaldino).*
Truffaldino.	(El m'aveva pregà che no lo disesse.) *(piano a Florindo).*
Florindo.	(Chi?) *(come sopra).*
Truffaldino.	(Pasqual.) *(come sopra).*
Florindo.	(Perché non obbedire al tuo padrone?) *(come sopra).*
Truffaldino.	(Per amor de Pasqual.) *(come sopra).*
Florindo.	(Converrebbe che io bastonassi Pasquale e te nello stesso tempo.) *(come sopra).*
Truffaldino.	(In quel caso me toccherave a mi le mie e anca quelle de Pasqual.) *(da sé).*

C'est lui qui a tout mélangé, et ce qui allait dans une malle, il l'a mis dans l'autre, sans que je m'en aperçoive. Le pauvre homme s'en est remis à moi et m'a demandé de ne pas le trahir, pour que son patron ne le chasse pas, et moi qui ai bon cœur, qui me ferais étriper pour mes amis, j'ai trouvé toutes ces belles inventions pour tâcher d'arranger ça. Je n'aurais jamais cru que c'était votre portrait et que la mort de celui à qui il appartenait allait vous faire autant de chagrin. Voilà le récit exact de l'histoire telle qu'elle s'est passée, foi d'homme sincère et de serviteur fidèle, ce que je suis.

BÉATRICE *(à part)*. Il lui tient un discours bien long. Je suis curieuse de savoir quel mystère il y a là-dessous.

FLORINDO *(bas, à Truffaldin)*. Donc celui qui t'a demandé de retirer à la Poste la lettre en question, c'était le serviteur de madame Béatrice ?

TRUFFALDIN *(bas, à Florindo)*. Oui monsieur, c'était Pasquale.

FLORINDO *(bas, à Truffaldin)*. Pourquoi me cacher une chose que je t'avais prié avant tant d'insistance de me dire ?

TRUFFALDIN *(bas, à Florindo)*. Il m'avait supplié de ne pas le dire.

FLORINDO *(bas, à Truffaldin)*. Qui ?

TRUFFALDIN *(bas, à Florindo)*. Pasquale.

FLORINDO *(bas, à Truffaldin)*. Pourquoi ne pas obéir à ton maître ?

TRUFFALDIN *(bas, à Florindo)*. Par amour pour Pasquale.

FLORINDO *(bas, à Truffaldin)*. Il faudrait que je donne des coups de bâton à Pasquale et à toi en même temps.

TRUFFALDIN *(à part)*. En ce cas, j'aurais droit à une double ration de coups.

Beatrice.	È ancor finito questo lungo esame?
Florindo.	Costui mi va dicendo...
Truffaldino.	(Per amor del cielo, sior padron, no la descoverza Pasqual. Piuttosto la diga che son stà mi, la me bastona anca, se la vol, ma no la me ruvina Pasqual.) *(piano a Florindo).*
Florindo.	(Sei così amoroso per il tuo Pasquale?) *(piano a Truffaldino).*
Truffaldino.	(Ghe vôi ben, come s'el fuss me fradel. Adess vôi andar da quella signora, vôi dirghe che son stà mi, che ho fallà; vôi che i me grida, che i me strapazza, ma che se salva Pasqual.) *(come sopra, e si scosta da Florindo).*
Florindo.	(Costui è di un carattere molto amoroso.) *(da sé).*
Truffaldino.	Son qua da ella. *(accostandosi a Beatrice).*
Beatrice.	(Che lungo discorso hai tenuto col signor Florindo?) *(piano a Truffaldino).*
Truffaldino.	(La sappia che quel signor el gh'ha un servidor che gh'ha nome Pasqual; l'è el più gran mamalucco del mondo; l'è stà lu che ha fatt quei zavai della roba, e perché el poveromo l'aveva paura che el so patron lo cazzasse via, ho trovà mi quella scusa del libro, del padron morto, negà etecetera. E anca adess a sior Florindo gh'ho ditt che mi son stà causa de tutto.) *(piano sempre a Beatrice).*
Beatrice.	(Perché accusarti di una colpa che asserisci di non avere?) *(a Truffaldino, come sopra).*
Truffaldino.	(Per l'amor che porto a Pasqual.) *(come sopra).*
Florindo.	(La cosa va un poco in lungo.) *(da sé).*

BÉATRICE.   Cet interrogatoire n'est pas encore fini ?

FLORINDO.   Il est en train de me dire...

TRUFFALDIN *(bas, à Florindo).* Pour l'amour du ciel, monsieur mon patron, ne trahissez pas Pasquale. Dites plutôt que c'est moi, donnez-moi même des coups de bâton, si vous voulez, mais ne causez pas la perte de Pasquale.

FLORINDO *(bas, à Truffaldin).* Tu l'aimes tellement, ton Pasquale ?

TRUFFALDIN *(bas, à Florindo).* Je l'aime comme s'il était mon frère. Maintenant je veux aller trouver cette dame, lui dire que c'est moi, que je me suis trompé ; qu'elle me crie après, qu'elle me maltraite, mais que Pasquale soit épargné. *(Il s'éloigne de Florindo.)*

FLORINDO *(à part).* Ce garçon est très affectueux.

TRUFFALDIN *(s'approchant de Béatrice).* Me voilà, je suis à vous.

BÉATRICE *(bas, à Truffaldin).* Pourquoi tenir un si long discours à monsieur Florindo ?

TRUFFALDIN *(bas, à Béatrice).* Sachez que ce monsieur a un serviteur, qui s'appelle Pasquale ; c'est le plus grand nigaud du monde ; c'est lui qui a fait tout ce méli-mélo, et comme le pauvre homme avait peur que son patron le chasse, c'est moi qui, pour l'excuser, ai inventé le registre, le patron mort, noyé, et tout et tout. Et à monsieur Florindo, je viens encore de lui dire que tout était de ma faute.

BÉATRICE *(bas, à Truffaldin).* Pourquoi t'accuser d'une faute que tu affirmes ne pas avoir commise ?

TRUFFALDIN *(bas, à Béatrice).* Pour l'amour que je porte à Pasquale.

FLORINDO *(à part).* Ça traîne un peu en longueur.

Truffaldino. (Cara ella, la prego, no la lo precipita.)
       (piano a Beatrice).

Beatrice. (Chi?) *(come sopra).*

Truffaldino. (Pasqual.) *(come sopra).*

Beatrice. (Pasquale e voi siete due bricconi.)
       (come sopra).

Truffaldino. (Eh, sarò mi solo.) *(da sé).*

Florindo. Non cerchiamo altro, signora Beatrice, i
nostri servitori non l'hanno fatto a malizia ; meritano essere corretti, ma in grazia delle nostre consolazioni, si può loro
perdonare il trascorso.

Beatrice. È vero, ma il vostro servitore...

Truffaldino. (Per amor del cielo, no la nomina Pasqual.) *(piano a Beatrice).*

Beatrice. Orsù, io andar dovrei dal signor Pantalone de' Bisognosi ; vi sentireste voi di
venir con me ? *(a Florindo).*

Florindo. Ci verrei volentieri, ma devo attendere
un banchiere a casa. Ci verrò più tardi, se
avete premura.

Beatrice. Sì, voglio andarvi subito. Vi aspetterò dal
signor Pantalone ; di là non parto, se non
venite.

Florindo. Io non so dove stia di casa.

Truffaldino. Lo so mi, signor, lo compagnerò mi.

Beatrice. Bene, vado in camera a terminar di
vestirmi.

Truffaldino. (La vada, che la servo subito.) *(piano a
Beatrice).*

Beatrice. Caro Florindo, gran pene che ho provate
per voi. *(entra in camera).*

TRUFFALDIN *(bas à Béatrice)*. Chère madame, je vous en supplie, ne le perdez pas.

BÉATRICE *(bas, à Arlequin)*. Qui?

TRUFFALDIN *(bas, à Béatrice)*. Pasquale.

BÉATRICE *(bas, à Arlequin)*. Pasquale et toi vous êtes deux vauriens.

TRUFFALDIN *(à part)*. Alors je le suis pour deux.

FLORINDO. Ne cherchons pas à en savoir davantage, madame Béatrice, nos serviteurs n'ont pas agi par malice; ils méritent une correction, mais au nom de notre bonheur, on peut leur pardonner cette incartade.

BÉATRICE. Il est vrai, mais votre serviteur...

TRUFFALDIN *(bas à Béatrice)*. Pour l'amour du ciel, ne nommez pas Pasquale.

BÉATRICE *(à Florindo)*. Allons, il faudrait que j'aille chez monsieur Pantalon dei Bisognosi, voudriez-vous venir avec moi?

FLORINDO. J'y viendrais volontiers, mais je dois attendre ici un banquier. Je vous rejoindrai, si vous êtes pressée.

BÉATRICE. Oui, je veux y aller tout de suite. Je vous attends chez monsieur Pantalon; je ne partirai pas de chez lui avant que vous soyez arrivé.

FLORINDO. Je ne sais pas où il habite.

TRUFFALDIN. Moi je le sais, monsieur, c'est moi qui vous accompagnerai.

BÉATRICE. Bien, je vais dans ma chambre achever de m'habiller.

TRUFFALDIN *(bas à Béatrice)*. Allez, je viens tout de suite.

BÉATRICE. Cher Florindo, combien j'ai souffert à cause de vous. *(Elle entre dans sa chambre.)*

Scena decima

Florindo e Truffaldino.

Florindo.   Le mie non sono state minori. *(dietro a Beatrice).*

Truffaldino.   La diga, sior patron, no gh'è Pasqual, siora Beatrice no gh'ha nissun che l'aiuta a vestir; se contentelo che vada mi a servirla in vece de Pasqual?

Florindo.   Si, vanne pure; servila con attenzione, avrò piacere.

Truffaldino.   (A invenzion, a prontezza, a cabale, sfido del primo sollicitador de Palazzo.) *(da sé; entra nella camera di Beatrice).*

Scena undicesima

Florindo, poi Beatrice e Truffaldino.

Florindo.   Grandi accidenti accaduti sono in questa giornata! Pianti, lamenti, disperazioni, e all'ultimo consolazione e allegrezza. Passar dal pianto al riso è un dolce salto che fa scordare gli affanni, ma quando dal piacere si passa al duolo, è più sensibile la mutazione.

Beatrice.   Eccomi lesta.

Florindo.   Quando cambierete voi quelle vesti?

Beatrice.   Non istò bene vestita così?

Florindo.   Non vedo l'ora di vedervi colla gonnella e col busto. La vostra bellezza non ha da essere soverchiamente coperta.

Scène 10

Florindo et Truffaldin.

FLORINDO *(en direction de Béatrice)*. Et moi, je n'ai pas moins souffert.

TRUFFALDIN. Dites, monsieur mon patron, Pasquale n'est pas là ; siora Béatrice n'a personne pour l'aider à s'habiller ; acceptez-vous que j'aille la servir à la place de Pasquale ?

FLORINDO. Oui, tu peux y aller ; sers-la avec empressement, j'en serai content.

TRUFFALDIN *(à part)*. Pour l'invention, la présence d'esprit, les intrigues, je défie le meilleur avocat du Palais [13]. *(Il entre chez Béatrice.)*

Scène 11

Florindo, puis Béatrice et Truffaldin.

FLORINDO. Que d'événements en une journée ! Pleurs, lamentations, désespoirs, et pour finir contentement et allégresse. Passer des larmes au rire c'est un saut bien agréable, qui fait oublier les angoisses, mais du plaisir à la douleur, le passage est une souffrance.

BÉATRICE. Me voici prête.

FLORINDO. Quand changerez-vous de vêtements ?

BÉATRICE. Ne suis-je pas bien ainsi ?

FLORINDO. J'ai grand hâte de vous voir en jupe et en corset. Votre beauté ne doit pas être dissimulée.

---

13. Litt. « le premier Procureur du Palais » (il s'agit du Palais des Doges).

Beatrice.	Orsù, vi aspetto dal signor Pantalone; fatevi accompagnare da Truffaldino.
Florindo.	L'attendo ancora un poco; e se il banchiere non viene, ritornerà un'altra volta.
Beatrice.	Mostratemi l'amor vostro nella vostra sollecitudine. *(s'avvia per partire).*
Truffaldino.	(Comandela che resta a servir sto signor?) *(piano a Beatrice, accennando Florindo).*
Beatrice.	(Sì, lo accompagnerai dal signor Pantalone.) *(a Truffaldino).*
Truffaldino.	(E da quella strada lo servirò, perché no gh'è Pasqual.) *(come sopra).*
Beatrice.	Servilo, mi farai cosa grata. (Lo amo più di me stessa.) *(da sé, e parte).*

Scena dodicesima

Florindo e Truffaldino.

Truffaldino.	Tolì, nol se vede. El padron se veste, el va fora de casa, e nol se vede.
Florindo.	Di chi parli?
Truffaldino.	De Pasqual. Ghe voio ben, l'è me amigo, ma l'è un poltron. Mi son un servitor che valo per do.
Florindo.	Vienmi a vestire. Frattanto verrà il banchiere.
Truffaldino.	Sior padron, sento che vussioria ha d'andar in casa de sior Pantalone.
Florindo.	Ebbene, che vorresti tu dire?
Truffaldino.	Vorria pregarlo de una grazia.
Florindo.	Sì, te lo meriti davvero per i tuoi buoni portamenti.

BÉATRICE.   Allons, je vous attends chez monsieur
                 Pantalon ; faites-vous accompagner par
                 Truffaldin.

FLORINDO.   Je reste encore un peu, et si le banquier
                 n'arrive pas, il n'aura qu'à revenir.

BÉATRICE.   Prouvez-moi votre amour en vous
                 hâtant. *(Elle se prépare à partir.)*

TRUFFALDIN *(bas à Béatrice, en désignant Florindo)*. Me
                 donnez-vous l'ordre de rester au service
                 de ce monsieur ?

BÉATRICE *(à Truffaldin)*. Oui, tu l'accompagneras chez
                 monsieur Pantalon.

TRUFFALDIN *(même jeu)*. Et du même coup je le servirai,
                 puisque Pasquale n'est pas là.

BÉATRICE.   Sers-le, tu me seras agréable. *(A part.)* Je
                 l'aime plus que moi-même. *(Elle s'en va.)*

Scène 12

Florindo et Truffaldin.

TRUFFALDIN.   Voyez-moi ça, il ne se montre pas. Son
                 patron s'habille, il sort, et lui, il ne se
                 montre pas.

FLORINDO.   De qui parles-tu ?

TRUFFALDIN.   De Pasquale. Je l'aime bien, c'est mon
                 ami, mais c'est un flemmard. Moi je suis
                 un serviteur qui en vaut deux.

FLORINDO.   Viens m'habiller. Entre-temps, le ban-
                 quier arrivera.

TRUFFALDIN.   Monsieur mon patron, j'ai entendu que
                 votre seigneurie doit aller chez sior Pan-
                 talon.

FLORINDO.   Eh bien ? Qu'as-tu à me dire ?

TRUFFALDIN.   Je voudrais vous prier de m'accorder une
                 faveur.

FLORINDO.   Oui, vraiment, tu la mérites, pour ta
                 bonne conduite.

Truffaldino.   Se è nato qualcossa, la sa che l'è stà
             Pasqual.

Florindo.   Ma dov'è questo maledetto Pasquale?
             Non si può vedere?

Truffaldino.   El vegnirà sto baron. E cussì, sior
             padron, voria domandarghe sta grazia.

Florindo.   Che cosa vuoi?

Truffaldino.   Anca mi, poverin, son innamorado.

Florindo.   Sei innamorato?

Truffaldino.   Signor sì; e la me morosa l'è la serva de
             sior Pantalon; e voria mo che vussioria...

Florindo.   Come c'entro io?

Truffaldino.   Oh, no digo che la ghe intra; ma essendo
             mi el so servitor, che la disess una parola
             per mi al sior Pantalon.

Florindo.   Bisogna vedere se la ragazza ti vuole.

Truffaldino.   La ragazza me vol. Basta una parola al
             sior Pantalon; la prego de sta carità.

Florindo.   Sì, lo farò; ma come la manterrai la
             moglie?

Truffaldino.   Farò quel che poderò. Me raccomanderò
             a Pasqual.

Florindo.   Raccomandati a un poco più di giudizio.
             (entra in camera).

Truffaldino.   Se non fazzo giudizio sta volta, non lo
             fazzo mai più. *(entra in camera, dietro a
             Florindo).*

TRUFFALDIN.	S'il y a eu des complications, c'est Pasquale, vous savez.
FLORINDO.	Mais où est donc ce maudit Pasquale ? va-t-on enfin le voir ?
TRUFFALDIN.	Il viendra, ce vaurien. Alors, monsieur mon patron, je voudrais vous la demander, cette faveur.
FLORINDO.	Que veux-tu ?
TRUFFALDIN.	Moi aussi, pauvret, je suis amoureux.
FLORINDO.	Tu es amoureux ?
TRUFFALDIN.	Oui monsieur ; et mon amoureuse est la servante de sior Pantalon ; et je voudrais bien que votre seigneurie...
FLORINDO.	Qu'ai-je à voir là-dedans ?
TRUFFALDIN.	Oh, je ne dis pas que vous ayez à y voir [14] ; mais comme je suis votre serviteur, si vous pouviez dire un mot pour moi à monsieur Pantalon.
FLORINDO.	Il faut savoir si la fille veut de toi.
TRUFFALDIN.	La fille veut de moi. Il suffit d'un mot à monsieur Pantalon ; je vous en prie, par amour du prochain.
FLORINDO.	Oui, je le ferai ; mais comment vas-tu la nourrir, ta femme ?
TRUFFALDIN.	Je ferai ce que je pourrai. Je m'en remettrai à Pasquale.
FLORINDO.	Tu devrais t'en remettre surtout à ta jugeotte. *(Il entre dans sa chambre.)*
TRUFFALDIN.	Si la jugeotte ne me vient pas ce coup-ci, c'est qu'elle ne me viendra jamais. *(Il entre dans la chambre derrière Florindo.)*

14. Nous traduisons le sens mais non l'équivoque (litt. « je ne dis pas que vous y entriez »).

Scena tredicesima

(CAMERA IN CASA DI PANTALONE.)

Pantalone, il dottore, Clarice, Silvio, Smeraldina.

Pantalone.	Via, Clarice, non esser cussì ustinada. Ti vedi che l'è pentio sior Silvio, che el te domanda perdon; se l'ha dà in qualche debolezza, el l'ha fatto per amor; anca mi gh'ho pardonà i strambezzi, ti ghe li ha da perdonar anca ti.
Silvio.	Misurate dalla vostra pena la mia, signora Clarice, e tanto più assicuratevi che vi amo davvero, quanto più il timore di perdervi mi aveva reso furioso. Il cielo ci vuol felici, non vi rendete ingrata alle beneficenze del cielo. Coll'immagine della vendetta non funestate il più bel giorno di nostra vita.
Dottore.	Alle preghiere di mio figliuolo aggiungo le mie. Signora Clarice, mia cara nuora, compatitelo il poverino; è stato lì lì per diventar pazzo.
Smeraldina.	Via, signora padrona, che cosa volete fare? Gli uomini, poco più, poco meno, con noi sono tutti crudeli. Pretendono un'esattissima fedeltà, e per ogni leggiero sospetto ci strapazzano, ci maltrattano, ci vorrebbero veder morire. Già con uno o con l'altro avete da maritarvi; dirò, come si dice agli ammalati, giacché avete da prender la medicina, prendetela.
Pantalone.	Via, sentistu? Smeraldina al matrimonio la ghe dise medicamento.

Scène 13

(UNE CHAMBRE DANS LA MAISON DE PANTALON.)

Pantalon, le Docteur, Clarice, Silvio, Sméraldine.

PANTALON.   Allons, Clarice, ne sois pas si obstinée. Tu vois que monsieur Silvio se repent, qu'il te demande pardon ; s'il a eu quelque faiblesse, c'est par amour ; je lui ai pardonné ses extravagances ; tu dois les lui pardonner toi aussi.

SILVIO.   Mesurez mon chagrin au vôtre, madame Clarice, et soyez assurée que si la crainte de vous perdre m'a ôté la raison, c'est que je vous aime d'un amour véritable. Le ciel veut notre bonheur, ne payez pas ses bienfaits d'ingratitude. N'assombrissez pas pour vous venger le plus beau jour de notre vie.

DOCTEUR.   Aux prières de mon fils je joins les miennes. Madame Clarice, ma chère bru, soyez compatissante à ce pauvre garçon ; il a failli devenir fou.

SMÉRALDINE.   Allez, madame ma maîtresse, que voulez-vous faire ? Les hommes, un peu plus, un peu moins, sont tous cruels avec nous. Ils exigent une fidélité scrupuleuse, et au moindre soupçon, ils nous harcèlent, ils nous maltraitent, ils voudraient nous voir mortes. De toute façon, avec l'un ou avec l'autre, il faudra que vous vous mariiez ; je dirai ce qu'on dit aux malades, puisque vous devez prendre médecine, prenez-la.

PANTALON.   Allons, tu as entendu ? Sméraldine appelle le mariage un remède.

No far che el te para tossego. (Bisogna veder de devertirla.) *(piano al Dottore)*.

Dottore. Non è né veleno, né medicamento, no. Il matrimonio è una confezione, un giulebbe, un candito.

Silvio. Ma, cara Clarice mia, possibile che un accento non abbia a uscire dalle vostre labbra? So che merito da voi essere punito, ma per pietà, punitemi colle vostre parole, non con il vostro silenzio. Eccomi ai vostri piedi; movetevi a compassione di me. *(s'inginocchia)*.

Clarice. Crudele! *(sospirando verso Silvio)*.

Pantalone. (Aveu sentio quella sospiradina? Bon segno.) *(piano al Dottore)*.

Dottore. (Incalza l'argomento.) *(piano a Silvio)*.

Smeraldina. (Il sospiro è come il lampo: foriero di pioggia.) *(da sè)*.

Silvio. Se credessi che pretendeste il mio sangue in vendetta della supposta mia crudeltà, ve lo esibisco di buon animo. Ma oh Dio! in luogo del sangue delle mie vene, prendetevi quello che mi sgorga dagli occhi. *(piange)*.

Pantalone. (Bravo!) *(da sé)*.

Clarice. Crudele! *(come sopra, e con maggior tenerezza)*.

Dottore. (È cotta.) *(piano a Pantalone)*.

Pantalone. Animo, leveve su. *(a Silvio, alzandolo)*. Vegnì qua. *(ad medesimo, prendendolo per la mano)*. Vegnì qua anca vu, siora. *(prende la mano di Clarice)*. Animo, torneve a toccar a man; fe pase, no pianzè più, consoleve, fenila, tolè; el cielo ve benediga. *(unisce le mani d'ambidue)*.

Dottore. Via, è fatta.

Smeraldina. Fatta, fatta.

Silvio. Deh, signora Clarice, per carità. *(tenendola per la mano)*.

Ne le prends pas comme un poison. *(Bas au Docteur.)* Il faut essayer de l'amuser.

DOCTEUR. Le mariage n'est ni un poison, ni un remède, non. Le mariage est une marmelade, un julep, un fruit confit.

SILVIO. Mais, ma chère Clarice, se peut-il qu'aucun souffle ne sorte de vos lèvres ? Je sais que je mérite que vous me punissiez, mais par pitié, punissez-moi par vos paroles, non par votre silence. Me voici à vos pieds ; laissez-vous toucher de compassion pour moi. *(Il s'agenouille.)*

CLARICE *(à Silvio en soupirant)*. Cruel !

PANTALON *(bas au Docteur)*. Vous avez entendu ce petit soupir ? C'est bon signe.

DOCTEUR *(bas, à Silvio)*. Exploite cet argument.

SMÉRALDINE *(à part)*. Le soupir est comme l'éclair, il annonce la pluie.

SILVIO. Si je pensais que, pour vous venger de ma prétendue cruauté, vous exigez mon sang, je vous l'offre de bon cœur. Mais, oh Dieu ! au lieu du sang de mes veines prenez celui qui jaillit de mes yeux. *(Il pleure.)*

PANTALON *(à part)*. Bravo !

CLARICE *(comme précédemment, plus tendrement encore)*. Cruel !

DOCTEUR *(bas à Pantalon)*. Elle est à point.

PANTALON *(à Silvio, le relevant)*. Courage, relevez-vous. *(Le prenant par la main.)* Venez çà. *(Il prend la main de Clarice.)* Venez çà vous aussi, madame. Courage, touchez-vous la main encore une fois ; faites la paix, ne pleurez plus, consolez-vous, finissez-en, allez ; que le ciel vous bénisse. *(Il unit leurs deux mains.)*

DOCTEUR. Voilà qui est fait.

SMÉRALDINE. C'est fait, et bien fait.

SILVIO. Hélas, madame Clarice, par charité. *(Il la tient par la main.)*

Clarice.	Ingrato!
Silvio.	Cara.
Clarice.	Inumano!
Silvio.	Anima mia.
Clarice.	Cane!
Silvio.	Viscere mie.
Clarice.	Ah! *(sospira).*
Pantalone.	(La va.) *(da sé).*
Silvio.	Perdonatemi, per amor del cielo.
Clarice.	Ah! vi ho perdonato. *(sospirando).*
Pantalone.	(La xe andada.) *(da sé).*
Dottore.	Via, Silvio, ti ha perdonato.
Smeraldina	L'ammalato è disposto, dategli il medicamento.

Scena quattordicesima

Brighella e detti.

Brighella.	Con bona grazia, se pol vegnir? *(entra).*
Pantalone.	Vegnì qua mo, sior compare Brighella. Vu sè quello che m'ha dà da intender ste belle fandonie, che m'ha assicurà che sior Federigo gera quello, ah?
Brighella.	Caro signor, chi non s'averave ingannà? I era do fradelli che se somegiava come un pomo spartido. Con quei abiti averia zogà la testa che el giera lu.
Pantalone.	Basta; la xe passada. Cossa gh'è da niovo?
Brighella.	La signora Beatrice l'è qua, che la li voria reverir.

CLARICE.   Ingrat!

SILVIO.   Chérie.

CLARICE.   Barbare!

SILVIO.   Mon âme.

CLARICE.   Bourreau [15]!

SILVIO.   Ma vie.

CLARICE *(soupirant)*. Ah!

PANTALON *(à part)*. Ça marche.

SILVIO.   Pardonnez-moi, pour l'amour du ciel.

CLARICE *(en soupirant)*. Ah! je vous ai pardonné.

PANTALON *(à part)*. Ça a marché.

DOCTEUR.   Allez, Silvio, elle t'a pardonné.

SMÉRALDINE.   Le malade est prêt, donnez-lui le
                remède.

Scène 14

Brighella et les précédents.

BRIGHELLA *(entrant)*. Avec votre permission, on peut
                entrer?

PANTALON.   Entrez donc, mon compère Brighella.
                C'est vous qui m'avez fait gober ces
                belles sornettes, qui m'avez assuré que
                c'était bien sior Federigo?

BRIGHELLA.   Cher monsieur, qui ne s'y serait trompé?
                Le frère et la sœur se ressemblaient
                comme les deux moitiés d'une pomme.
                Avec ces habits j'aurais donné ma tête à
                couper que c'était lui.

PANTALON.   Ça suffit; c'est du passé. Maintenant,
                qu'est-ce qu'il y a?

BRIGHELLA.   Madame Béatrice est là, qui voudrait
                vous saluer.

---

15. Litt. « Chien! ». Après avoir hésité entre garder l'injure
goldonienne avec son étrangeté (en français, « chien » sans qualifica-
tif ne marque pas la cruauté) et changer d'animal (« tigre! »), nous
préférons suivre la suggestion du rythme et créer un nouveau binôme
sur deux syllabes, « bourreau » et « ma vie ». *Viscere*, litt. entrailles.

Pantalone.	Che la vegna pur, che la xe parona[5].
Clarice.	Povera signora Beatrice, mi consolo che sia in buono stato.
Silvio.	Avete compassione di lei?
Clarice.	Sì, moltissima.
Silvio.	E di me?
Clarice.	Ah crudele[6]!
Pantalone.	Sentiu che parole amorose? *(al Dottore).*
Dottore.	Mio figliuolo poi ha maniera. *(a Pantalone).*
Pantalone.	Mia fia, poverazza, la xe de bon cuor. *(al Dottore).*
Smeraldina.	(Eh, tutti due sanno fare la loro parte.) *(da sé).*

Scena quindicesima

Beatrice e detti.

Beatrice.	Signori, eccomi qui a chiedervi scusa, a domandarvi perdono, se per cagione mia aveste dei disturbi...
Clarice.	Niente, amica, venite qui. *(l'abbraccia).*
Silvio.	Ehi? *(mostrando dispiacere di quell'abbraccio).*
Beatrice.	Come! Nemmeno una donna? *(verso Silvio).*
Silvio.	(Quegli abiti ancora mi fanno specie.) *(da sé).*
Pantalone.	Andè là, siora Beatrice, che per esser donna e per esser zovene, gh'avè un bel coraggio.

5. Ed. 1753 : « ... parona. — BRIGH. — Caro sior compare, la prego de compatimento. L'ho fatto senza malizia, ghe lo zuro da galantuomo. (Certo che a tior diese doppie non ho avudo una malizia al mondo.) *(parte).*

6. Ed. 1753 : « Ah briccone! »

PANTALON.   Qu'elle vienne, elle est chez elle[16].

CLARICE.   Pauvre madame Béatrice, je suis heureuse que tout s'arrange pour elle.

SILVIO.   Vous la plaignez ?

CLARICE.   Oui, beaucoup.

SILVIO.   Et moi ?

CLARICE.   Ah cruel[17] !

PANTALON *(au Docteur)*. Vous entendez ces mots d'amour ?

DOCTEUR *(à Pantalon)*. C'est que mon fils a la manière.

PANTALON *(au Docteur)*. Ma fille, la pauvrette, elle a bon cœur.

SMÉRALDINE *(à part)*. Eh, ils savent jouer leur rôle l'un comme l'autre.

Scène 15

Béatrice et les précédents.

BÉATRICE.   Madame, messieurs, me voici, qui vous prie de m'excuser, qui vous implore de me pardonner, si je vous ai causé des ennuis...

CLARICE.   Ce n'est rien, mon amie, entrez donc. *(Elle l'embrasse.)*

SILVIO *(témoignant son déplaisir devant cette embrassade.)* Hé là !

BÉATRICE *(à Silvio)*. Comment ! Jaloux même d'une femme ?

SILVIO *(à part)*. Ces vêtements m'abuseront toujours.

PANTALON.   Eh bien, madame Béatrice, pour une femme, et de votre âge, vous avez bien de l'audace.

16. Ed. 1753 : « BRIGH. Cher monsieur mon compère, je vous prie de m'accorder votre indulgence. Je l'ai fait sans malice, parole d'honneur. *(A part.)* C'est vrai, si j'ai accepté dix pistoles, c'est sans la moindre malice. *(Il s'en va.)* »

17. Ed. 1753 : « Ah bandit ! »

Dottore.	Troppo spirito, padrona mia. *(a Beatrice).*
Beatrice.	Amore fa fare delle gran cose.
Pantalone.	I s'ha trovà, né vero, col so moroso? Me xe stà contà.

Beatrice.	Sì, il cielo mi ha consolata.
Dottore.	Bella riputazione! *(a Beatrice).*
Beatrice.	Signore, voi non c'entrate nei fatti miei. *(al Dottore).*
Silvio.	Caro signor padre, lasciate che tutti facciano il fatto loro; non vi prendete di tai fastidi. Ora che sono contento io, vorrei che tutto il mondo godesse. Vi sono altri matrimoni da fare? Si facciano.

Smeraldina.	Ehi, signore, vi sarebbe il mio. *(a Silvio).*
Silvio.	Con chi?
Smeraldina.	Col primo che viene.
Silvio.	Trovalo, e son qua io.
Clarice.	Voi? Per far che? *(a Silvio).*
Silvio.	Per un poco di dote.
Clarice.	Non vi è bisogno di voi.
Smeraldina.	(Ha paura che glielo mangino. Ci ha preso gusto.) *(da sé).*

Scena sedicesima

Truffaldino e detti.

Truffaldino.	Fazz reverenza a sti signori.
Beatrice.	Il signor Florindo dov'è? *(a Truffaldino).*
Truffaldino.	L'è qua, che el voria vegnir avanti, se i se contenta.
Beatrice.	Vi contentate, signor Pantalone, che passi il signor Florindo?

DOCTEUR *(à Béatrice)*. Vous avez trop d'esprit, chère madame.

BÉATRICE.   Amour fait faire de grandes choses.

PANTALON.   Vous vous êtes retrouvés, n'est-ce pas, votre amoureux et vous ? C'est ce qu'on m'a raconté.

BÉATRICE.   Oui, le ciel m'a donné cette consolation.

DOCTEUR *(à Béatrice)*. Une jolie réputation !

BÉATRICE *(au Docteur)*. Monsieur, mes affaires ne vous regardent pas.

SILVIO.   Monsieur mon père, laissez les gens s'occuper de leurs affaires, ne vous inquiétez pas à leur place. Maintenant que je suis heureux, je voudrais que tout le monde fût en joie. Y a-t-il d'autres mariages à faire ? qu'on les fasse.

SMÉRALDINE *(à Silvio)*. Hé monsieur, il y aurait le mien.

SILVIO.   Avec qui ?

SMÉRALDINE.   Avec le premier venu.

SILVIO.   Trouve-le, et je suis ton homme.

CLARICE.   Vous ? Pour faire quoi ?

SILVIO.   Pour une petite dot.

CLARICE.   On n'a pas besoin de vous [18].

SMÉRALDINE *(à part)*. Elle a peur qu'on le lui mange. Elle y a pris goût.

Scène 16

Truffaldin et les précédents.

TRUFFALDIN.   Révérence à vos seigneuries.

BÉATRICE *(à Truffaldin)*. Monsieur Florindo, où est-il ?

TRUFFALDIN.   Il est là, qui voudrait entrer, si vous le voulez bien.

BÉATRICE.   Vous voulez bien, monsieur Pantalon, qu'on fasse entrer monsieur Florindo ?

---

18. Le maître qui dote sa servante acquiert des droits sur elle. Cf. *Le Mariage de Figaro*.

Pantalone.	Xelo l'amigo sì fatto? *(a Beatrice).*
Beatrice.	Sì, il mio sposo.
Pantalone.	Che el resta servido.
Beatrice.	Fa che passi. *(a Truffaldino).*
Truffaldino.	Zovenotta, ve reverisso. *(a Smeraldina, piano).*
Smeraldina.	Addio, morettino. *(piano a Truffaldino).*

Truffaldino.	Parleremo. *(come sopra).*
Smeraldina.	Di che? *(come sopra).*
Truffaldino.	Se volessi. *(fa cenno di darle l'anello, come sopra).*
Smeraldina.	Perchè no? *(come sopra).*
Truffaldino.	Parleremo. *(come sopra, e parte).*

Smeraldina.	Signora padrona, con licenza di questi signori, vorrei pregarla di una carità. *(a Clarice).*
Clarice.	Che cosa vuoi? *(tirandosi in disparte per ascoltarla).*
Smeraldina.	(Anch'io sono una povera giovine, che cerco di collocarmi : vi è il servitore della signora Beatrice che mi vorrebbe ; s'ella dicesse una parola alla sua padrona, che si contentasse ch'ei mi prendesse, spererei di fare la mia fortuna.) *(piano a Clarice).*
Clarice.	(Sì, cara Smeraldina, lo farò volentieri ; subito che potrò parlare a Beatrice con libertà, lo farò certamente.) *(torna al suo posto).*
Pantalone.	Cossa xe sti gran secreti? *(a Clarice).*
Clarice.	Niente, signore. Mi diceva una cosa.
Silvio.	(Posso saperla io?) *(piano a Clarice).*
Clarice.	(Gran curiosità! E poi diranno di noi altre donne.) *(da sé).*

PANTALON *(à Béatrice)*. C'est l'ami en question ?

BÉATRICE.   Oui, mon fiancé.

PANTALON.   Qu'il fasse comme il veut.

BÉATRICE *(à Truffaldin)*. Fais-le entrer.

TRUFFALDIN *(bas, à Sméraldine)*. Ma belle enfant, je
        vous salue.

SMÉRALDINE *(bas, à Truffaldin)*. Adieu, mon petit noi-
        raud.

TRUFFALDIN *(même jeu)*. Nous avons à parler.

SMÉRALDINE *(même jeu)*. De quoi ?

TRUFFALDIN *(même jeu, en faisant le geste de lui passer la
        bague)*. Si vous vouliez...

SMÉRALDINE *(même jeu)*. Pourquoi pas ?

TRUFFALDIN *(même jeu)*. Nous avons à parler. *(Il s'en
        va.)*

SMÉRALDINE *(à Clarice)*. Madame ma maîtresse, avec la
        permission de leurs seigneuries, je vou-
        drais vous demander une grâce.

CLARICE *(se retirant à l'écart pour l'écouter)*. Que veux-
        tu ?

SMÉRALDINE *(bas, à Clarice)*. Moi aussi je suis une
        pauvre jeune fille qui voudrais me caser :
        il y a le serviteur de madame Béatrice,
        qui voudrait de moi ; si vous disiez un
        petit mot à sa maîtresse, et si elle voulait
        bien qu'il m'épouse, j'aurais bon espoir
        de faire ma fortune.

CLARICE *(bas, à Sméraldine)*. Oui, ma chère Sméraldine,
        volontiers ; dès que je pourrai parler
        librement à Béatrice, je le ferai sans
        faute. *(Elle revient à sa place.)*

PANTALON *(à Clarice)*. Qu'est-ce que c'est que tous ces
        secrets ?

CLARICE.   Rien, monsieur. Elle avait quelque chose
        à me dire.

SILVIO *(bas, à Clarice)*. Puis-je savoir quoi, moi ?

CLARICE.   Quelle curiosité ! Et après on parlera de
        nous autres femmes !

Scena ultima

Florindo, Truffaldino e detti.

Florindo. Servitor umilissimo di lor signori. *(tutti lo salutano).* È ella il padrone di casa? *(a Pantalone).*

Pantalone. Per servirla.

Florindo. Permetta ch'io abbia l'onore di dedicarle la mia servitù, scortato a farlo dalla signora Beatrice di cui, siccome di me, note gli saranno le vicende passate.

Pantalone. Me consolo de conoscerla e de reverirla, e me consolo de cuor delle so contentezze.

Florindo. La signora Beatrice deve essere mia sposa, e se voi non isdegnate onorarci, sarete pronubo delle nostre nozze.

Pantalone. Quel che s'ha da far, che el se fazza subito. Le se daga le man.

Florindo. Sono pronto, signora Beatrice.

Beatrice. Eccola, signor Florindo.

Smeraldina. (Eh, non si fanno pregare.) *(da sé).*

Pantalone. Faremo po el saldo dei nostri conti. Le giusta le so partie, che po giusteremo le nostre.

Clarice. Amica, me ne consolo. *(a Beatrice).*

Beatrice. Ed io di cuore con voi. *(a Clarice).*

Scène dernière

Florindo, Truffaldin et les précédents.

FLORINDO.   Votre très humble serviteur à tous.

              Tout le monde le salue.

FLORINDO *(à Pantalon)*. Vous êtes, monsieur, le maître
              de maison ?

PANTALON.   Pour vous servir.

FLORINDO.   Permettez que j'aie l'honneur de vous
              présenter mes devoirs, comme m'y
              engage madame Béatrice ; vous connais-
              sez nos aventures.

PANTALON.   Je suis heureux de vous connaître et de
              vous saluer, et je me réjouis que vous
              ayez retrouvé le bonheur.

FLORINDO.   Madame Béatrice doit devenir ma
              femme, et si vous ne nous refusez pas cet
              honneur, vous pourriez être le témoin de
              notre hyménée [19].

PANTALON.   Ce qui doit être fait, il faut le faire tout
              de suite. Donnez-vous la main.

FLORINDO.   Je suis prêt, madame Béatrice.

BÉATRICE.   La voici, monsieur Florindo.

SMÉRALDINE *(à part)*. Eh ils ne se font pas prier.

PANTALON.   Nous solderons nos comptes après.
              Réglez d'abord les vôtres [20].

CLARICE *(à Béatrice)*. Mon amie, je me réjouis pour
              vous.

BÉATRICE *(à Clarice)*. Et moi je suis de tout cœur avec
              vous.

19. Florindo emploie, au lieu de « témoin », un mot rare et se
rapportant à l'Antiquité. Nous transposons l'archaïsme sur
« noces ».

20. Litt. « Réglez vos factures à vous, nous réglerons ensuite les
nôtres. » Trois termes de comptabilité dans la même phrase !

Silvio.	Signore, mi riconoscete voi? *(a Florindo).*
Florindo.	Sì, vi riconosco; siete quello che voleva fare un duello.
Silvio.	Anzi l'ho fatto per mio malanno. Ecco chi mi ha disarmato e poco meno che ucciso. *(accennando Beatrice).*
Beatrice.	Potete dire chi vi ha donato la vita. *(a Silvio).*
Silvio.	Sì, è vero.
Clarice.	In grazia mia però. *(a Silvio).*
Silvio.	È verissimo.
Pantalone.	Tutto xe giustà, tutto xe fenio.
Truffaldino.	Manca el meggio, signori.
Pantalone.	Cossa manca?
Truffaldino.	Con so bona grazia, una parola. *(a Florindo, tirandolo in disparte).*
Florindo.	(Che cosa vuoi?) *(piano a Truffaldino).*
Truffaldino.	(S'arrecordel cossa ch'el m'ha promesso?) *(piano a Florindo).*
Florindo.	(Che cosa? Io non me ne ricordo.) *(piano a Truffaldino).*
Truffaldino.	(De domandar a sior Pantalone Smeraldina per me muier?) *(come sopra).*
Florindo.	(Sì, ora me ne sovviene. Lo faccio subito.) *(come sopra).*
Truffaldino.	(Anca mi, poveromo, che me metta all'onor del mondo.) *(da sé).*
Florindo.	Signor Pantalone, benché sia questa la prima volta sola ch'io abbia l'onore di conoscervi, mi fo ardito di domandarvi una grazia.
Pantalone.	La comandi pur. In quel che posso, la servirò.
Florindo.	Il mio servitore bramerebbe per moglie la vostra cameriera; avreste voi difficoltà di accordargliela?
Smeraldina.	(Oh bella! Un altro che mi vuole. Chi diavolo è? Almeno che lo conoscessi.)

SILVIO *(à Florindo)*. Monsieur, me reconnaissez-vous ?

FLORINDO.   Oui, je vous reconnais ; c'est vous qui vouliez vous battre en duel.

SILVIO.   Et je l'ai même fait, pour ma honte. Voici celle qui m'a désarmé et qui pour un peu allait me tuer. *(Il montre Béatrice.)*

BÉATRICE *(à Silvio)*. Vous pouvez même dire : celle qui vous a fait don de la vie.

SILVIO.   Oui, c'est vrai.

CLARICE *(à Silvio)*. Mais par égard pour moi.

SILVIO.   C'est tout à fait vrai.

PANTALON.   Tout s'arrange, tout est fini.

TRUFFALDIN.   Vos seigneuries, il manque le meilleur.

PANTALON.   Qu'est-ce qui manque ?

TRUFFALDIN *(à Florindo, en le tirant à l'écart)*. Avec votre permission, un mot.

FLORINDO *(bas, à Truffaldin)*. Que veux-tu ?

TRUFFALDIN *(bas, à Florindo)*. Vous vous rappelez ce que vous m'avez promis ?

FLORINDO *(bas, à Truffaldin)*. Quoi donc ? je ne me rappelle pas.

TRUFFALDIN *(même jeu)*. De demander pour moi Sméraldine à sior Pantalon.

FLORINDO *(même jeu)*. Oui, je me rappelle. Je vais le faire tout de suite.

TRUFFALDIN *(à part)*. Moi aussi, pauvre homme, je veux être de la fête.

FLORINDO.   Monsieur Pantalon, bien que ce soit la toute première fois que j'ai l'honneur de vous rencontrer, je prends la liberté de vous demander une faveur.

PANTALON.   Demandez donc. Si je peux, je vous donnerai satisfaction.

FLORINDO.   Mon serviteur désirerait pour épouse votre femme de chambre, verriez-vous une difficulté à la lui accorder ?

SMÉRALDINE *(à part)*. Ça alors ! Encore un qui me veut. Qui diable ça peut être ? Si seulement je savais qui c'est.

Pantalone.   Per mi son contento. Cossa disela ella, patrona? *(a Smeraldina).*

Smeraldina.   Se potessi credere d'avere a star bene...

Pantalone.   Xelo omo da qualcossa sto so servitor? *(a Florindo).*

Florindo.   Per quel poco tempo ch'io l'ho meco, è fidato certo, e mi pare di abilità.

Clarice.   Signor Florindo, voi mi avete prevenuta in una cosa che dovevo far io. Dovevo io proporre le nozze della mia cameriera per il servitore della signora Beatrice. Voi l'avete chiesta per il vostro; non occorr'altro.

Florindo.   No, no; quando voi avete questa premura, mi ritiro affatto e vi lascio in pienissima libertà.

Clarice.   Non sarà mai vero che voglia io permettere che le mie premure sieno preferite alle vostre. E poi non ho, per dirvela, certo impegno. Proseguite pure nel vostro.

Florindo.   Voi lo fate per complimento. Signor Pantalone, quel che ho detto, sia per non detto. Per il mio servitore non vi parlo più, anzi non voglio che la sposi assolutamente.

Clarice.   Se non la sposa il vostro, non l'ha da sposare nemmeno quell'altro. La cosa ha da essere per lo meno del pari.

Truffaldino.   (Oh bella! Lori fa i complimenti, e mi resto senza muier.) *(da sé).*

Smeraldina.   (Sto a vedere che di due non ne avrò nessuno.) *(da sé).*

Pantalone.   Eh via, che i se giusta; sta povera putta gh'ha voggia de maridarse, demola o all'uno, o all'altro.

PANTALON.   Moi je suis d'accord. *(A Sméraldine.)*
Qu'est-ce que vous en dites, madame ?

SMÉRALDINE.   Si j'y trouvais mon avantage...

PANTALON *(à Florindo)*. Il vaut quelque chose, votre
serviteur ?

FLORINDO.   Pour le peu de temps que je l'ai eu à mon
service, je peux dire qu'il est fidèle, et il
me paraît débrouillard.

CLARICE.   Monsieur Florindo, vous m'avez devan-
cée. Je devais proposer le mariage de ma
femme de chambre avec le serviteur de
madame Béatrice. Vous l'avez demandée
pour le vôtre ; n'en parlons plus.

FLORINDO.   Non, non ; puisque vous le souhaitez, je
retire ma demande, et je vous laisse toute
liberté.

CLARICE.   Il ne sera pas dit que mes désirs passent
avant les vôtres. Et puis, à vrai dire, je
n'ai rien promis. Poursuivez.

FLORINDO.   Vous agissez par courtoisie. Monsieur
Pantalon, faites comme si je n'avais rien
dit. Pour ce qui est de mon serviteur, je
n'en parle plus. Et même je ne veux à
aucun prix qu'il épouse votre femme de
chambre.

CLARICE.   Si le vôtre ne l'épouse pas, celui de
madame Béatrice ne l'épousera pas non
plus. Il ne faut pas avantager l'un au
détriment de l'autre.

TRUFFALDIN *(à part)*. Ça alors ! Eux ils se font des
politesses, et moi je me retrouve sans
femme.

SMÉRALDINE *(à part)*. Vous allez voir qu'au lieu d'en
avoir deux, je n'en aurai aucun.

PANTALON.   Allons, mettez-vous d'accord ; cette pauvre fille a envie de se marier, donnons-la
à l'un ou à l'autre.

Florindo.   Al mio no. Non voglio certo far torto alla signora Clarice.

Clarice.   Né io permetterò mai che sia fatto al signor Florindo.

Truffaldino.   Siori, sta faccenda l'aggiusterò mi. Sior Florindo, non ala domandà Smeraldina per el so servitor?

Florindo.   Sì, non l'hai sentito tu stesso?

Truffaldino.   E ella, siora Clarice, non ala destinà Smeraldina per el servitor de siora Beatrice?

Clarice.   Dovevo parlarne sicuramente.

Truffaldino.   Ben, co l'è cussì, Smeraldina, deme la man.

Pantalone.   Mo per cossa voleu che a vu la ve daga la man? *(a Truffaldino).*

Truffaldino.   Perché mi, mi son servitor de sior Florindo e de siora Beatrice.

Florindo.   Come?

Beatrice.   Che dici?

Truffaldino.   Un pochetto de flemma. Sior Florindo, chi v'ha pregado de domandar Smeraldina al sior Pantalon?

Florindo.   Tu mi hai pregato.

Truffaldino.   E ella, siora Clarice, de chi intendevela che l'avesse da esser Smeraldina?

Clarice.   Di te.

Truffaldino.   Ergo Smeraldina l'è mia.

Florindo.   Signora Beatrice, il vostro servitore dov'è?

Beatrice.   Eccolo qui. Non è Truffaldino?

Florindo.   Truffaldino? Questi è il mio servitore.

Beatrice.   Il vostro non è Pasquale?

Florindo.   Pasquale? Doveva essere il vostro.

Beatrice.   Come va la faccenda? *(verso Truffaldino)*

Truffaldino (Con lazzi muti domanda scusa).

Florindo.   Ah briccone!

FLORINDO.   Au mien, non. Je ne veux à aucun prix faire tort à madame Clarice.

CLARICE.   Et moi je ne permettrai jamais qu'on fasse tort à monsieur Florindo.

TRUFFALDIN.   Vos seigneuries, cette affaire, c'est moi qui vais l'arranger. Monsieur Florindo, n'avez-vous pas demandé Sméraldine pour votre serviteur ?

FLORINDO.   Oui, ne l'as-tu pas entendu toi-même ?

TRUFFALDIN.   Et vous, madame Clarice, ne destiniez-vous pas Sméraldine au serviteur de siora Béatrice ?

CLARICE.   En tout cas je devais en parler.

TRUFFALDIN.   Bien, s'il en est ainsi, Sméraldine, donnez-moi la main.

PANTALON *(à Truffaldin)*. Et pourquoi voulez-vous que ce soit à vous qu'elle la donne, sa main ?

TRUFFALDIN.   Parce que moi, je suis le serviteur de sior Florindo et de siora Béatrice.

FLORINDO.   Comment ?

BÉATRICE.   Que dis-tu ?

TRUFFALDIN.   Un petit peu de calme. Monsieur Florindo, qui est-ce qui vous a prié de demander Sméraldine à sior Pantalon ?

FLORINDO.   C'est toi qui m'en as prié.

TRUFFALDIN.   Et vous, madame Clarice, de qui vouliez-vous que Sméraldine soit la femme ?

CLARICE.   De toi.

TRUFFALDIN.   *Ergo* Sméraldine est à moi.

FLORINDO.   Madame Béatrice, votre serviteur, où est-il ?

BÉATRICE.   Le voici. N'est-ce pas Truffaldin ?

FLORINDO.   Truffaldin ? Lui ? c'est mon serviteur.

BÉATRICE.   Le vôtre, ce n'est pas Pasquale ?

FLORINDO.   Pasquale ? Ce n'est pas le vôtre ?

BÉATRICE *(à Truffaldin)*. Qu'est-ce que c'est que cette histoire ?

Truffaldin demande pardon avec des lazzi muets.

FLORINDO.   Ah gredin !

Beatrice.	Ah galeotto!
Florindo.	Tu hai servito due padroni nel medesimo tempo?
Truffaldino.	Sior sì, mi ho fatto sta bravura. Son intrà in sto impegno senza pensarghe; m'ho volesto provar. Ho durà poco, è vero, ma almanco ho la gloria che nissun m'aveva ancora scoverto, se da per mi no me descovriva per l'amor de quella ragazza. Ho fatto una gran fadiga, ho fatto anca dei mancamenti, ma spero che, per rason della stravaganza, tutti sti siori me perdonerà[7].

SONETTO

Do patroni servir l'è un bell'impegno,
E pur, per gloria mia, l'ho superà;
E in mezzo alle mazor dificoltà,
M'ho cavà con destrezza e con inzegno.

Secondando la sorte el me desegno,
M'ha fatto comparir de qua e de là.
E averia sta cuccagna seguità,
Se per amor mi no passava el segno.

Tutto de far i omeni xe boni;
Ma con amor l'inzegno no val gnente,
E i più bravi i diventa i più poltroni.

Per causa de Cupido impertinente,
No son più Servitor de do Patroni,
Ma sarò servitor de chi me sente.

---

7. Ed. 1753 : « ... me perdonerà, e se no i me vol perdonar per amor, i me perdonerà per forza. Perché ghe faro veder, che son anca poeta, e qua, all'improvviso, ghe faro un

BÉATRICE.   Ah traître !

FLORINDO.   Tu as servi deux maîtres en même temps ?

TRUFFALDIN.   Oui monsieur, j'ai accompli cet exploit. Je me suis trouvé engagé dans cette situation sans bien réfléchir ; j'ai voulu aller jusqu'au bout. Je n'ai pas tenu longtemps, c'est vrai, mais j'en tire au moins la gloire que personne ne m'aurait démasqué, si je ne l'avais pas fait moi-même pour l'amour de cette jeune fille. Je me suis donné beaucoup de mal, j'ai même commis des fautes, mais j'espère qu'en faveur de l'extravagance, vos seigneuries me pardonneront[21].

---

21. Ed. 1753 : « Et si elles ne veulent pas me pardonner par amour, elles le feront par nécessité. Car je leur montrerai que je suis poète, et ici même, à l'impromptu, je vais composer un sonnet. » (Pour le sonnet, voir p. 284 et traduction p. 286).

Traduction mot à mot du sonnet

Servir deux patrons, c'est une belle gageure.
Et pourtant, pour ma gloire, je l'ai tenue.
Et au milieu des plus grandes difficultés,
Je m'en suis tiré avec adresse et ingéniosité.

Le sort, favorisant mon dessein,
M'a fait apparaître d'un côté et de l'autre.
Et j'aurais continué à profiter de cette cocagne
Si par amour je n'avais dépassé les bornes.

Les hommes sont capables de tout faire ;
Mais si on aime, adieu le génie,
Les plus braves deviennent poltrons.

A cause de Cupidon l'insolent,
Je ne suis plus le serviteur de deux patrons,
Je suis le serviteur de ceux qui m'écoutent.

Essai d'adaptation (vers de 9 syllabes)

Servir deux patrons, quelle gageure !
Pour ma gloire j'ai su dénouer
Les imbroglios les plus compliqués,
Au prix de quelques égratignures.

Le destin m'a fait bonne mesure,
J'ai couru, j'ai bondi, j'ai rusé ;
Pour un jour j'ai bien bu, bien mangé.
Mais l'amour fit sentir sa brûlure.

L'homme est né pour les grandes actions ;
Son génie pourtant doit disparaître
Sous les traits de l'enfant Cupidon.

A son pouvoir je vais me soumettre :
Je ne veux plus servir deux patrons,
Cher public, tu seras mon seul maître.

ANNEXE

NOUVEAU THÉÂTRE ITALIEN
édition de 1733, orthographe modernisée

ARLEQUIN VALET DE DEUX MAÎTRES

Argument

Flaminia, fille d'un riche commerçant de Turin, se trouvant par la mort de son frère, nommé Frédéric, seule héritière d'un bien considérable, songe à régler ses affaires et arrêter de compte avec les correspondants de feu son père. Pantalon, qui demeurait à Venise, était celui avec qui il avait fait le plus d'affaires, et la liaison avait été si grande entre le père de Flaminia et lui, qu'ils avaient projeté d'unir leurs familles par le mariage de Frédéric et de Silvia (c'est le nom de la fille de Pantalon). Flaminia, résolue de se rendre à Venise, prit le parti de s'habiller en homme et de se présenter à Pantalon, sous le nom de Frédéric son frère, dont il ignorait la mort. Elle comptait, sous ce déguisement, se mettre à l'abri de la mauvaise foi de Pantalon, dont elle connaissait l'humeur avare et intéressée. A peine fut-elle arrivée, qu'elle reçut une lettre d'une de ses bonnes amies de Turin, qui lui marquait que Dorante était parti fort précipitamment de cette ville, pour se rendre à Venise. Ce Dorante était un jeune garçon qui, en passant par Turin, avait vu Flaminia, et en était devenu passionnément amoureux. Plus constant que ne le sont en général ceux de sa nation, une absence de trois ans, où des affaires de famille l'avaient engagé, ne lui avait point fait oublier l'objet de son amour. Aussitôt qu'il avait pu disposer de son temps, il s'était rendu à Turin, espérant y voir sa chère Flaminia ; mais apprenant qu'elle en était partie pour se rendre à Venise, cette nouvelle l'obligea à l'aller chercher dans cette ville ; l'amour lui prêta ses ailes, et lui fit devancer de quelques jours l'arrivée de Flaminia. Lorsqu'il fut à Venise, le désir qu'il avait de savoir la langue italienne, l'engagea à prendre un valet de cette nation. Mais en même temps l'envie de lui parler, lui faisant composer un français italianisé, intelligible pour Arlequin (c'est le nom de ce valet), fournissait des jeux très plaisants à ce valet, qui de son côté voulait apprendre le français pour mieux entendre son maître.

Cependant (c'est ici que la pièce commence) le faux Frédéric, qui est descendu chez un nommé Trivelin, où loge aussi Dorante, lui demande un domestique discret, ou du moins dont la balourdise tînt lieu de discrétion ; et comme Trivelin a servi longtemps le père de Flaminia, elle lui fait confidence de la cause de son travestissement, et de la mort du vrai Frédéric son frère. Trivelin, qui connaît Arlequin, croit ne pouvoir mieux s'adresser qu'à lui. Il l'appelle, et sur la parole que lui donne le jeune Frédéric, de lui faire faire ses quatre repas, il s'engage encore à servir ce second maître. On lui met entre les mains la malle où sont les habits de Frédéric, avec ordre de les nettoyer, s'il en est besoin ; Arlequin, qui a reçu de Dorante un pareil ordre, se trouvant seul, apporte les deux malles, et en sort ce qu'il y a dedans. Dans le temps qu'il ôte des poches ce qu'il peut y avoir de casuel, l'on frappe à la porte, et on l'appelle. La précipitation avec laquelle il remet les hardes dans les coffres fait que ce qui appartient à Frédéric se trouve dans la malle de Dorante, et que les habits de ce dernier passent dans la valise de l'autre. Enfin, il ouvre la porte et trouve Pantalon, qu'il prend pour un barbier ; il veut lui faire peigner la perruque de Dorante son maître. Pantalon se défend d'accepter cet emploi et se retire. Arlequin, toujours prévenu que c'est un barbier à cause de sa barbe, le poursuit à coups de latte. Silvia, que son père destine à l'hymen de Frédéric, a autrement disposé son cœur ; elle l'a donné à un jeune homme de Venise nommé Lelio, qui répond de son côté au penchant qu'elle a pour lui. L'arrivée inopinée de Frédéric leur cause un terrible embarras. Silvia dit à son père qu'elle préfère la mort au mariage qu'il s'est proposé. Et, afin que Frédéric ne l'ignore pas, elle lui fait un accueil si froid, qu'il devine aisément de quoi il est question. En effet, lorsqu'il se voit seul avec elle, il lui témoigne un amour si violent et un si grand empressement pour leur union prochaine, que Silvia ne peut s'empêcher de s'emporter contre lui, dans les termes les plus forts. Frédéric, qui ne veut pas pousser le jeu plus loin, lui promet, avec serment, de ne plus traverser ses desseins et son inclination. Silvia, charmée de cette générosité, lui en marque sa reconnaissance. Pantalon survient, et remet à Frédéric ses papiers avec un billet de deux cent mille francs. Frédéric, embarrassé de ces papiers, les donne à Arlequin, pour les porter dans son appartement, et lui dit d'aller ensuite trouver Trivelin pour lui ordonner de sa part un grand souper. Arlequin, que cette dernière commission intéresse bien plus que l'autre, oublie d'aller serrer les papiers ; il appelle Trivelin et lui dit l'ordre de son maître ; mais sur quelques explications que Trivelin lui demande au sujet de ce repas, il dit qu'il est un ignorant, et qu'il va lui faire voir comment il faut qu'il soit composé. Aussitôt il commence la description du festin. Et pour mieux se faire entendre, il prend les papiers que Frédéric lui a confiés, et sans s'embarrasser s'ils sont de conséquence ou non, il les déchire par morceaux, pour marquer les plats et les assiettes qui doivent composer le premier service. Il se met en devoir, en déchirant d'autres papiers, d'en tracer le second et le dessert, mais Frédéric, qui survient, ne lui en donne pas le temps ; car voyant ce désordre affreux, il prend un bâton et l'oblige à ramasser ses papiers et à les porter dans sa chambre où, après l'avoir bien rossé, il lui donne son congé. Arlequin, mortifié de se voir privé de la moitié de ses repas, se plaint tout seul de sa disgrâce. Mario vient (c'est Dorante qui a pris ce nom à Venise pour n'y pas être connu) et lui dit d'aller chercher son habit noir qui est dans sa malle ; Arlequin l'apporte, Mario le met, mais sa surprise est extrême lorsqu'en fouillant dans ses poches, il trouve son portrait qu'il avait donné à Flaminia, dans le premier voyage qu'il avait fait à Turin. Il interroge Arlequin sur un événement si singulier ; Arlequin lui dit qu'un Cavalier, qui avait séjourné quelque temps dans cette ville et au service duquel il était, lui avait donné cette boîte pour son salaire ; ce récit fait croire à Mario que sa maîtresse est une infidèle, qui a donné son portrait à un autre, et sur-le-champ il sort, dans la résolution de chercher la perfide, de l'accabler de reproches et de l'abandonner ensuite pour jamais. Arlequin se félicite d'être sorti heureusement d'affaire. Frédéric paraît, tenant le billet de deux cent mille livres qu'il avait gardé, et demande à Arlequin son portefeuille qui est dans son autre habit ; Arlequin lui en présente un qu'il ne reconnaît pas pour le sien. Elle l'ouvre cependant pour s'en éclaircir, et y trouve des lettres qu'elle avait écrites à Dorante son amant. Étonnée et inquiète, elle demande à Arlequin à qui est ce portefeuille. Celui-ci, qui s'est bien trouvé de la menterie faite à Mario au sujet de la boîte à portrait, en hasarde encore une, et répond que c'est à lui, et qu'il l'a acheté à l'inventaire d'un Cavalier qui mourut en cette ville. Frédéric s'informe de son pays et apprend qu'il était français de Montpellier. A ces mots elle ne doute plus de la mort de son cher Dorante, la douleur et le désespoir s'emparent de son âme, et dans l'excès de son trouble, elle découvre, en termes ambigus, même devant Pantalon, le secret qu'elle avait caché jusqu'alors, et enfin s'évanouit ; Trivelin accourt au bruit, s'informe de ce qui en est cause, et rappelle Flaminia à la vie en lui apprenant que Dorante n'est point mort et qu'il est toujours constant et plus amoureux que jamais ; sur ces assurances, elle achève de se découvrir. Dorante arrive avec Lelio : l'on s'explique, et les deux amants se donnent la main en se jurant une fidélité éternelle. Lelio, qui voit son ami content, se hasarde à demander à Pantalon sa fille Silvia en mariage. Dorante joint ses instances à celles de son ami ; Pantalon, qui voit ses espérances perdues du côté de Frédéric, et qui sait que sa fille aime Lelio, se rend à leurs prières et donne son consentement à l'hymen de Lelio et de sa fille. Arlequin entre au service de Lelio, à condition de ne servir que lui ; parce que, dit-il, il est trop difficile, et même impossible de servir deux maîtres à la fois

BIBLIOGRAPHIE

ÉDITIONS ITALIENNES

L'édition de référence est celle des *Œuvres complètes* en 14 volumes, Milan, Mondadori, 1935 (plusieurs rééditions). Les *Mémoires* en français figurent au t. I, *Il Servitore di due padroni* au t. II. Le texte (p. 1-88) est celui de l'édition Pasquali (t. V, 1763) ; les notes (p. 1199-1203) donnent les variantes de l'édition Paperini, t. III, 1753.

Deux éditions récentes, l'une en 2 volumes (Milan, Garzanti, 1976, rééd. 1991), l'autre en 3 volumes (Turin, Einaudi, 1991) contiennent un choix de comédies. Le texte du *Serviteur* est conforme à celui de 1757. Notes et introductions intéressantes.

Texte séparé : *Arlecchino servitore di due padrone*, Milan, Rizzoli, 1979. Avec une Note de Giorgio Strehler et une introduction de Luigi Lunari. — Edition intéressante pour les documents donnés dans l'appendice et l'iconographie (en particulier sur l'*Arlequin* de Max Reinhardt).

TRADUCTIONS FRANÇAISES

Goldoni, *Le Serviteur de deux maîtres,* trad. anonyme, Amsterdam, 1763.

Goldoni, *Arlequin serviteur de deux maîtres,* adaptation par Xavier de Courville, in *Comédie italienne,* Club des Libraires, 1957.

Goldoni, *Arlequin valet de deux maîtres,* trad. Michel Arnaud, Paris, L'Arche, 1961.

Goldoni, *Le Valet de deux maîtres,* trad. Michel Arnaud, in Goldoni, Théâtre, Bibliothèque de la Pléiade, Paris, NRF, 1972.

COMMEDIA DELL'ARTE

Ouvrages

Constant Mic, *La Commedia dell'arte,* reprint Librairie Théâtrale, Paris, 1980.
Norbert Jonard, *La Commedia dell'arte,* Lyon, éd. L'Hermès,
1982.
Ferdinando Taviani, Mirella Schino, *Le Secret de la Commedia dell'arte,* éd. Bouffonneries, 1984.

Articles

Irène Mamczarcz, « Pantalone : du Masque au Caractère, de
la Commedia dell'arte à Goldoni », in *Revue d'Histoire du
Théâtre,* 1972, n° 2.
Auteurs divers, revue *Bouffonneries,* n° 1, 1980, « Du Carnaval à la Commedia dell'arte » ; n° 2, 1981, « Aujourd'hui la
Commedia dell'arte ».
Françoise Decroizette, « Le Zanni ou la métaphore de
l'opprimé », in *Figures théâtrales du peuple,* Paris, CNRS,
1985.

SUR GOLDONI

En italien

Nous n'indiquons que des ouvrages récents et facilement
accessibles.

Siro Ferrone, *Carlo Goldoni. Vita, opere, critica, messinscena,
Florence,* Sansoni, 1975 (réédition mise à jour, notamment
pour la bibliographie, 1991).
Franco Fido, *Guida a Goldoni,* Turin, Einaudi, 1977.
Norbert Jonard, *Introduzione a Goldoni,* Bari, Laterza, 1990.

En français

La bibliographie récente consiste surtout en articles ou
sections d'ouvrages, et en préfaces aux traductions.

Articles

Norbert Jonard, « La fortune de Goldoni en France au
XVIIIe siècle », in *Revue de Littérature comparée,* n° 2, 1962.
Bernard Dort, *Théâtre public,* « L'ère de la mise en scène »,
Paris, Le Seuil, 1967.
Nicola Mangini, *Goldoni,* Paris, Seghers, 1969 (« Théâtre de
tous les temps »).
Mario Baratto, *Sur Goldoni,* Paris, L'Arche, 1971.
Bernard Dort, *Théâtre réel,* « Pourquoi Goldoni aujour-
d'hui », Paris, Le Seuil, 1971.

Jacques Joly, *Le désir et l'utopie*, « Goldoni et l'utopie sociale », Faculté des Lettres et Sciences humaines de Clermont-Ferrand, 1979.

Ginette Herry, « Goldoni deux cents ans après : pour un anniversaire », in *Théâtre/Public*, n° 78, 1987.

Myriam Tanant, « Le théâtre mode d'emploi », in *Chroniques Italiennes*, Université de la Sorbonne nouvelle, n° 4, 1991.

A paraître

Actes du Colloque sur *Arlequin et ses masques* (Dijon, septembre 1991) ; Ginette Herry, « L'Arlequin français de Goldoni » ; Franco Vazzoler, « Antonio Sacchi ».

Actes du colloque sur *Goldoni et la culture populaire vénitienne* (Venise, octobre 1991) ; Ginette Herry, « Venise au féminin ».

Préfaces à diverses traductions de pièces de Goldoni

Baroufe à Chioggia, traduction, introduction et notes par Felice del Beccaro et Raymond Laubreaux, éd. bilingue Aubier-Montaigne, Paris, 1964.

Théâtre, préface de Paul Renucci, notes d'Anna Fontes, Paris, NRF, 1972.

Théâtre, Paris, Garnier-Flammarion, 1980, introduction par Nino Frank.

La Serva amorosa (La Servante aimante), traduction et dossier de présentation par Ginette Herry, Paris, éd. Dramaturgie, 1987.

Le Théâtre Comique, traduction, introduction et dossier sur « La Querelle du théâtre », par Ginette Herry, Paris, Imprimerie Nationale, 1990.

CHRONOLOGIE

1707 : Naissance de Carlo Goldoni à Venise, de Giulio et Margherita Savioni.

1712 : Naissance de son frère Giampaolo. Giulio Goldoni part pour Rome, où il entreprend des études de médecine.

1712-1716 : Carlo passe son enfance à Venise auprès de sa mère et de sa tante maternelle.

1719-1720 : Son père le fait venir à Pérouse où il exerce la médecine. Carlo suit les cours de grammaire et de rhétorique chez les Jésuites.

1720-1721 : Il va à Rimini suivre les cours de philosophie chez les Dominicains. Il accompagne une troupe de comédiens (début juin ?) jusqu'à Chioggia, où il retrouve sa famille. Son père, qui le destine à la médecine, l'oblige à l'accompagner dans ses visites aux malades.

1721-1722 : Il déclare vouloir faire des études de droit. On l'envoie à Venise comme stagiaire chez un oncle avocat.

1723-1725 : Il entre au Collège Ghislieri de Pavie et suit les cours de droit à l'Université. Un scandale l'oblige à quitter la ville (mai ?) et il rentre à Chioggia.

1725-1726 : Il suit son père à Udine, Gorizia et Vipacco.

1727 : Il reprend ses études à Modène, mais tombe malade et doit rentrer à Chioggia.

1728-1730 : Adjoint au coadjuteur de la Chancellerie criminelle de Chioggia, puis coadjuteur à Feltre. Il compose deux intermèdes comiques.
A l'automne, il va rejoindre sa famille près de Ravenne.

1731 : Mort de Giulio Goldoni (9 janvier). Carlo rentre avec sa mère à Venise et achève ses études de droit à Padoue (22 octobre).

1732 : Il est nommé avocat vénitien (20 mai). Il écrit son premier mélodrame, *Amalasunta*.

1733 : Pour échapper à une promesse de mariage, il quitte Venise pour Milan, où il devient gentilhomme de la chambre du Résident de Venise.
Il fait connaissance de l'*Anonimo*, et écrit pour sa compagnie un intermède, *Il Gondoliere veneziano* (Le Gondolier vénitien).

1733-1738 : Guerre de la Succession de Pologne.

1734 : Il doit regagner Venise. A Vérone, il rencontre le chef de troupe Giuseppe Imer. Il compose pour lui un intermède, *La Pupilla* (La Pupille) et une tragi-comédie en vers, *Belisario*.
En octobre, il s'engage à écrire pour le Théâtre San Samuele, où *Belisario* est joué en novembre.

1735-1736 : Pendant l'été, il accompagne Imer en tournée. Le 23 août 1736, il épouse à Gênes Nicoletta Connio, fille d'un notaire.

1737-1741 : Il dirige le Théâtre lyrique San Giovanni Crisostomo.

1738-1739 : *Momolo Cortesan*, comédie en partie rédigée, (publiée sous le titre de *L'Uomo di mondo*, L'Homme du monde).

1739-1740 : *Momolo sulla Brenta* (*Il Prodigo*, Le Prodigue).

1741-1743 : Il est consul à Venise de la République de Gênes.

1741-1742 : *Il Mercante fallito* (*La Bancarotta*, La Banqueroute).

1743 : Première comédie entièrement rédigée, *La Donna di garbo* (La Brave Femme). En juin, pour échapper à ses débiteurs, il quitte brusquement Venise avec sa femme.

1740-1748 : Guerre de la Succession d'Espagne.

1744 : Séjourne à Rimini occupée par les Autrichiens. Il décide de se rendre en Toscane et s'établit à Pise.

1745-1747 : Il y exerce la profession d'avocat. Canevas du *Serviteur de deux maîtres* pour Sacchi (1745) et comédie de *Tonin Bella grazia* pour Darbes (joué pendant l'été 1747), puis *I Due Gemelli veneziani* (Les Deux Jumeaux vénitiens).
En septembre 1747, il s'engage comme poète auprès de la troupe de Girolamo Medebach qui joue au Théâtre Sant' Angelo.

1748 : Il rentre à Venise en avril et renonce à sa profession d'avocat.

1748-1749 : *La Putta onorata* (L'Honnête Fille). Succès de *La Vedova scaltra* (La Veuve rusée), au début du Carnaval[1].

1749-1750 : *Il Cavaliere e la Dama* (Le Chevalier et la Dame), *La Buona Moglie* (La Bonne Epouse), *La Famiglia dell'antiquario* (La Famille de l'antiquaire). Début des hostilités avec l'abbé Chiari. Chute de *L'Erede fortunata* (L'Heureuse Héritière) à la fin de la saison.
Annonce des « seize comédies ».

1750-1751 : En septembre, début de la première édition de ses *Comédies* chez Bettinelli, à Venise.
Le pari des « seize comédies » est tenu, parmi lesquelles : *Il Teatro comico* (Le Théâtre comique), *La Bottega del Caffè* (Le Café), *L'Adulatore* (L'Adulateur), *Il Poeta fanatico* (Le Fou de poésie), *La Pamela, Il Cavaliere di buon gusto* (Le Chevalier de bon goût), *Il Giuocatore* (Le Joueur), *L'Avventuriere onorato* (L'Honnête Aventurier), *La Donna volubile* (La Femme fantasque), *I Pettegolezzi delle donne* (Les Caquets), *Il Moliere.*

1751-1752 : *La Castalda* (L'Intendante), *L'Amante militare* (L'Amant militaire), *La Moglie saggia* (La Sage Epouse), *Il Feudatario* (Le Feudataire).
En février, Goldoni signe un pré-engagement avec le Théâtre San Luca.

1752-1753 : *La Serva amorosa* (La Servante aimante), *I Puntigli domestici* (Les Tracasseries domestiques), *La Locandiera, Le Donne curiose* (Les Femmes curieuses), *La Donna vendicativa* (La Femme vindicative).
Medebach engage Chiari comme poète dramatique pour succéder à Goldoni.
Nouvelle édition de ses *Comédies* à Florence, chez Paperini, revue par lui-même.

1753-1754 : Goldoni travaille pour le Théâtre San Luca. *La Cameriera brillante* (La Soubrette femme d'esprit), *Il Filosofo inglese* (Le Philosophe anglais), *Il Vecchio bizzarro* (Le Vieillard extravagant), *L'Impostore* (L'Imposteur), *La Sposa persiana* (L'Epouse persane, tragi-comédie en vers).

1754-1755 : Goldoni souffre à nouveau de « vapeurs noires ». *Terenzio* (Térence), *Torquato Tasso, Le Massère* (Les Cuisinières).

1755-1756 : Séjours à Bagnoli, près de Padoue, et à Parme. *Le Donne de casa soa* (Les Bonnes Ménagères), *La Villeggia-*

---

1. A partir de cette date, nous indiquons les pièces marquantes, celles qui ont été jouées et traduites en France, ou qui vont l'être.

tura (La Villégiature, ou Fin d'été à la campagne), *Il Campiello* (La Petite Place). En octobre, Le contrat avec le San Luca est renouvelé.

1756-1757 : Nouveau séjour de quatre mois à Parme, puis à Bagnoli.
La Donna sola (La Femme seule), *Il Cavaliere di spirito* (Le Chevalier homme d'esprit).
Début de l'édition des comédies jouées au San Luca, chez Pitteri, à Venise.
Carlo Gozzi s'en prend à Goldoni dans *La Tartana degl'influssi...* (La Tartane des influences pour l'année bissextile 1756).

1757-1758 : *La Vedova spiritosa* (La Veuve femme d'esprit), *L'apatista ossia l'indifferente* (L'Indifférent).

1758-1759 : *Le Morbinose* (Les Femmes de bonne humeur), *La Donna di governo* (La Gouvernante), *La Sposa fedele* (L'Epouse fidèle), *I Morbinosi* (Les hommes de bonne humeur).
En novembre 1758, il part pour Rome, où il séjourne sept mois. Au retour, il s'arrête deux mois à Bologne.

1759-1760 : *La Scuola di ballo* (L'Ecole de danse), *Gli Innamorati* (Les Amoureux), *Pamela maritata* (Paméla mariée), *L'Impresario delle Smirne* (L'Imprésario de Smyrne), *La Guerra* (La Guerre), *I Rusteghi* (Les Rustres).
En juillet 1760, il reçoit de Voltaire des vers de louange.

1760-1761 : *Un curioso accidente* (La Plaisante aventure), *La Casa nova* (Le Nouvel Appartement), *La Buona madre* (La Bonne Mère).
En janvier 1761, Carlo Gozzi fait jouer au Théâtre San Samuele, avec le Truffaldin Sacchi, *L'Amore delle tre melarance* (L'Amour des trois oranges), où il attaque Chiari et Goldoni.
En avril, prospectus de l'édition des *Œuvres complètes* chez Pasquali (il y aura 17 volumes, de 1761 à 1767 et de 1773 à 1778).
En août, il reçoit de Paris l'invitation à aller travailler pour le Théâtre Italien.

1761-1762 : *Le Smanie per la villeggiatura, Le Avventure della villeggiatura, Il Ritorno dalla villeggiatura* (Les Folies, Les Aventures, Le Retour de la villégiature — ou La Trilogie de la villégiature), *Le Baruffe chiozzotte* (Baroufe à Chioggia), *Una delle ultime sere di Carnovale* (Une des dernières soirées de Carnaval).
En avril, il quitte Venise pour Paris avec sa femme et son neveu. Il y arrive en août. En chemin il apprend que le

Théâtre Italien a fusionné avec l'Opéra-Comique et devient un spectacle d'appoint.

1762-1763 : *L'Amor paterno* (L'Amour paternel), pour les Italiens de Paris.

1763-1764 : *Il Matrimonio per concorso* (Le Mariage par concours) *Gli Amori di Arlecchino e Camilla, La Gelosia d'Arlecchino, Le Inquietudini di Camilla* (Les Amours, La Jalousie, Les Inquiétudes — Ces trois pièces ont été jouées à Venise avec, pour personnages, Zelinda et Lindoro).

1764-1765 : Il écrit pour le San Luca *Gli Amanti timidi* (Les Amants timides), *Il Ventaglio* (L'Eventail), *Chi la fa l'aspetta* (La Dupe vengée).
En février 1765, il est nommé professeur d'italien de la Princesse Adélaïde, fille de Louis XV.
Il perd un œil à la suite d'une maladie.

1765-1769 : Il vit avec sa famille à Versailles. En 1769 le roi lui accorde une pension et il rentre à Paris.

1767 : A Venise, *Il Genio buono e il Genio cattivo* (Le bon et le mauvais génie) au Théâtre San Giovanni Crisostomo.

1771 : *Le Bourru bienfaisant* à la Comédie-Française.

1775-1780 : Nouveau séjour à Versailles, comme professeur d'italien des sœurs de Louis XVI.

1776 : *L'Avare fastueux* est joué à Fontainebleau.

1780 : Pour rentrer à Paris, il vend à Gradenigo, secrétaire de l'ambassadeur de Venise à Paris, sa bibliothèque théâtrale.

1784 : Il commence à dicter ses *Mémoires* en français.

1787 : Publication des *Mémoires* en trois tomes.

1788 : Premier volume de l'édition Zatta (il y en aura 45, jusqu'en 1795).

1789 : Il traduit *Le Bourru bienfaisant* en italien.

1791 : Il traduit en italien *L'Histoire de Miss Jenny*, de Mme de Graffigny et la fait publier à Venise au bénéfice d'un ami.

1792 : En juin, l'Assemblée législative supprime les pensions de la cour. Goldoni est malade, dans la misère.

1793 : Il meurt le 6 février. Marie-Joseph Chénier obtient de la Convention le rétablissement de sa pension mais l'annonce arrive trop tard.

BILINGUE

TABLE

GF-DOSSIER

GF Flammarion

00/12/83776-XII-2000 – Impr. MAURY Eurolivres, 45300 Manchecourt.
N° d'édition FG089405. – Avril 1996. – Printed in France.